Manual de Resolução Alternativa de Litígios de Consumo

Manual de Resolução Alternativa de Litígios de Consumo

2017

Jorge Morais Carvalho
João Pedro Pinto-Ferreira
Joana Campos Carvalho

Faculdade de Direito da Universidade Nova de Lisboa
CEDIS – Centro de Investigação & Desenvolvimento sobre Direito e Sociedade

ALMEDINA

MANUAL DE RESOLUÇÃO ALTERNATIVA DE LITÍGIOS DE CONSUMO

AUTORES
Jorge Morais Carvalho
João Pedro Pinto-Ferreira
Joana Campos Carvalho

EDITOR
EDIÇÕES ALMEDINA, S.A.
Rua Fernandes Tomás, nºs 76-80
3000-167 Coimbra
Tel.: 239 851 904 · Fax: 239 851 901
www.almedina.net · editora@almedina.net

DESIGN DE CAPA
FBA.

PRÉ-IMPRESSÃO
EDIÇÕES ALMEDINA, SA
IMPRESSÃO E ACABAMENTO
PENTAEDRO, LDA.
novembro, 2017
DEPÓSITO LEGAL
433947/17

ALMEDINA | GRUPOALMEDINA

BIBLIOTECA NACIONAL DE PORTUGAL – CATALOGAÇÃO NA PUBLICAÇÃO

CARVALHO, Jorge Morais, e outros

Manual de resolução alternativa de litígios de consumo / Jorge Morais Carvalho, João Pedro Pinto-Ferreira, Joana Campos Carvalho. – (Manuais profissionais)
ISBN 978-972-40-7203-6

I – FERREIRA, João Pedro Pinto
II – CARVALHO, Joana Campos

CDU 347

NOTA INTRODUTÓRIA

Os meios de resolução alternativa de litígios têm uma relevância crescente na resolução de litígios em muitos domínios, especialmente visível nas relações de consumo. Tendo em conta as especificidades dos litígios de consumo, não se justifica, por regra, o recurso aos tribunais judiciais. Desta forma, os meios de resolução alternativa de litígios, em particular a mediação e a arbitragem, tornam-se decisivos para a salvaguarda das posições jurídicas das partes e para a manutenção das relações. Este livro visa servir de manual para o conhecimento e a compreensão do fenómeno da resolução alternativa de litígios no âmbito das relações de consumo.

A análise feita nesta obra recorre a uma abordagem simultaneamente teórica e prática. Centra-se na investigação feita pelos autores, tendo em conta a legislação, a jurisprudência e a doutrina, nacionais e europeias. É, além disso, inspirada pelo conhecimento dos problemas práticos que se colocam diariamente na resolução alternativa de litígios de consumo. Com efeito, os autores são investigadores e docentes da Faculdade de Direito da Universidade Nova de Lisboa, com experiência teórica e prática em matéria de direito do consumo e de resolução alternativa de litígios de consumo. Além de já terem lecionado disciplinas de direito do consumo, de direito processual civil e de mediação, desempenharam ou ainda desempenham várias funções na Unidade de Mediação e Acompanhamento de Conflitos de Consumo e no Centro Nacional de Informação e Arbitragem de Conflitos de Consumo, tendo todos já sido aí mediadores.

Este livro destina-se a todos aqueles que lidam com litígios de consumo no exercício da sua atividade profissional. Destacam-se: (i) os colaboradores das entidades de resolução alternativa de litígios de consumo e de outras entidades que promovem a resolução de litígios de consumo (centros de informação autárquica ao consumidor, centros de arbitragem, entidades reguladoras, associações de profissionais e de consumidores, julgados de paz, entre outras); (ii) os advogados e solicitadores, fundamentais quer no momento da opção a tomar pelos clientes quanto ao meio a adotar para a resolução de um litígio quer no aconselhamento ao longo de todo o processo, independentemente do meio de resolução alternativa de litígios adotado; (iii) os juristas e outros colaboradores de empresas, numa fase em que a informação sobre meios de resolução alternativa de litígios assume grande relevância no contexto das relações de consumo; (iv) os consumidores, na medida em que pretendam conhecer os meios de resolução alternativa de litígios e quais são e como funcionam as entidades de resolução alternativa de litígios de consumo.

O principal objetivo do livro consiste, em suma, na resolução, com sustentação teórica, de problemas práticos que diariamente se colocam neste domínio.

Chama-se a atenção para três aspetos relativos a esta obra.

Em primeiro lugar, trata-se de um complemento ao Manual de Direito do Consumo[*], que sistematiza de forma aprofundada o regime material aplicável às relações de consumo, não entrando, no entanto, na matéria da resolução de litígios.

Em segundo lugar, o objeto é a resolução de litígios de consumo. Não se esgota, no entanto, a matéria, na medida em que apenas se investiga em torno da resolução alternativa de litígios e não de toda a resolução de litígios. Ficam de fora, nomeadamente, os aspetos ligados à resolução de litígios junto dos tribunais judiciais. A análise centra-se essencialmente na mediação e na arbitragem de consumo, com referências à conciliação, enquanto meio de resolução de litígios, e aos julgados de paz, tribunais que também têm uma grande relevância, em termos qualitativos e quantitativos, na aplicação das regras de direito do consumo. Nos julgados de paz, é possível a resolução do litígio por via de mediação, de conciliação ou de uma decisão proferida pelo juiz de paz.

[*] JORGE MORAIS CARVALHO, *Manual de Direito do Consumo*, 4ª Ed., Almedina, Coimbra, 2017.

Em terceiro lugar, não se apresenta um manual de resolução alternativa de todos os litígios. Os meios de resolução alternativa de litígios são analisados de forma aprofundada, mas centrando-se o desenvolvimento de matérias nas especificidades do direito do consumo, nomeadamente tendo em conta as características distintivas dos litígios de consumo**.

Este livro é dedicado a todos aqueles que diariamente trabalham na resolução alternativa de litígios de consumo, procurando garantir a tão desejada pacificação social nas relações de consumo.

Lisboa, 4 de setembro de 2017

** Recomenda-se, como obra geral sobre a resolução alternativa de litígios em Portugal, MARIANA FRANÇA GOUVEIA, *Curso de Resolução Alternativa de Litígios*, 3ª Ed., Almedina, Coimbra, 2014.

ABREVIATURAS

AAVV	Autores Vários
Ac.	Acórdão
ADR	*alternative dispute resolution*
ANACOM	Autoridade Nacional de Comunicações
APAVT	Associação Portuguesa de Agências de Viagem e Turismo
art.	artigo
arts.	artigos
ASAE	Autoridade de Segurança Alimentar e Económica
ASF	Autoridade de Supervisão de Seguros e Fundos de Pensões
CACCDC	Centro de Arbitragem de Conflitos de Consumo do Distrito de Coimbra
CACCL	Centro de Arbitragem de Conflitos de Consumo de Lisboa
CACCRAM	Centro de Arbitragem de Conflitos de Consumo da Região Autónoma da Madeira
CASA	Centro de Arbitragem do Setor Automóvel
CAUAL	Centro de Arbitragem da Universidade Autónoma de Lisboa
CC	Código Civil
cfr.	conferir
CIAB	Centro de Informação, Mediação e Arbitragem de Consumo (Tribunal Arbitral de Consumo)
CIAC	Centro(s) de Informação Autárquico(s) ao Consumidor

CICAP	Centro de Informação de Consumo e Arbitragem do Porto
CIMAAL	Centro de Informação, Mediação e Arbitragem de Conflitos de Consumo do Algarve
CIMPAS	Centro de Informação, Mediação, Provedoria e Arbitragem de Seguros
CMVM	Comissão do Mercado de Valores Mobiliários
CNIACC	Centro Nacional de Informação e Arbitragem de Conflitos de Consumo
CPC	Código de Processo Civil
CPTA	Código de Processo nos Tribunais Administrativos
CRP	Constituição da República Portuguesa
DGC	Direção-Geral do Consumidor
DL	Decreto-Lei
DR	Diário da República
EOA	Estatuto da Ordem dos Avogados
ERSAR	Entidade Reguladora dos Serviços de Águas e Resíduos
ERSE	Entidade Reguladora dos Serviços Energéticos
FDUNL	Faculdade de Direito da Universidade Nova de Lisboa
LAV	Lei da Arbitragem Voluntária
LDC	Lei de Defesa do Consumidor
LJP	Lei dos Julgados de Paz
LM	Lei da Mediação
LOSJ	Lei da Organização do Sistema Judiciário
LQER	Lei Quadro das Entidades Reguladoras
n.	nota
nº	número
p.	página
pp.	páginas
RAC	Rede de Arbitragem de Consumo
RAL	resolução alternativa de litígios
RALC	resolução alternativa de litígios de consumo
RJACSR	Regime Jurídico de Acesso e Exercício de Atividades de Comércio, Serviços e Restauração
RLL	resolução de litígios em linha

RNCAI	Rede Nacional de Centros de Arbitragem Institucionalizada
STJ	Supremo Tribunal de Justiça
TAD	Tribunal Arbitral do Desporto
TC	Tribunal Constitucional
TFUE	Tratado sobre o Funcionamento da União Europeia
TJUE	Tribunal de Justiça da União Europeia
trad.	tradução
TRC	Tribunal da Relação de Coimbra
TRE	Tribunal da Relação de Évora
TRG	Tribunal da Relação de Guimarães
TRIAVE	Centro de Arbitragem de Conflitos de Consumo do Vale do Ave / Tribunal Arbitral
TRL	Tribunal da Relação de Lisboa
TRP	Tribunal da Relação do Porto
UE	União Europeia
UMAC	Unidade de Mediação e Acompanhamento de Conflitos de Consumo
V.	Ver
v.g.	*verbi gratia*
Vol.	Volume

1. Introdução à RALC

1.1. Reflexões iniciais

A resolução alternativa de litígios (RAL) – *alternative dispute resolution*, na terminologia original – compreende meios de resolução de controvérsias como a negociação, a mediação, a conciliação ou a arbitragem, entre outros[1].

Os meios de RAL apresentam um importante traço em comum: uma abordagem alternativa em relação aos meios judiciais. Esta nova perspetiva pode passar pelo estímulo à resolução consensual do litígio, pelo papel atribuído às partes (no processo e/ou na solução) ou ainda por uma abordagem ao litígio baseada nos interesses das partes, ou seja, nas motivações subjacentes às suas pretensões. No entanto, estes meios apresentam também importantes diferenças entre si, como, por exemplo, o caráter consensual ou adjudicatório da solução alcançada.

A RAL tem uma relevância crescente na resolução de litígios em muitos domínios e, em particular, nas relações de consumo. De facto, tendo em conta as especificidades dos litígios de consumo (designadamente, o seu valor médio reduzido), não se justifica, por regra, em especial na perspetiva do consumidor, o recurso aos tribunais judiciais (cfr. *infra* 1.5). Desta forma, os meios de RAL, nomeadamente a mediação e a arbitragem, tornam-se decisivos para a salvaguarda das posições jurídicas das partes e para a manutenção das relações. Neste contexto, pode-

[1] Mariana França Gouveia, *Curso de Resolução Alternativa de Litígios*, 2015, p. 21.

mos falar de RALC, acrescentando ao acrónimo o "C" relativo à palavra "consumo".

Se o direito dos contratos[2] fosse a cara de uma moeda, o direito processual civil, entendido em sentido amplo, seria a coroa. Com efeito, a inexistência de mecanismos adequados para fazer aplicar as normas jurídicas materiais nacionais e europeias torna praticamente irrelevantes essas mesmas normas jurídicas[3].

Na União Europeia, um dos principais objetivos declarados da legislação em matéria contratual consiste em assegurar o funcionamento do mercado interno, o qual compreende um espaço sem fronteiras internas, no qual é garantida a livre circulação das mercadorias, das pessoas, dos serviços e dos capitais (art. 26º-2 do TFUE). Com vista a alcançar este objetivo, a União Europeia deve adotar, entre outras, disposições legislativas, visando, no que à defesa dos consumidores diz respeito, um nível de proteção elevado (arts. 114º e 169º).

Também em Portugal, os direitos dos consumidores têm, desde 1982, consagração constitucional[4]. Nos termos do art. 60º-1 da CRP, "os con-

[2] O contrato constitui o instrumento de relacionamento típico nas relações de consumo, embora existam relações de consumo com fonte não contratual. As outras fontes das obrigações, com destaque para o negócio jurídico unilateral, para a responsabilidade civil (extracontratual) e para a lei, também podem estar na origem de relações de consumo. Sobre o conceito de contrato, em geral, v. Carlos Ferreira de Almeida, *Contratos*, Vol. I, 2017, pp. 27 a 39, e, em especial, sobre o conceito de contrato de consumo, cfr. Jorge Morais Carvalho, *Os Contratos de Consumo – Reflexão sobre a Autonomia Privada no Direito do Consumo*, 2012, p. 113. Sobre o regime do(s) contrato(s) de consumo, em Portugal, v. Jorge Morais Carvalho, *Manual de Direito do Consumo*, 2017, pp. 47 e segs..

[3] Joasia Luzak, "The ADR Directive: Designed to Fail? A Hole-Ridden Stairway to Consumer Justice", 2016, p. 81.

[4] Em 1982, a primeira revisão da CRP introduziu expressamente na lei fundamental alguns direitos dos consumidores. A proteção dos consumidores deixou de constituir um mero objetivo que deveria ser prosseguido pelo Estado, na medida do possível, entre outros aspetos da política económica, passando a estar previstos alguns direitos (José Manuel Meirim, "A Constituição da República e os Consumidores", 1990, p. 182; Fernando Baptista de Oliveira, *O Conceito de Consumidor*, 2009, p. 32; Jorge Miranda, "Anotação ao Artigo 60º da Constituição", 2014, p. 28). Em 1989, a segunda revisão da CRP continuou o caminho que havia sido iniciado pela revisão anterior rumo à atribuição de direitos aos consumidores, inserindo a matéria, em termos sistemáticos, no capítulo dos direitos fundamentais (José Carlos Vieira de Andrade, "Os Direitos dos Consumidores como Direitos Fundamentais na Constituição Portuguesa de 1976", 2002, p. 44; Carla Amado Gomes, "Os Novos *Trabalhos* do Estado", 2002, p. 34; Adelaide Menezes Leitão, "Tutela do Consumo e Proce-

sumidores têm direito à qualidade dos bens e serviços consumidos, à formação e à informação, à proteção da saúde, da segurança e dos seus interesses económicos, bem como à reparação de danos". Este preceito tem cariz essencialmente programático[5], embora alguns autores reconheçam a aplicabilidade direta às relações jurídicas de consumo de parte dos direitos consagrados no preceito[6].

A adoção de um regime material muito avançado, que regule os contratos de consumo de forma perfeita do ponto de vista técnico-jurídico, pode não ser suficiente para a concretização dos objetivos indicados, uma vez que a sua aplicabilidade prática pode ser reduzida se não existirem mecanismos que permitam às partes, em particular ao consumidor, resolver os litígios que surjam ao longo da vida do contrato.

A nível europeu, a existência de meios de resolução de litígios simples, eficientes, rápidos e com um baixo custo é indicada como sendo a chave para tornar o direito dos contratos europeu, que é essencialmente direito do consumo, mais eficaz. Esta ideia esteve na origem do pacote legislativo de 21 de maio de 2013, que inclui a Diretiva nº 2013/11/UE, do Parlamento Europeu e do Conselho, relativa à resolução alternativa de litígios de consumo (Diretiva RALC), e o Regulamento nº 524/2013, do Parlamento Europeu e do Conselho, sobre a resolução de litígios de consumo em linha (Regulamento RLL).

dimento Administrativo", 2005, p. 126; António Pinto Monteiro, "Breve Nótula sobre a Protecção do Consumidor na Jurisprudência Constitucional", 2007, p. 302; Jorge Morais Carvalho, "Consumidores", 2013, pp. 86 e 87). Desvalorizando o alcance da alteração, v. José Casalta Nabais, "O Estatuto Constitucional dos Consumidores", 2010, pp. 482 e 483. Assinalando o seu caráter simbólico, v. Vinício Ribeiro, "Os Direitos dos Consumidores à Luz da Constituição e da Lei", 2012, p. 471. Os direitos dos consumidores também foram reforçados com a revisão de 1997 (Catarina Sampaio Ventura, "Os Direitos Fundamentais à Luz da Quarta Revisão Constitucional", 1998, p. 517).

[5] António Pinto Monteiro e Paulo Mota Pinto, "La Protection de l'Acheteur de Choses Défectueuses en Droit Portugais", 1993, p. 282; Adelaide Menezes Leitão, *Estudo de Direito Privado sobre a Cláusula Geral de Concorrência Desleal*, 2000, pp. 89 e 90; António Menezes Cordeiro, *Tratado de Direito Civil Português*, Vol. I, Tomo I, 2005, p. 654; Assunção Cristas, "Protecção Constitucional do Consumidor e Suas Implicações no Direito Contratual", 2008, p. 52; José Casalta Nabais, "O Estatuto Constitucional dos Consumidores", 2010, p. 488. Jurisprudência: Ac. do TC, de 3/5/90, e Ac. do TC, de 16/11/2004.

[6] Diovana Barbieri, "The Binding of Individuals to Fundamental Consumer Rights in the Portuguese Legal System", 2008, pp. 676 e 677.

A eficácia das regras materiais é um problema central para os consumidores. Admitimos que a situação possa não ser idêntica em todos os Estados-Membros[7], dada a sua diversidade e a diversidade dos sistemas de acesso aos tribunais e à justiça, mas é possível afirmar com grande convicção que existem problemas transversais de aplicação eficaz das regras materiais, em particular nos litígios de consumo, dado o seu valor tendencialmente reduzido quando considerados isoladamente.

É neste contexto que surgem, com especial relevância, os meios de RALC, objeto desta obra.

Apesar de os meios de RALC estarem muito desenvolvidos em Portugal, sendo o consumo, aliás, uma das áreas do direito em que a mediação e a arbitragem são mais utilizadas, em números absolutos, os estudos teóricos sobre o assunto são praticamente inexistentes. Esta falta de base teórica torna mais difícil a resolução de alguns problemas com que as entidades de RALC, os consumidores e as empresas se deparam diariamente[8], problemas aos quais tentamos aqui dar resposta.

1.2. Origens e evolução

A RALC não é novidade em Portugal, tendo o primeiro centro de arbitragem de consumo (CACCL) sido inaugurado em 1989.

Alguns anos antes da Lei 144/2015, que regula atualmente a RALC, já podíamos encontrar legislação nacional sobre o tema.

Podemos identificar um primeiro grupo de normas legais, que trata da promoção dos meios de RALC pelo Estado.

[7] Marco B. M. Loos, "Enforcing Consumer Rights through ADR at the Detriment of Consumer Law", 2016, tem uma perspetiva geral muito crítica da Diretiva RALC. Em muitos Estados-Membros, a afirmação de que, "na prática, o procedimento de RAL não tem de ser muito mais curto do que teria sido um processo num tribunal judicial" (p. 66), não é totalmente correta. Por um lado, a grande maioria dos conflitos de consumo nunca chega a um tribunal judicial. Por outro lado, mesmo com extensões do prazo, o processo de RALC será certamente, em média, muito mais rápido do que um processo num tribunal judicial. Noutros Estados-Membros, em que os tribunais estaduais resolvem de forma eficiente os litígios de consumo, a relevância da RALC é, sem dúvida, menor. Como refere Naomi Creutzfeldt, "Implementation of the Consumer ADR Directive", 2016, p. 174, na Alemanha, não se considera que a RALC traga grandes benefícios, "uma vez que os tribunais são eficientes e tratam de imediato os casos", ao contrário do que sucede no Reino Unido, em que "os tribunais estão sobrecarregados de casos e são lentos, caros e imprevisíveis".

[8] Joana Campos Carvalho e Jorge Morais Carvalho, "Especificidades da Arbitragem e da Mediação de Consumo", 2016, p. 73.

Assim, o art. 14º-1 da LDC determina que "incumbe aos órgãos e departamentos da Administração Pública promover a criação e apoiar centros de arbitragem com o objetivo de dirimir os conflitos de consumo". Ao Estado é, portanto, atribuído, por lei, desde 1996, um papel central no que respeita ao funcionamento do sistema de RALC. O art. 32º do DL 133/2009, que tinha como epígrafe, na sua versão originária, "Resolução extrajudicial de litígios", determinava que "a Direção-Geral do Consumidor e o Banco de Portugal, em coordenação com o Ministério da Justiça, colaboram, no âmbito das respetivas competências, na implementação de mecanismos extrajudiciais adequados e eficazes para a resolução dos litígios de consumo relacionados com contratos de crédito e com o endividamento excessivo de consumidores", estabelecendo ainda que "as instituições competentes para a resolução extrajudicial de litígios de consumo relacionados com contratos de crédito devem adotar políticas de cooperação com as instituições congéneres dos restantes Estados-Membros da União Europeia". Apesar das boas intenções do legislador, o setor bancário era – e continua a ser – um dos setores em que a RALC é menos eficiente em Portugal. Num sentido próximo ao do DL 133/2009, embora, à partida, com um nível de exigência um pouco menor, resulta dos arts. 60º-A-2 do DL 275/93 e 33º-2 do DL 24/2014 que deve ser promovido pelas "entidades responsáveis pela aplicação" dos diplomas em causa, ou seja, as entidades públicas com competência em matéria de consumo, "o recurso aos mecanismos de resolução extrajudicial de conflitos entre profissionais e consumidores".

Os princípios e regras a que devem obedecer a criação e o funcionamento de entidades privadas de resolução extrajudicial de conflitos de consumo foram regulados pelo DL 146/99 e pela Portaria 328/2000. O DL 60/2011 veio criar a Rede Nacional de Centros de Arbitragem Institucionalizada (RNCAI). Estes três diplomas, que visavam, no essencial, harmonizar as regras de funcionamento dos centros de arbitragem de consumo, não chegaram a ter aplicação prática relevante, tendo sido revogados pelo art. 25º da Lei 144/2015.

A legislação portuguesa já continha também uma regra relativa à informação sobre os centros de arbitragem de consumo de que o profissional fosse aderente e sobre a existência de arbitragem necessária [art. 8º-1-g) da LDC].

A lei também impõe, em determinadas áreas, por vias diversas, a participação dos profissionais em procedimentos de RALC:

- Direito potestativo do consumidor à arbitragem nos contratos de prestação de serviços públicos essenciais (art. 15º-1 da Lei 23/96) – v. *infra* 6.2;
- Obrigatoriedade de adesão plena (v. *infra* 6.1) a pelo menos duas entidades pelos prestadores de serviços de pagamento e os emitentes de moeda eletrónica (art. 92º-2 do DL 317/2009) e pelos mutuantes no crédito ao consumo (art. 32º-2 do já referido DL 133/2009, na redação dada pelo DL 74-A/2017) e no crédito à habitação (art. 38º-2 do DL 74-A/2017).

Note-se que estes últimos preceitos, que impõem a adesão a dois centros de arbitragem de conflitos de consumo, parecem não ter em conta o sistema português de RALC, que se centra, essencialmente, em centros de arbitragem de conflitos de consumo com competência territorial definida (cfr. *infra* 2.2). Ora, se os centros têm a sua competência definida em função do território, a adesão a dois centros significa que apenas os consumidores que celebrem contratos nesses dois locais serão beneficiados pela vinculação dos mutuantes. Parece-nos que não é adequado um regime que permite uma discriminação em função do território, deixando nas mãos do mutuante a opção de quais as regiões que pretende privilegiar[9]. É este, contudo, o regime vigente.

A suspensão dos prazos para exercício de direitos durante a tentativa de RALC encontrava-se já prevista há alguns anos nos regimes da venda de bens de consumo (art. 5º-A-4 do DL 67/2003) e dos serviços públicos essenciais (art. 15º-2 da Lei 23/96). O art. 13º da LM veio generalizar esta regra, aplicando-a a todos os processos de mediação. Sobre estas regras, cfr. *infra* 4.2.

[9] Note-se que, em matéria de crédito à habitação, o art. 39º-1 da Diretiva 2014/17/EU impõe aos Estados-Membros que garantam a existência de procedimentos de RALC adequados e eficazes, estabelecendo que "os Estados-Membros asseguram que esses procedimentos se apliquem aos mutuantes e aos intermediários de crédito e abranjam as atividades dos representantes nomeados". O considerando (77) esclarece que "os Estados-Membros deverão assegurar que a participação nesses procedimentos alternativos de resolução de litígios não seja facultativa para os mutuantes e os intermediários de crédito". Sobre esta questão, v. Isabel Menéres Campos e Jorge Morais Carvalho, "Mortgage Credit in Portugal", 2017.

No que respeita à política europeia, conseguimos identificar três fases na evolução da ligação da União Europeia à RAL[10]:

- Primeira fase – Identificação do problema e adoção de instrumentos não vinculativos[11];
- Segunda fase – Adoção de instrumentos vinculativos com impacto setorial, aplicáveis aos meios de RAL, independentemente de serem de consumo, ou aos meios de RALC em questões específicas;
- Terceira fase – Adoção de instrumentos vinculativos de RALC.

A primeira fase teve início com a adoção do Livro Verde sobre o acesso dos consumidores à justiça e a resolução dos litígios de consumo no mercado único. Neste documento, é feita referência aos meios de RALC, salientando-se a sua existência na generalidade dos Estados-Membros.

Alguns anos depois, é adotada a Recomendação 98/257/CE, relativa aos princípios aplicáveis aos organismos responsáveis pela resolução extrajudicial de litígios de consumo que proponham ou imponham uma solução. Este documento foi publicado em conjunto com uma Comunicação da Comissão sobre "A resolução extrajudicial dos conflitos de consumo".

A Recomendação aponta para sete garantias mínimas, que devem ser respeitadas pelas pessoas ou entidades que promovem a RALC: Independência; Transparência; Contraditório; Eficácia; Legalidade; Liberdade; Representação.

A Recomendação 2001/310/CE, relativa aos princípios aplicáveis aos organismos extrajudiciais envolvidos na resolução consensual de litígios de consumo, tem um âmbito de aplicação mais alargado do que a anterior. Com efeito, é aplicável, no essencial, a todos os meios de RALC, independentemente de ser ou não feita uma proposta ou imposta uma solução.

[10] Sobre o tema, v. Iris Benöhr, "Alternative Dispute Resolution for Consumers in the European Union", 2012, pp. 7 a 13.

[11] Sobre os primórdios da política europeia nesta área e, em particular, esta primeira fase, na altura ainda não identificada como tal, v. João Pedroso e Cristina Cruz, *A Arbitragem Institucional: Um Novo Modelo de Administração da Justiça – O Caso dos Conflitos de Consumo*, 2000, pp. 134 a 147, e Maria Cristina Portugal, "A Resolução Extrajudicial de Conflitos de Consumo Transfronteiriços", 2001.

São quatro as garantias mínimas indicadas nesta Recomendação: Imparcialidade; Transparência; Eficácia; Equidade.

A segunda fase é marcada pela adoção de instrumentos vinculativos.

Em algumas diretivas, os Estados-Membros são encorajados a criar meios de RAL. Assim, por exemplo, a Diretiva sobre comércio eletrónico (Diretiva 2000/31/CE) tem uma disposição sobre resolução extrajudicial de litígios (art. 17º). O mesmo sucede, igualmente, entre outras, com a Diretiva sobre *timeshare* (Diretiva 2008/122/CE), que estabelece, no seu art. 14º, nº 2, que "os Estados-Membros encorajam o estabelecimento ou desenvolvimento de procedimentos extrajudiciais adequados e eficazes de reclamação e recurso para a resolução dos litígios de consumo abrangidos pela presente diretiva e, se for caso disso, incentivam os profissionais e as suas organizações sectoriais a informarem os consumidores da existência de tais procedimentos".

Noutros casos, o direito da União Europeia vai mais longe, impondo a adoção de meios de RAL adequados e eficazes. Veja-se as Diretivas relativas aos serviços de pagamento (Diretiva 2007/64/CE) ou ao crédito ao consumo (Diretiva 2008/48/CE) ou as Diretivas no setor da energia (Diretiva 2009/72/CE) e no setor das telecomunicações (Diretiva 2009/136/CE). Por exemplo, o art. 24º da Diretiva 2008/48/CE determina que "os Estados-Membros devem assegurar a instauração de procedimentos extrajudiciais adequados e eficazes de resolução dos litígios de consumo relacionados com contratos de crédito, recorrendo, se necessário, a organismos existentes", acrescentando que "os Estados-Membros devem incentivar os referidos organismos a cooperarem no sentido de também poderem resolver litígios transfronteiriços relacionados com contratos de crédito".

Esta segunda fase fica igualmente marcada pela Diretiva 2008/52/CE, relativa a certos aspetos da mediação em matéria civil e comercial. Esta não é uma diretiva referente a um setor específico da atividade económica, mas um diploma que regula especificamente um dos meios de RAL, harmonizando algumas regras a nível europeu.

Ao longo desta segunda fase, o Tribunal de Justiça da União Europeia (TJUE) foi chamado a pronunciar-se em diversas ocasiões sobre a RAL[12].

[12] Hans-Wolfgang Micklitz, "European Private Law", 2016, p. 275.

O sistema de mediação obrigatória italiano foi considerado conforme ao direito europeu (Ac. do TJUE, de 18/3/2010).

O TJUE concluiu também que os consumidores não estão vinculados a utilizar um meio de RALC, sendo as cláusulas contratuais nesse sentido abusivas (Ac. do TJUE, de 26/10/2006; Ac. do TJUE, de 6/10/2009). Estas decisões são objeto de análise mais aprofundada no ponto 3.3.

A terceira fase inicia-se com a Comunicação da Comissão, de 13 de abril de 2011, designada "Doze alavancas para estimular o crescimento e reforçar a confiança mútua". Uma das doze ações-chave era precisamente a adoção de legislação em matéria de RAL.

Em novembro desse ano, a Comissão Europeia apresentou a Comunicação "Resolução Alternativa de Litígios de Consumo no Mercado Único". Neste documento, conclui-se que os meios de RALC podem contribuir para aumentar a confiança dos consumidores europeus no mercado interno e, em consequência, potenciar o desenvolvimento deste. A Comunicação coloca especial ênfase (pp. 3 e 4) na rapidez dos procedimentos de RAL, na gratuitidade ou nos custos reduzidos e, por fim, na simplicidade e transparência. Pensando especificamente na mediação, é ainda possível identificar outras potencialidades, como a participação das partes no procedimento e na própria construção da solução ou o potencial de manutenção da relação contratual[13].

Em conjunto com esta Comunicação, foram apresentadas a Proposta de Diretiva relativa à RALC e a Proposta de Regulamento relativo à RLL.

Estas propostas estão na origem da Diretiva RALC e do Regulamento RLL.

Do Regulamento RLL ocupar-nos-emos, de forma pormenorizada, no ponto 7. Quanto à Diretiva RALC, assinalamos os quatro elementos-chave da regulamentação europeia em torno da RALC. Analisar-se-á com mais pormenor, ao longo deste livro, o regime da Lei 144/2015, que transpôs a Diretiva RALC.

Em primeiro lugar, visa-se garantir a existência de meios de RALC para todos os litígios de consumo. No considerando (7) pode ler-se que,

[13] Para uma análise mais pormenorizada, PATRÍCIA DA GUIA PEREIRA, "A Adequação dos Meios de Resolução Alternativa, em Especial da Mediação, aos Conflitos de Consumo", 2009. Sobre este tema, v. *infra* 1.5.

"para que os consumidores possam explorar plenamente o potencial do mercado interno, a RAL deverá estar disponível para todos os tipos de litígios nacionais ou transfronteiriços abrangidos pela presente diretiva". Sobre este ponto, v. *infra* 3.4.2.

Impõe-se, ainda, o dever de o profissional informar o consumidor sobre os meios de RALC a que esteja vinculado. O art. 13º-1 prevê que "os Estados-Membros devem assegurar que os comerciantes estabelecidos no seu território informem os consumidores acerca da entidade ou entidades de RAL de que dependem, quando os comerciantes se comprometerem ou forem obrigados a recorrer a essas entidades para a resolução de litígios que os oponham aos consumidores". Sobre este preceito e o art. 18º da Lei 144/2015, v. *infra* 3.7. O Regulamento RLL tem uma norma semelhante, que é objeto de análise crítica no ponto 7.6.1.

A qualidade das entidades de RALC é garantida pelo respeito de seis princípios fundamentais (competência, independência, imparcialidade, transparência, eficácia e equidade), dos quais se extrai um conjunto de normas claras e objetivas, cujo cumprimento é relativamente fácil de verificar. Sobre os princípios da RALC, v. *infra* 3.

Por fim, prevê-se uma efetiva e constante monitorização da atividade das entidades de RALC pelas autoridades competentes dos Estados-Membros, com o objetivo de garantir o cumprimento, entre outras, das regras de qualidade indicadas no parágrafo anterior.

Como já se referiu, a Diretiva RALC foi transposta para a ordem jurídica interna pela Lei 144/2015, que estabelece os princípios e as regras a que deve obedecer o funcionamento das entidades de RALC e o enquadramento jurídico das entidades de RALC em Portugal que funcionam em rede. Este é um dos principais diplomas em matéria de RALC em Portugal, embora se deva assinalar que as intervenções legislativas neste domínio não têm normalmente em conta o complexo normativo, dificultando a compreensão do sistema como um todo. Este problema, apesar de constituir um desafio muito interessante para o intérprete, cria alguma incerteza aos destinatários das matérias reguladas, situação particularmente preocupante se tivermos em conta que as questões que aqui são tratadas têm uma relação direta com o direito de acesso ao direito e à tutela jurisdicional efetiva (art. 20º da CRP). A Lei 6/2011, por exemplo, criou um mecanismo, a que já se aludiu, que designa como "arbitragem necessária", para os serviços públicos essenciais, numa alteração ao art. 15º da Lei 23/96, mas não definiu o regime aplicável (cfr. *infra* 6.2). A própria Lei 144/2015, ao transpor a Diretiva RALC, que se aplica, mas não está construída a pensar na arbitragem, sem adaptar as suas normas à especificidade quase exclusivamente portuguesa (e, com diferenças, espanhola) de a arbitragem ser uma peça chave do sistema de defesa do consumidor, suscitou algumas questões. Por exemplo, as regras relativas aos prazos (art. 10º-5) ou aos efeitos da celebração de acordo prévio (art. 13º) têm de ser interpretadas criativamente, como se verá, para que possam ser aplicadas de forma eficaz à arbitragem de consumo.

1.3. Litígios de consumo

O litígio de consumo é, por definição, o litígio que resulta de uma relação de consumo. Esta, por sua vez, define-se como a relação em que intervém um consumidor. O litígio de consumo é, portanto, essencialmente delimitado pelo conceito de consumidor, conceito que, como se verá, pode variar em função do contexto legal.

No domínio da RALC, mais do que discutir em abstrato o que se entende por litígio de consumo, importa verificar como é que o conceito é delimitado pela Lei 144/2015, que regula a matéria. Tal permite-nos delimitar o âmbito de aplicação da Lei 144/2015.

Desde logo, como referido, o litígio tem de decorrer de um contrato celebrado entre um consumidor e um profissional, ou seja, é necessário que se trate de uma relação de consumo. A Lei 144/2015 não se aplica, portanto, aos litígios entre profissionais ou entre particulares. Seria redundante incluir no art. 2º-2 qualquer destas situações, já excluídas face à regra geral que delimita o âmbito de aplicação da Lei. A Diretiva RALC não seguiu, contudo, este caminho, excluindo o art. 2º-2-d), de forma expressa, os litígios entre profissionais.

No que respeita ao objeto do litígio, a lei adota uma formulação ampla ("contratos de compra e venda ou de prestação de serviços"), cujo alcance é limitado pela exclusão de certos conflitos do âmbito de aplicação do diploma.

Por fim, o conflito de consumo em questão deve apresentar uma conexão relevante com o mercado interno, decorrente da circunstância de as partes terem residência ou estarem estabelecidas num Estado-Membro da União Europeia.

Importa, assim, analisar cada um destes elementos.

1.3.1. Conceito de consumidor

A Lei 144/2015 aplica-se aos procedimentos de RAL que envolvam um consumidor e um fornecedor de bens ou prestador de serviços (art. 2º-1).

O conceito de litígio de consumo pressupõe, assim, a existência de uma relação de consumo, ou seja, uma relação entre um consumidor e um profissional. Importa, pois, definir o conceito de consumidor.

O conceito de consumidor constitui uma opção política, não existindo um conceito único quer a nível nacional quer a nível internacional. Não se confunde com os conceitos de aderente (utilizado no regime das cláusulas contratuais gerais) ou de utente (utilizado no regime dos serviços públicos essenciais), apesar de uma grande proximidade, relacionada com o objetivo comum que é o de proteção do adquirente do bem, do serviço ou do direito.

A generalidade das diretivas europeias que se ocupam de matérias ligadas ao direito do consumo define consumidor como a pessoa singular que atua com fins alheios às suas atividades comerciais ou profissionais. Neste sentido, a Diretiva RALC define consumidor como "uma pessoa singular quando atue com fins que não se incluam no âmbito da sua atividade comercial, industrial, artesanal ou profissional" [art. 4º-1-a)].

No direito português, podemos encontrar várias definições de consumidor, desde as mais restritas, como as que transpõe literalmente diretivas europeias, até às mais amplas, como a do DL 29/2006 ("o cliente final de eletricidade").

A definição mais relevante de consumidor é a do art. 2º-1 da LDC ("considera-se consumidor todo aquele a quem sejam fornecidos bens, prestados serviços ou transmitidos quaisquer direitos, destinados a uso não profissional, por pessoa que exerça com caráter profissional uma atividade económica que vise a obtenção de benefícios"), uma vez que se trata do diploma que incorpora os princípios gerais do direito do consumo. Esta definição é utilizada como referência no nosso direito, em alguns casos por via de reprodução (DL 67/2003) ou de remissão expressa (DL 134/2009) da lei, noutros por via interpretativa (DL 446/85[14]; DL

[14] ANA PRATA, *Contratos de Adesão e Cláusulas Contratuais Gerais*, 2010, p. 92, n. 262.

23/96[15]). Nos casos em que determinado diploma utiliza mas não define o conceito de consumidor, a tendência mais comum consiste em recorrer à definição da LDC[16], podendo esta, assim, considerar-se residual[17/18].

Em matéria de RALC é necessário ter em conta a definição da Lei 144/2015, que adota a definição restrita da Diretiva RALC. Com efeito, o art. 3º-c) da Lei 144/2005 define consumidor como "uma pessoa singular quando atue com fins que não se incluam no âmbito da sua atividade comercial, industrial, artesanal ou profissional", resultando da al. d) que o profissional, neste diploma designado "fornecedor de bens ou prestador de serviços", é "uma pessoa singular ou coletiva, pública ou privada, quando atue, nomeadamente por intermédio de outra pessoa que atue em seu nome ou por sua conta, com fins que se incluam no âmbito da sua atividade comercial, industrial, artesanal ou profissional".

[15] Flávia da Costa de Sá, *Contratos de Prestação de Serviços de Comunicações Electrónicas*, 2014, p. 16.

[16] Fernando Baptista de Oliveira, *O Conceito de Consumidor*, 2009, p. 77.

[17] Paulo Duarte, "A Chamada «Arbitragem Necessária» de «Litígios de Consumo» no Domínio dos Serviços Públicos Essenciais", 2016, p. 456, n. 21.

[18] Faz-se igualmente apelo à definição da LDC para delimitar o âmbito de aplicação do art. 755º-1-f) do CC. O Ac. do STJ, de 20/3/2014, uniformizou jurisprudência no sentido de que, "no âmbito da graduação de créditos em insolvência o *consumidor* promitente-comprador em contrato, ainda que com eficácia meramente obrigacional com *traditio*, devidamente sinalizado, que não obteve o cumprimento do negócio por parte do administrador da insolvência, goza do direito de retenção nos termos do estatuído no art. 755º-1-f) do CC". Nessa decisão, embora fora do âmbito da uniformização de jurisprudência, considera-se consumidor o "utilizador final com o significado comum do termo, que utiliza os andares para seu uso próprio e não com escopo de revenda". A jurisprudência posterior aponta no sentido de que este entendimento se insere na noção de consumidor consagrada na LDC (Ac. do STJ, 14/10/2014; Ac. do STJ, de 25/11/2014; Ac. do STJ, de 17/11/2015; Ac. do STJ, de 24/11/2015; Ac. do STJ, 16/2/2016; Ac. do STJ, de 5/7/2016; Ac. do TRP, de 15/6/2015; Ac. do TRG, de 14/4/2016; Ac. do TRP, de 25/10/2016), o que nos parece uma boa solução. Na doutrina, v. Bruno Oliveira Pinto, "A Insolvência e a Tutela do Direito de Retenção", 2014, p. 87. No sentido de que deve ser utilizado como referência o conceito de consumidor do Anteprojeto de Código do Consumidor (o que não parece adequado; existindo tantas definições de consumidor no nosso ordenamento jurídico, não se justifica recorrer a uma que, por decisão legislativa, não foi acolhida): Luís Miguel Pestana de Vasconcelos, "Direito de Retenção, Contrato-Promessa e Insolvência", 2011, pp. 8 e 9, n. 25; Ac. do STJ, de 29/5/2014. Também não parece adequado referir, em simultâneo, os conceitos de consumidor da LDC e do DL 24/2014 (Ac. do STJ, de 24/5/2016): sendo conceitos distintos, a qualificação como consumidor tem de ser aferida face a um diploma ou ao outro (em muitos casos, a pessoa poderá ser qualificada como consumidor face a ambos, mas o seu âmbito não é coincidente).

Ao contrário da LDC, que inclui no conceito de consumidor o requisito de que a contraparte seja um profissional (elemento relacional), a Lei 144/2015, seguindo a tradição do direito europeu, distingue os conceitos de consumidor e de profissional, embora esta distinção não tenha implicações práticas significativas.

Qualquer conceito de consumidor pode ser analisado com referência a quatro elementos (embora alguns deles possam, em determinadas normas, ficar vazios): elemento subjetivo, elemento objetivo, elemento teleológico e elemento relacional[19].

Note-se que a qualificação como consumidor é matéria de direito, pelo que não tem de ser alegada (e, muito menos, provada, porque não é matéria de facto). Se não forem incluídos no objeto do processo por outra via, cabe ao consumidor a alegação e, em princípio[20], a prova dos factos, relativos aos elementos indicados, que sustentam essa qualificação, nomeadamente o "uso não profissional". Exemplificando: se ficar provado nos autos que o imóvel objeto do contrato de compra e venda ou de empreitada se destina à habitação do comprador ou dono da obra e que o vendedor ou empreiteiro é profissional, deve aplicar-se o regime de direito do consumo[21], mesmo que a qualificação como consumidor não tenha sido alegada. Em casos como os deste exemplo, os nossos tribunais aplicam, por vezes, o regime geral sem chegar a discutir a questão[22].

Neste sentido, conclui-se no Ac. do TJUE, de 4/6/2015, que o tribunal "está obrigado, sempre que disponha dos elementos de direito e de facto necessários para tal ou deles possa dispor mediante mero pedido de esclarecimento, a verificar se o comprador pode ser qualificado de consumidor [...], ainda que este não tenha expressamente invocado essa qualidade"[23]. Estando em causa um processo judicial, a referência a um

[19] Carlos Ferreira de Almeida, *Direito do Consumo*, 2005, p. 29.

[20] Micael Martins Teixeira, "A Prova no Direito do Consumo: Uma Abordagem Tópica", 2016, p. 149, considera que, "segundo o critério da distribuição dinâmica do ónus da prova, este deverá impender sobre o consumidor relativamente aos factos que implicam a verificação dos elementos subjetivo, objetivo e teleológico da noção de consumidor e sobre o (suposto) profissional quanto aos factos que implicam a verificação do elemento relacional da mesma noção".

[21] Ac. do TRG, de 14/4/2016.

[22] Ac. do TRP, de 8/5/2014. V., também, Ac. do TRC, de 27/5/2014, e Ac. do TRE, de 29/1/2015.

[23] Ac. do TRG, de 25/5/2016.

pedido de esclarecimento aponta, no direito português, para a aplicação dos arts. 7º e 590º-2 do CPC (princípio da cooperação)[24].

Aplicando a doutrina desta decisão à RALC, a entidade de RALC deve considerar-se competente se tiver os elementos necessários para a qualificação do reclamante como consumidor. No caso de ter dúvidas sobre essa qualificação, deve solicitar ao reclamante os esclarecimentos necessários para uma análise adequada da situação. Em princípio, num processo de mediação, a investigação poderá não ser tão intensa, uma vez que, pela sua própria natureza, não é tão relevante a prova dos factos subjacentes ao litígio, centrando-se a negociação assistida pelo mediador essencialmente nos interesses das partes e na tentativa da obtenção de um acordo. Já no que diz respeito à arbitragem, a qualificação como consumidor definirá, em regra, como se verá no ponto 2.2.1, a competência do tribunal, afetando, portanto, os seus poderes jurisdicionais.

Partimos agora para uma análise dos quatro elementos do conceito de consumidor, tendo como base as definições da LDC e da Lei 144/2015.

1.3.1.1. Elemento subjetivo

O elemento subjetivo é bastante amplo na LDC ("todo aquele") e mais restrito na Lei 144/2015 ("pessoa singular"). Na prática, a diferença não é muito significativa, uma vez que, se a definição da LDC abrange, numa primeira abordagem, todas as pessoas, físicas ou jurídicas[25], sofre depois uma restrição face ao elemento teleológico. A diferença estará, assim, apenas, na possibilidade de qualificação de associações ou fundações como consumidor.

Uma das questões mais controversas consiste na qualificação jurídica do condomínio, podendo ter quatro respostas: (i) não é consumidor em nenhuma circunstância; (ii) é consumidor se nenhuma fração se destinar a uso profissional; (iii) é consumidor se as frações se destinarem

[24] Micael Martins Teixeira, "A Prova no Direito do Consumo: Uma Abordagem Tópica", 2016, p. 142. Segundo este autor (p. 143), o juiz deve mesmo, se for necessário, recorrer "aos mecanismos de produção de prova por sua iniciativa que a lei processual lhe atribui, no âmbito do dever de inquisitoriedade do julgador, constante do art. 411º do CPC".

[25] Paulo Duarte, "O Conceito Jurídico de Consumidor", 1999, pp. 661 a 665. Aparentemente contra, limitando a pessoas físicas: Ac. do STJ, de 20/10/2011; Ac. do STJ, de 17/11/2015; Ac. do STJ, de 16/2/2016; Ac. do TRE, de 29/1/2015; Ac. do TRL, de 19/5/2015.

maioritariamente a uso não profissional[26]; (iv) é consumidor se pelo menos uma fração se destinar a uso não profissional. Defende-se a última hipótese, considerando-se que o condomínio é consumidor sempre que, numa perspetiva objetiva, o bem ou o serviço em causa possa ser considerado um bem ou um serviço de consumo para uma das pessoas (singulares, no caso da Lei 144/2015) que aquele representa. Nos termos do art. 1420º-1 do CC, "cada condómino é proprietário exclusivo da fração que lhe pertence e comproprietário das partes comuns do edifício". Neste sentido, não há dúvida de que as partes comuns constituem bens de consumo quando o seu proprietário (ou um dos seus proprietários) puder ser qualificado como consumidor[27], devendo, em consequência, o condomínio ter a possibilidade de defender os interesses relativos a essas partes em representação do (ou dos) condómino(s)[28]. A conclusão acerca da qualificação do condomínio como consumidor é independente da circunstância de este estar a ser gerido por um profissional[29].

1.3.1.2. Elemento objetivo

Na LDC, o elemento objetivo também tem uma amplitude significativa ("a quem sejam fornecidos bens, prestados serviços e transmitidos quaisquer direitos"), parecendo abarcar qualquer relação contratual estabelecida entre as partes. Assim, por exemplo, o art. 8º-1-i) da LDC impõe ao profissional a prestação de informações relativamente à garantia voluntária ou comercial oferecida (por vezes, negócio jurídico unilateral), podendo referir-se também o art. 12º-2, que alude à responsabilidade civil extracontratual do produtor.

No que respeita à Lei 144/2015, o art. 2º-1 determina que esta se aplica aos litígios "resultantes de contratos de compra e venda ou de prestação de serviços", na sequência do previsto no art. 2º-1 da Diretiva RALC. O diploma português define os conceitos de contrato de compra

[26] João Cura Mariano, *Responsabilidade Contratual do Empreiteiro pelos Defeitos da Obra*, 2013, p. 238. Jurisprudência: Ac. do TRP, de 8/5/2014.

[27] Alexandre Mota Pinto, "Venda de Bens de Consumo e Garantias", 2016, p. 191.

[28] Ac. do TRP, de 26/6/2008.

[29] Ac. do TRL, de 19/5/2015.

e venda[30] e de contrato de prestação de serviços[31], o que nos causa grande espanto[32].

Numa análise literal, o diploma não se aplicaria, por exemplo, aos contratos de crédito ou aos contratos de locação.

Esta restrição é incompreensível, pois não existe qualquer fundamento objetivo que permita a aplicação de regras e princípios diferentes aos mesmos procedimentos de RALC apenas em função do tipo contratual em causa[33]. Tal interpretação poderia, aliás, conduzir a um efeito contrário ao pretendido pela Diretiva RALC, reduzindo a confiança dos consumidores no mercado interno em consequência da disparidade de regras aplicáveis aos mesmos procedimentos.

Justifica-se, pois, uma interpretação extensiva do art. 2º-1, que alargue o seu âmbito de aplicação aos restantes tipos contratuais. A referência expressa aos contratos de compra e venda e de prestação de serviços

[30] Contrato de compra e venda é definido como "um contrato ao abrigo do qual o fornecedor de bens ou prestador de serviços transfere ou se compromete a transferir a propriedade de bens para o consumidor e o consumidor paga ou se compromete a pagar o respetivo preço, incluindo qualquer contrato que tenha por objeto simultaneamente bens e serviços" [art. 3º-e)].

[31] Contrato de prestação de serviços é definido como "um contrato, com exceção de um contrato de compra e venda, ao abrigo do qual o fornecedor de bens ou prestador de serviços presta ou se compromete a prestar um serviço ao consumidor e o consumidor paga ou se compromete a pagar" [art. 3º-f)].

[32] Uma diretiva distingue-se de um regulamento, entre outros aspetos, pela necessidade da sua transposição, com vista a uma adaptação a características próprias de cada Estado-Membro. Ora, os contratos de compra e venda e de prestação de serviços encontram-se regulados há muito tempo no nosso ordenamento jurídico, com definições relativamente estabilizadas na doutrina e na jurisprudência. Se o objetivo fosse alterar essa definição, alargando ou restringindo o seu âmbito, melhor seria utilizar outros conceitos. Pretendendo-se apenas reproduzir o que já está estabelecido, é desnecessário e gerador de problemática complexidade.

[33] Segundo Cátia Marques Cebola, "ADR 3.0 @ Resolução Online de Conflitos de Consumo em Portugal", 2016, pp. 72 e 73, "à exceção das situações previstas no nº 2 do artigo 2º e não obstante a referência expressa a contratos de compra e venda e de prestação de serviços, o almejado âmbito de aplicação legal será amplo, pelo que o legislador português poderia ter revelado um menor aprisionamento ao teor literal da diretiva, referindo que se abrangeriam quaisquer litígios entre consumidores e fornecedores de bens ou serviços, excetuadas as situações legais prescritas. Esta era aliás uma redação mais consentânea com o caráter total e abrangente subjacente à intenção legislativa".

resulta da sua especial importância no contexto do mercado interno e não visa excluir a aplicação do diploma a outros tipos contratuais.

1.3.1.3. Elemento teleológico

Quanto ao elemento teleológico ("destinados a uso não profissional"), a atual LDC adota uma formulação diferente da anterior ("uso privado"), embora esta circunstância não reflita qualquer diferença de regime. A finalidade pode ser revelada por forma positiva ("uso privado") ou por via negativa ("uso não profissional")[34].

A Lei 144/2015 contém uma referência totalmente equivalente ("atue com fins que não se incluam no âmbito da sua atividade comercial, industrial, artesanal ou profissional"). Com efeito, parece-nos que a referência a atividade profissional é suficiente para abranger todas as situações, incluindo no seu âmbito as atividades comercial, industrial ou artesanal.

Note-se que o conceito de "uso não profissional" (ou de não inclusão na atividade profissional) se afasta da noção de "destinatário final", utilizada em alguns direitos, como o angolano[35], o argentino[36] ou o brasileiro[37]. Na interpretação destes preceitos, podemos encontrar duas correntes principais na doutrina e na jurisprudência[38]: a doutrina finalista (interpretação restrita do conceito, não podendo o objeto ter uso profissional)[39], mais próxima do direito português[40], e a doutrina

[34] Carlos Ferreira de Almeida, *Os Direitos dos Consumidores*, 1982, pp. 209 e 210. Jurisprudência: Ac. do STJ, de 25/11/2014. Contra: Paulo Duarte, "O Conceito Jurídico de Consumidor", 1999, pp. 674 e 675; Alexandre Dias Pereira, "A Protecção do Consumidor no Quadro da Directiva sobre o Comércio Electrónico", 2000, p. 61, n. 35.

[35] Art. 3º-1 da Lei nº 15/03, de 22 de julho.

[36] Art. 1º da Ley 24.240, de Defensa del Consumidor, alterada pela Ley 26.361.

[37] Art. 2º do Código de Defesa do Consumidor.

[38] Sobre a questão, de forma desenvolvida: Cláudia Lima Marques, *Contratos no Código de Defesa do Consumidor*, 2006, pp. 302 a 393; Sergio Cavalieri Filho, *Programa de Direito do Consumidor*, 2014, pp. 66 a 73; Júlio Moraes Oliveira, *Curso: Direito do Consumidor Completo*, 2014, pp. 95 a 106.

[39] Direito angolano: Raúl Carlos de Freitas Rodrigues, *O Consumidor no Direito Angolano*, 2009, p. 62. Direito argentino: Antonio Juan Rinessi, *Relación de Consumo y Derechos del Consumidor*, 2006, p. 50; Dante D. Rusconi, "Nociones Fundamentales", 2009, p. 156; Ariel Ariza, "Contratación Inmobiliaria y Defensa del Consumidor", 2009, p. 43, n. 6; Carlos A. Ghersi e Celia Weingarten, *Manual de los Derechos de Usuarios y Consumidores*, 2011, p. 52. Direito brasileiro: Cláudia Lima Marques, Antônio Herman Ben-

maximalista (interpretação ampla do conceito, estando em causa a retirada do bem do circuito de produção)[41].

O elemento teleológico exclui do conceito todas as pessoas, físicas ou jurídicas[42], que atuam no âmbito de uma atividade profissional[43], independentemente de terem ou não conhecimentos específicos no que respeita ao negócio em causa[44].

Encontram-se igualmente incluídas as pessoas físicas que, apesar de terem conhecimentos específicos no que respeita ao negócio em causa,

JAMIN e BRUNO MIRAGEM, *Comentários ao Código de Defesa do Consumidor*, 2003, p. 74; LUIZ EDSON FACHIN, "Novo Código Civil Brasileiro e o Código de Defesa do Consumidor", 2005, p. 118; CLÁUDIO PETRINI BELMONTE, *A Redução do Negócio Jurídico e a Protecção dos Consumidores*, 2003, p. 104; SERGIO PINHEIRO MARÇAL, "Definição Jurídica de Consumidor", 2006, p. 111. BRUNO MIRAGEM, *Curso de Direito do Consumidor*, 2014, p. 59, refere-se a uma evolução da doutrina finalista – o finalismo aprofundado –, tendo em conta o conceito de consumidor por equiparação, em casos de reconhecida vulnerabilidade.

[40] PAULO R. ROQUE A. KHOURI, *Direito do Consumidor*, 2013, p. 38.

[41] JORGE OSCAR ROSSI, "Derecho del Consumidor", 2009, p. 23; TIAGO MACHADO DE FREITAS, "A Extensão do Conceito de Consumidor em Face dos Diferentes Sistemas de Proteção Adotados por Brasil e Portugal", 2003, p. 405; MÁRIO TENREIRO, "Un Code de la Consommation ou un Code Autour du Consommateur?", 1997, p. 346.

[42] Neste caso, no âmbito da LDC, uma vez que as pessoas jurídicas estão excluídas do âmbito da Lei 144/2015, à partida, com base no elemento subjetivo ("pessoa singular"), como já se estudou. Segundo a definição da LDC, incluem-se no conceito de consumidor as pessoas jurídicas que não destinem o bem a uma atividade profissional, como as associações ou as fundações. Neste sentido, v. LUÍS MENEZES LEITÃO, "O Direito do Consumo", 2002, p. 22.

[43] MIGUEL CALADO MOURA E JORGE MORAIS CARVALHO, "Perspetivas Extracontratuais e Contratuais da Prevenção do Perigo na Prática Desportiva do Golfe", 2014, p. 155: o contraente não pode ser qualificado como consumidor, "por faltar o elemento teleológico", "por exemplo, se o contrato for celebrado por uma sociedade de advogados com o objetivo de permitir aos seus colaboradores ou clientes a utilização das instalações e dos equipamentos desportivos". No Ac. do TRL, de 9/6/2016, exclui-se a qualificação como consumidor num caso em que o imóvel objeto do contrato se destina ao exercício da advocacia.

[44] Aparentemente contra (admitindo a extensão do conceito de consumidor a profissionais, desde que estejam a atuar fora da sua atividade): JORGE PEGADO LIZ, *Introdução ao Direito e à Política do Consumo*, 1999, p. 193; SANDRINA LAURENTINO, "Os Destinatários da Legislação do Consumidor", 2000, p. 430; FERNANDO BAPTISTA DE OLIVEIRA, *O Conceito de Consumidor*, 2009, pp. 63 a 72; PEDRO MAIA, "Contratação à Distância e Práticas Comerciais Desleais", 2015, p. 151. Jurisprudência: Ac. do TRP, de 11/9/2008; Ac. do TRL, de 18/6/2013; Sentença do JP do Funchal, de 7/7/2015. Excluindo claramente a qualificação como consumidor de uma sociedade comercial que atua no âmbito da sua atividade: Ac. do STJ, de 8/10/2015; Ac. do STJ, de 16/6/2016; Ac. do STJ, de 29/7/2016; Ac. do STJ, de 4/10/2016; Ac. do TRG, de 11/2/2016; Ac. do TRP, de 23/2/2016.

atuam fora do âmbito de uma atividade profissional[45]. Assim, por exemplo, um sapateiro que se dirige a uma sapataria para comprar uns sapatos para utilizar no seu dia-a-dia é um consumidor nessa relação com a sapataria.

Os conhecimentos jurídicos, resultantes, nomeadamente, do exercício das profissões de advogado ou de solicitador, também não impedem a qualificação como consumidor[46].

Tem-se assistido, em alguns domínios, a um fenómeno de equiparação das empresas[47], nomeadamente as microempresas[48], aos consumidores para efeito de proteção. Essas pessoas não são, no entanto, qualificadas como consumidores.

Sendo o bem destinado a uso misto, ou seja, simultaneamente, a uso profissional e não profissional (por exemplo, automóvel para utilizar no exercício da atividade profissional – o que não se confunde com deslocações para o local de trabalho – e na vida privada), o melhor critério para determinar se se trata de uma relação de consumo parece consistir no uso predominantemente dado ao bem[49], independentemente de este corresponder ao seu uso normal[50]. Neste sentido, o considerando (18) da Diretiva RALC esclarece que, "se o contrato for celebrado para fins relacionados em parte com a atividade comercial da pessoa e em parte à margem dessa atividade (contratos com dupla finalidade), e se o objetivo da atividade comercial for tão limitado que não seja predominante no contexto global do contrato, essa mesma pessoa deverá ser igualmente considerada como consumidor".

Outra questão diz respeito ao momento em que deve ser verificado o destino a dar aos bens ou serviços, podendo colocar-se três hipóteses:

[45] Contra: Pedro Manuel Moreira da Silva Santos, *Responsabilidade Civil e Garantias no Âmbito do Direito do Consumo*, 2012, p. 16.

[46] Ac. do TJUE, de 3/9/2015.

[47] V., por exemplo, art. 1º-2 do DL 57/2008, na redação dada pelo DL 205/2015.

[48] Giovanni De Cristofaro, "Unfair Business-to-Microenterprise Commercial Practices", 2015, p. 23.

[49] Sandrina Laurentino, "Os Destinatários da Legislação do Consumidor", 2000, p. 424; Fernando Baptista de Oliveira, *O Conceito de Consumidor*, 2009, p. 88. Contra: Pedro Madeira Froufe, "A Noção de Consumidor a Crédito", 1999, p. 436; L. Menezes Leitão, "Caveat Venditor?", 2002, p. 273. Jurisprudência: Ac. do TRE, de 29/1/2015.

[50] Roberta Mongillo, "Beni di Consumo, Beni ad Uso Promiscuo e Squilibrio Negoziale", 2008, p. 369.

(i) celebração do contrato; (ii) entrega do bem ou prestação do serviço[51]; (iii) utilização do bem ou serviço. Uma vez que o cumprimento das regras específicas de proteção dos consumidores depende do conhecimento da natureza da relação por parte do profissional, o momento da celebração do contrato é o momento a que se deve reportar a determinação do uso a dar ao bem ou serviço.

Sendo o negócio jurídico realizado com intervenção de representante, o elemento teleológico deve verificar-se em relação ao representado, independentemente de o representante ter ou não a qualidade de profissional. Assim, por exemplo, se um advogado celebra um contrato de compra e venda de um imóvel em nome de um cliente, que destina o imóvel a uso não profissional, o cliente poderá ser qualificado como consumidor se estiverem preenchidos os restantes elementos; se uma empresa gestora de um condomínio, preenchendo este o elemento subjetivo do conceito de consumidor, celebra um contrato para a manutenção dos elevadores do prédio, deve considerar-se verificado o elemento teleológico. No mandato sem representação, a qualidade de consumidor deve ser aferida por referência ao mandatário, independentemente de o mandato ser conhecido (art. 1180º do CC). Nos termos do art. 1181º-2 do CC, "o mandante pode substituir-se ao mandatário no exercício dos respetivos direitos". Para perceber quais são os "respetivos direitos", é necessário verificar o elemento teleológico: se o mandatário agir profissionalmente, não estamos perante uma relação de consumo; agindo fora do âmbito de uma atividade profissional, estamos perante uma relação de consumo, podendo o mandante exercer os direitos que originariamente se encontravam na esfera jurídica do mandatário[52].

Independentemente do destino a dar ao bem ou serviço, se uma pessoa se apresentar perante a contraparte como profissional, indicando o nome ou o número de identificação fiscal de uma empresa (por razões fiscais, por exemplo), não se aplica o regime de proteção previsto nos diplomas de direito do consumo, incluindo a Lei 144/2015, não sendo as entidades de RALC competentes. Com efeito, não se admite que uma pessoa pretenda ser simultaneamente consumidor e profissional, beneficiando das vantagens conferidas, em domínios diversos, a cada uma

[51] Ac. do TRL, de 8/6/2006.
[52] Ac. do TRE, de 15/1/2015.

destas categorias de pessoas. Por um lado, a contraparte pode não saber que está a contratar com um consumidor e, portanto, que tem de cumprir regras específicas naquela relação (por exemplo, os deveres de informação); se, da interpretação da declaração, nos termos gerais[53], resultar que aquela pessoa é profissional, a prova do uso não profissional de nada lhe serve. Por outro lado, mesmo que saiba, seria abusivo o consumidor beneficiar deste seu comportamento contraditório.

A jurisprudência já considerou – acertadamente – que o uso é "não profissional" no caso de o adquirente do bem ter ajudado, como trabalhador, na sua construção[54], no caso de o adquirente ter cedido o bem a uns amigos que o utilizam para uso não profissional[55] e no caso de o bem ter sido adquirido para uso pessoal do filho[56]. Concluiu-se também que o facto de o objeto do contrato ser um terreno destinado à construção urbana não afasta a qualificação como consumidor, se o promitente-comprador não exerce qualquer atividade profissional relacionada com o mercado imobiliário[57]. Diríamos que, mesmo que exercesse uma atividade nessa área, se o terreno se destinasse a uso não profissional, sempre estaria verificado o elemento teleológico.

A qualificação do investidor não qualificado como consumidor é discutível, embora aponte neste sentido o DL 95/2006, que regula os contratos celebrados à distância relativos a serviços financeiros, incluindo no conceito de serviço financeiro qualquer serviço "de investimento" [art. 2º-c)]. Este regime é aplicável se o serviço de investimento não for integrável no âmbito de uma atividade profissional do investidor. Se uma pessoa viver dos seus investimentos, não pode ser qualificada como consumidora. Se tiver uma poupança e investir o montante resultante da poupança, será, à partida, consumidora. Numa situação intermédia, a qualificação pode ser mais complexa. O art. 321º-3 do Código dos Valores Mobiliários parece apontar no sentido de que o investidor não qualificado não é consumidor, ao estabelecer que "aos contratos de intermediação financeira é aplicável o regime das cláusulas contratuais

[53] Paulo Mota Pinto, "O Novo Regime Jurídico dos Contratos a Distância e dos Contratos Celebrados Fora do Estabelecimento Comercial", 2015, p. 58.

[54] Ac. do TRG, de 14/4/2016.

[55] Ac. do STJ, de 5/7/2016.

[56] Sentença do JP de Coimbra, de 27/1/2015.

[57] Ac. do TRP, de 15/6/2015.

gerais, sendo para esse efeito os investidores não qualificados *equiparados* a consumidores" (itálico nosso). Se a lei os *equipara* a consumidores é porque não os considera como tal.

Igualmente complexa é a questão de saber se um consumidor doméstico de eletricidade que é simultaneamente microprodutor ou microgerador de energia continua a poder ser qualificado como consumidor. Julgamos que mantém a qualidade de consumidor no que respeita ao contrato de fornecimento de energia elétrica que celebra com o comercializador, mas não pode como tal ser qualificado na parte em que vende eletricidade à rede. Isto significa também que o equipamento que permite a geração de energia não pode ser considerado um bem de consumo se for total ou predominantemente utilizado para vender energia à rede. Se for total ou predominantemente utilizado para consumo próprio, é um bem de consumo.

1.3.1.4. Elemento relacional

A noção da LDC contém ainda o elemento relacional, impondo que a contraparte (em relação ao consumidor) seja uma "pessoa que exerça com caráter profissional uma atividade económica que vise a obtenção de benefícios". Nos termos do art. 2º-2 da LDC, não releva para a qualificação como consumidor a natureza pública ou privada da atividade exercida pelo profissional.

O conceito de consumidor da Lei 144/2015 não inclui o elemento relacional. Em termos práticos, tal revela-se irrelevante já que o diploma, embora não o inclua no conceito de consumidor, impõe igualmente a intervenção de um profissional (ou, na expressão do diploma legal, "fornecedor de bens ou prestador de serviços"). O art. 3º-d) define-o como "uma pessoa singular ou coletiva, pública ou privada, quando atue, nomeadamente por intermédio de outra pessoa que atue em seu nome ou por sua conta, com fins que se incluam no âmbito da sua atividade comercial, industrial, artesanal ou profissional". Assinala-se a imperfeição da redação do preceito, uma vez que parece estabelecer como situação normal ou tipo, depois do advérbio ("nomeadamente"), aquela em que o profissional "atua por intermédio de outra pessoa que atue em seu nome ou por sua conta", quando, apesar de tudo, a situação normal ou tipo é aquela em que o profissional atua diretamente.

Na prática, os dois preceitos da LDC e da Lei 144/2015 são equivalentes, exigindo ambos, para a aplicação do respetivo regime, que a contraparte em relação ao consumidor atue na relação em causa com caráter profissional ou, dizendo de outra forma, do âmbito da sua atividade profissional.

A circunstância de a atividade consistir no exercício de uma profissão liberal é irrelevante. A restrição operada pelo art. 23º da LDC deve entender-se que diz apenas respeito à responsabilidade disciplinar. A Lei 144/2015 não contém qualquer restrição a este nível. O direito europeu também aponta neste sentido, considerando-se que o elemento relacional do conceito de consumidor abrange serviços jurídicos[58].

Não resulta deste elemento relacional que o objetivo seja a obtenção de benefícios por parte do profissional na relação concreta estabelecida com o consumidor, abrangendo-se, assim, por exemplo, a oferta de brindes, que têm um conteúdo promocional e se inserem numa atividade económica que visa a obtenção de benefícios, embora não o lucro imediato[59].

Já não se encontra abrangido pela definição, por faltar o elemento relacional, o contrato celebrado entre não profissionais (ou particulares). Note-se que, face à definição da LDC, não se pode falar em contrato entre consumidores, uma vez que, se não estiver preenchido o elemento relacional, não estamos perante um consumidor.

A identificação da contraparte poderá nem sempre ser fácil, em especial nos negócios de compra coletiva ou na designada economia colaborativa (ou de plataformas), que se vai estendendo a setores de atividade muito diversificados[60], em que o contrato é celebrado numa aplicação, muitas vezes não sendo evidente com quem é que se está a contratar. Por exemplo, no caso da plataforma Uber, apesar de esta indicar nas condições gerais que não presta serviços de transporte, deve concluir-se que a empresa não é simples intermediária, sendo parte no contrato[61].

[58] Ac. do TJUE, de 15/1/2015.

[59] Fernando Dias Simões, "O Conceito de Consumidor no Direito Português", 2012, p. 4.

[60] Por exemplo, o setor do crédito: Christoph Busch e Vanessa Mak, "Peer-to-Peer Lending in the European Union", 2016, p. 181.

[61] Jorge Morais Carvalho, "Uber in Portugal", 2015, p. 64; Jorge Morais Carvalho, "Developments on Uber in Portugal", 2015; Joana Campos Carvalho, "A Proteção do Consumidor na *Sharing Economy*", 2016, p. 306; Joana Campos Carvalho, "Enquadramento

Como a atividade é exercida a título profissional, o elemento relacional encontra-se preenchido. Já no caso de outras plataformas, como o OLX ou o CustoJusto, a relação com estas empresas é de consumo (se estiverem preenchidos os outros elementos), mas a relação estabelecida com o vendedor do bem poderá ou não ser de consumo, consoante este venda os bens usados com caráter profissional ou não[62].

A fronteira que delimita o caráter profissional de uma atividade não é fácil de traçar. Nos extremos, a solução é clara. Assim, se uma pessoa resolve vender através de uma aplicação o carrinho de bebé do filho que entretanto cresceu não está a exercer uma atividade a título profissional. O mesmo se diga de alguém que herda uma casa no Algarve e resolve arrendá-la uma semana na Páscoa através da plataforma Airbnb. Já se o negócio for comprar e vender carrinhos de bebé nessas aplicações ou arrendar casas, o caráter profissional do exercício da atividade é claro. Mais complexa é a conclusão quanto à verificação do elemento relacional em situações intermédias. Por exemplo: a pessoa em causa compra e, posteriormente, vende um carrinho de bebé de seis em seis meses através do OLX (ou um por mês ou de dois em dois meses); a casa herdada é arrendada o ano todo na Airbnb (ou não se trata apenas de uma casa, mas de duas ou três).

1.3.2. Litígios excluídos do âmbito da Lei 144/2015

O art. 2º-2 da Lei 144/2015 procede a uma delimitação negativa do seu âmbito de aplicação, que importa analisar, uma vez que restringe, neste âmbito, o conceito de litígio de consumo.

Num primeiro momento, a lei exclui do conceito de conflitos de consumo os "serviços de interesse geral sem contrapartida económica, designadamente os que sejam prestados pelo Estado ou em seu nome, sem contrapartida remuneratória" [art. 2º-2-a)]. No fundo, estão aqui em causa serviços não económicos de interesse geral, como, por exemplo, os prestados por entidades sem finalidade lucrativa no interesse da comunidade (associações de consumidores, sindicatos ou partidos

Jurídico da Atividade da Uber em Portugal", 2016; Christoph Busch, Hans Schulte-Nölke, Aneta Wiewiórowska-Domagalska e Fryderyk Zoll, "The Rise of the Platform Economy", 2016, p. 8.

[62] Joana Campos Carvalho, "A Proteção do Consumidor na *Sharing Economy*", 2016, pp. 124 e 125.

políticos) ou por entidades que têm a seu cargo prerrogativas estatais relacionadas com a soberania nacional (como a administração da Justiça ou a segurança interna)[63].

A Lei 144/2015 também não se aplica aos serviços de saúde [art. 2º-2-b)] nem aos "prestadores públicos de ensino complementar ou superior" [art. 2º-2-c)]. Apesar da sua autonomização, esta exclusão parece obedecer ao mesmo critério enunciado anteriormente quando o serviço seja prestado pelo Estado, já que nesse caso não estarão integradas no âmbito de uma atividade económica destinada à obtenção de lucro, visando apenas a satisfação de interesses gerais.

No caso dos serviços de saúde, a exclusão é mais ampla, já que abrange os serviços prestados por entidades privadas. Esta solução resulta do art. 2º-2-h) da Diretiva RALC e não é acompanhada de qualquer explicação. Tratando-se de uma diretiva de harmonização mínima, o legislador nacional podia ter ido mais longe na proteção do consumidor, incluindo esta hipótese no âmbito de aplicação da Lei 144/2015. A exclusão é, aliás, contrária à própria teleologia do regime, que abrange os profissionais liberais.

O conceito de conflitos de consumo enunciado na Lei 144/2015 também não inclui as reclamações apresentadas por profissionais contra consumidores [art. 2º-2-d)]. Este aspeto está relacionado com um dos princípios da RALC – a unidirecionalidade – pelo que será desenvolvido nesse contexto (cfr. *infra* 3.1).

Por fim, o art. 2º-2-e) exclui os procedimentos iniciados pelos consumidores junto de serviços de reclamações ou de natureza equiparada, geridos pelo profissional. A exclusão resulta de uma presunção inilidível de que estes serviços não reúnem as condições de independência e de imparcialidade exigidas, já que existe um vínculo hierárquico e estrutural entre os serviços em causa e uma das partes e as pessoas singulares responsáveis pelo procedimento são designadas por essa mesma parte [art. 8º-6-a) e d)].

O art. 2º-2-e) refere-se ainda às reclamações apresentadas a serviços de reclamação das autoridades reguladoras setorialmente competentes. Esta exclusão não consta da Diretiva RALC e é contraditória com o papel atribuído às autoridades reguladoras no âmbito da RAL (art. 47º-3 da

[63] Comunicação da Comissão relativa a serviços de interesse geral na Europa (pp. 12-13).

LQER). Parece-nos que a interpretação mais coerente da exclusão passa por entender que esta só tem em vista as reclamações dirigidas contra a própria entidade reguladora. De facto, só neste caso é que a independência e a imparcialidade podem estar afetadas, justificando-se assim a exclusão do procedimento em causa do âmbito de aplicação da Lei 144/2015.

Nos restantes casos, isto é, quando a reclamação seja dirigida contra um profissional que atua num setor regulado, não existem razões para excluir, à partida, que a autoridade reguladora possa disponibilizar um procedimento de RALC. Aliás, entre as entidades de RALC a operar em Portugal encontra-se, precisamente, uma autoridade reguladora: a ERSE.

Discute-se se a Lei 144/2015 é aplicável às relações dos clientes com advogados e sociedades de advogados. Esta questão era especialmente relevante antes da recente alteração legislativa ao art. 18º, já que o dever de informação sobre as entidades de RALC incidia sobre todos os agentes económicos, independentemente de adesão ou de vinculação legal.

De acordo com um parecer emitido pelo Observatório de Direito do Consumo da Ordem dos Advogados, a resposta deve ser negativa[64]. Este parecer assenta em dois argumentos principais: por um lado, o poder disciplinar pertence, em exclusivo, à Ordem dos Advogados (art. 114º do EOA) e existe um Provedor do Cliente, cuja função é, precisamente, a defesa dos interesses dos clientes (art. 65º-2 do EOA); por outro lado, o advogado está vinculado ao dever de sigilo profissional, que só cede em situações excecionais e mediante autorização prévia (art. 82º do EOA)[65].

Desde logo, importa saber se a relação que se estabelece entre o advogado e o cliente pode consubstanciar uma relação de consumo. A resposta é afirmativa sempre que o cliente seja uma pessoa singular e não atue no âmbito da sua atividade profissional. De facto, não há dúvidas de que o contrato celebrado entre as partes envolve uma prestação de serviços (elemento objetivo) e que o advogado atua no exercício da sua atividade profissional (elemento relacional).

[64] http://bit.ly/2gpdmnS (consultado em agosto 2017).

[65] O parecer refere ainda que o dever de informação enunciado no art. 18º da Lei 144/2015 traduz um encargo injustificado caso o advogado ou a sociedade de advogados não tenha aderido ao centro de arbitragem respetivo.

Quanto aos argumentos apresentados no parecer do Observatório de Direito do Consumo, a Lei 144/2015 aplica-se aos profissionais liberais (engenheiros, contabilistas, entre outros), salvo exclusão expressa, independentemente dos meios internos de reclamação que cada ordem profissional eventualmente faculte aos consumidores. A única especialidade da advocacia neste contexto – o dever de sigilo profissional – não afastava o cumprimento do dever de informação sobre as entidades de RALC. Ora, como os litígios decorrentes da relação entre o advogado e o cliente não estão excluídos do âmbito de aplicação da Lei 144/2015 (art. 2º-2), esta será aplicável sempre que estejam preenchidos os vários elementos do conceito de consumidor.

Diga-se, no entanto, que a única regra dirigida aos agentes económicos é a relativa ao dever de informação sobre as entidades de RALC. Desta forma, a recente alteração ao art. 18º da Lei 144/2015 reduziu de forma muito significativo o seu impacto sobre os profissionais liberais, visto que o dever de informação passou a estar limitado aos casos de adesão plena e de arbitragem potestativa. As entidades de RALC continuam, no entanto, a ter competência para a resolução destes litígios.

As observações feitas neste ponto relativamente a advogados aplicam-se a outras profissões liberais, nomeadamente a solicitadores.

1.3.3. Âmbito de aplicação espacial da Lei 144/2015

A aplicação da Lei 144/2015 depende ainda do preenchimento de um critério espacial: as partes devem residir ou estar estabelecidas "em Portugal ou em outro Estado-Membro da União Europeia" (art. 2º-1). Desta forma, estão abrangidos os litígios nacionais, isto é, que envolvam um consumidor residente em Portugal e um profissional que também esteja estabelecido em Portugal [art. 3º-g)] bem como os litígios transfronteiriços, desde que as partes residam ou estejam estabelecidas em Estados-Membros da União Europeia.

Os considerandos (4) e (5) da Diretiva RALC sugerem que esta tem em vista sobretudo os litígios transfronteiriços, visto que as diferenças entre os procedimentos de RALC existentes nos vários Estados-Membros podem desincentivar a atuação de consumidores e profissionais no mercado interno. No entanto, o respeito pela concorrência impõe que estes procedimentos devam obedecer aos mesmos princípios e regras também nos litígios nacionais, com o intuito de evitar diferentes níveis de acesso por parte do consumidor ou custos de transação díspares para os profissionais.

O âmbito de aplicação espacial limitado da Lei 144/2015 não afeta a competência dos centros de arbitragem de consumo. De facto, as regras de competência territorial constantes do modelo de regulamento harmonizado dos centros de arbitragem de consumo (cfr. *infra* 2.2) atribuem competência aos centros de arbitragem de consumo para quaisquer litígios transfronteiriços, desde que exista certo elemento de conexão com o ordenamento jurídico nacional. Assim, por exemplo, os centros de arbitragem de consumo de competência genérica serão competentes para os litígios decorrentes de contratos celebrados na sua área geográfica por um cidadão não europeu (art. 5º-1 do modelo de regulamento harmonizado).

A única consequência do art. 2º-1 consistia na possibilidade de aplicar regras diferentes aos procedimentos de RALC que envolvessem partes não residentes nem estabelecidas na União Europeia. No entanto, a análise do modelo de regulamento harmonizado permite-nos concluir que a opção passou por um regime unitário, aplicável a todos os litígios transfronteiriços.

1.4. Procedimentos de RALC

A Diretiva RALC recorre a uma cláusula aberta no seu artigo 4º-g), de acordo com a qual os procedimentos de RALC devem reunir, em simultâneo, três requisitos: inclusão no âmbito de aplicação da Diretiva; cumprimento dos requisitos nela enunciados; condução por uma entidade de RAL. Esta definição é propositadamente aberta, tendo em conta as diferentes tradições jurídicas existentes nos Estados-Membros no que respeita à RALC.

De facto, um estudo de 2009 sobre a RALC na União Europeia permitiu identificar uma grande variedade de meios de RALC no que respeita ao seu resultado. Assim, entre os meios não vinculativos, é possível distinguir os que assentam na emissão de recomendações daqueles que visam a solução consensual do litígio; os meios vinculativos podem vincular ambas as partes ou só o profissional. Ainda de acordo com este estudo, uma parte significativa dos meios de RALC (35%) combina estas duas abordagens, ou seja, a mesma entidade oferece procedimentos conducentes a soluções consensuais e vinculativas, mas estes últimos só são utilizados quando não tenha sido possível solucionar o litígio por acordo[66].

A Lei 144/2015 optou por concretizar os procedimentos de RALC por ela abrangidos. Assim, o art. 3º-i) enuncia de forma taxativa três procedimentos de RALC – mediação, conciliação e arbitragem – sem, no entanto, definir qualquer deles.

Numa primeira aproximação, pode dizer-se que os procedimentos de RALC previstos na Lei 144/2015 apresentam um importante traço em comum: a intervenção de um terceiro em relação ao litígio (mediador, conciliador ou árbitro). Ao mesmo tempo, uma das principais diferenças entre estes procedimentos reside no grau de intervenção do terceiro, o que se reflete no caráter adjudicatório ou consensual da solução alcançada.

Na mediação, as partes mantêm o pleno domínio do processo (*empowerment*), o que envolve, entre outros aspetos, o poder decisório. A intervenção do mediador visa, assim, auxiliar as partes na tentativa de obter uma solução consensual para o litígio – o acordo de mediação.

Na conciliação, a intervenção do terceiro visa igualmente a obtenção de um acordo. Contudo, o terceiro tem, na conciliação, posterior poder de decisão no caso de as partes não alcançarem um acordo. No âmbito dos litígios de consumo, a conciliação é conduzida habitualmente pelo árbitro ou juiz de paz. Na conciliação, tendo em conta que o terceiro irá decidir caso as partes não cheguem a acordo, a confidencialidade e o *empowerment*, que caracterizam a mediação, encontram-se colocados em causa, o que justifica a autonomização deste procedimento. A atividade de intermediação pelo diretor do centro de arbitragem, que costuma ser enquadrada na conciliação, é na verdade mediação e deve respeitar este enquadramento jurídico[67].

Por fim, na arbitragem, o controlo do processo e o poder decisório são confiados ao árbitro, na sequência de acordo das partes (arbitragem voluntária) ou de declaração de uma das partes e de imposição legal quanto à outra (arbitragem potestativa). Neste caso, a solução tem cará-

[66] *Study on the Use of Alternative Dispute Resolution in the European Union*, 2009, pp. 37-40 (http://ec.europa.eu/consumers/archive/redress_cons/adr_study.pdf), consultado em agosto de 2017.

[67] A propósito da definição de conciliação e da sua distinção face à mediação ver *infra* ponto 5.1.

ter vinculativo, ou seja, a decisão arbitral tem os mesmos efeitos do que uma sentença de um tribunal judicial.

Em nosso entender, o art. 3º-i) da Lei parte de uma ideia correta, ou seja, tipifica os procedimentos de RALC que se têm revelado mais frequentes[68]. Tendo em conta a realidade nacional, em que a mediação e a arbitragem assumem um papel preponderante, uma redação semelhante à da Diretiva RALC podia dar azo a dúvidas de interpretação sobre aquele que é um conceito essencial na definição do âmbito de aplicação da Lei 144/2015.

Já nos parece discutível a opção de não incluir uma cláusula aberta que permita a integração de outros procedimentos de RALC que venham a desenvolver-se e que cumpram os princípios consagrados na Lei 144/2015[69]. De facto, a RAL é marcada pela flexibilidade de procedimentos e constante necessidade de adaptação à realidade social. A consagração de um elenco taxativo pode, assim, constituir um obstáculo ao desenvolvimento destes meios no contexto dos litígios de consumo.

Aliás, esta questão já se coloca atualmente quanto ao Provedor do Cliente das Agências de Viagem e Turismo. De acordo com o respetivo Estatuto[70], entre outras competências, cabe ao Provedor "dirimir conflitos entre as agências de viagem e turismo associadas da APAVT e seus clientes, mediante a elaboração de decisões, tomadas com base na lei e na equidade" [art. 11º-1-e)]. A especialidade deste procedimento reside na circunstância de a decisão só ser vinculativa para uma das partes

[68] Cátia Marques Cebola, "Mediação e Arbitragem de Conflitos de Consumo: Panorama Português", 2012, pp. 28 e 29 e 32 e 33; Mariana França Gouveia e Jorge Morais Carvalho, "A Experiência da UMAC na Mediação de Conflitos de Consumo", 2006, p. 36; Isabel Oliveira, "A Arbitragem de Consumo", 2000, pp. 408 e 409.

[69] No âmbito do processo legislativo que conduziu à aprovação do diploma, várias entidades se pronunciaram de forma crítica sobre a delimitação dos procedimentos de RALC. Assim, por exemplo, a Associação Sindical dos Juízes Portugueses defendeu que não se deveria afastar a possibilidade de aplicação do diploma a "modelos de RAL alternativos" (pp. 11 e 12), enquanto o Sindicato dos Magistrados do Ministério Público sugeriu a introdução de uma ressalva final, no sentido de incluir "outros meios não judiciais de resolução de conflitos", mas não os julgados de paz (pp. 10 e 11) – http://www.parlamento.pt/ActividadeParlamentar/Paginas/DetalheIniciativa.aspx?BID=39534.

[70] Disponível na página do Provedor: www.provedorapavt.com (página consultada em agosto de 2017).

(o profissional), em virtude da sua qualidade de associado da APAVT (art. 19º-3 do Estatuto do Provedor do Cliente).

As características deste procedimento obstam à sua recondução a qualquer dos procedimentos de RALC previstos na lei: por um lado, o poder decisório é atribuído a um terceiro, o que permite distingui-lo da mediação e da conciliação; por outro lado, a decisão só é vinculativa para uma das partes, o que afasta a sua qualificação como arbitragem, já que nesta a decisão vincula ambas as partes. Trata-se, pois, de um procedimento de RALC inominado, bastante comum em outros Estados-Membros, que se caracteriza pela circunstância de a solução alcançada só vincular uma das partes[71].

Apesar da sua relevância prática no âmbito da resolução de litígios de consumo, a negociação e a informação também não constam do elenco de procedimentos de RALC constante do art. 3º-i).

A primeira via que, normalmente, se utiliza para a resolução de qualquer litígio é a negociação direta entre as partes, sem intervenção de um terceiro. Ora, as regras e princípios enunciados na Lei 144/2015 destinam-se, na sua maioria, a regular a intervenção das entidades de RALC e dos terceiros responsáveis pelos procedimentos de RALC, o que explica a exclusão de um procedimento como a negociação, que decorre diretamente entre as partes. Ainda assim, a Lei 144/2015 não deixa de incentivar o recurso à negociação: assim, por exemplo, as entidades de RALC podem recusar o tratamento de um litígio quando o consumidor não tenha contactado previamente o profissional no sentido de "expor a sua reclamação e procurar resolver o assunto" [art. 11º-1-a)].

Por seu turno, a informação não é um meio de RAL, mas antes uma forma de assegurar o direito dos consumidores à informação (arts. 60º-1 da CRP e 7º da LDC). A assimetria de informação que caracteriza as relações de consumo torna essencial munir o consumidor dos elementos necessários para que este possa optar entre apresentar ou não uma reclamação e, em caso afirmativo, intervir de forma efetiva e esclarecida no(s) procedimento(s) de RALC[72].

[71] Sobre o Provedor do Cliente das Agências de Viagem e Turismo, v. *infra* 2.4.1.

[72] Patrícia da Guia Pereira, "A Adequação dos Meios de Resolução Alternativa de Litígios, em Especial da Mediação, aos Conflitos de Consumo", 2010, pp. 194 e 195.

1.5. Fundamentos e relevância da RALC

A tendencial desigualdade que caracteriza as relações jurídicas de consumo – em que o profissional tem mais poder do que o consumidor – conduz à adoção de normas protetoras de uma das partes, que visam a redução das disparidades e a consequente reposição do equilíbrio negocial.

Os litígios ligados a estas relações também têm características próprias, que reclamam a adoção de soluções diferentes, garantindo o acesso à justiça por parte do elo tendencialmente mais fraco da relação. Está em causa não apenas o acesso formal à justiça, mas também – e fundamentalmente – a garantia do acesso efetivo por parte do consumidor quando entende que foi violado algum dos seus direitos.

Os litígios de consumo têm características próprias, cujo estudo ajuda a compreender a importância dos procedimentos de RAL e a necessidade da sua adaptação para um funcionamento adequado a estes casos.

Característica tendencial dos conflitos de consumo é o seu reduzido valor económico[73]. Com efeito, estão normalmente em causa valores que não justificam, do ponto de vista do consumidor, o recurso aos tribunais judiciais[74], uma vez que a relação entre as vantagens (resolução do problema) e as desvantagens (custos financeiros e incómodo) é desequilibrada[75].

O objeto do litígio de consumo também tem características próprias. Na generalidade das situações, não estão em causa posições (e interesses) que seja necessário compatibilizar, mas apenas o cumprimento ou incumprimento de uma norma e as suas consequências, sendo também comum que o conflito tenha origem numa prática abusiva por parte de um profissional.

[73] Joaquim António Carrapiço, "A Arbitragem de Conflitos de Consumo", 1997, p. 12; Wei Dan, "Práticas Recentes da China na Mediação e na Arbitragem de Litígios de Consumo", 2016, p. 45.

[74] Ricardo Pedro, "Arbitragem Institucional e Centros de Arbitragem de Direito Público", 2015, p. 109, refere que "este tipo de litigiosidade se encontra, em regra, ausente dos tribunais, nomeadamente, face aos baixos valores envolvidos e à desproporção entre estes valores e o pressuposto custo de um processo judicial".

[75] Naomi Creutzfeldt, "Implementation of the Consumer ADR Directive", 2016, p. 175, salienta que "os Europeus só estão dispostos a recorrer a tribunal por uma ação cujo valor exceda € 500".

Outra característica comum dos conflitos de consumo consiste na inexistência de fortes relações sentimentais entre as partes e na tendencial desnecessidade da continuidade da relação entre ambas. Assim, por exemplo, entre um consumidor e uma grande empresa de telecomunicações não existe uma relação de proximidade nem a necessidade de um contacto pessoal. Tal não significa, contudo, que não possa haver interesse na continuação da relação, habitualmente por parte do profissional que quer maximizar o número de clientes.

Para compreender a importância da RAL nos litígios de consumo é necessário ter presente que o mercado, o poder político e os tribunais, instituições tradicionais de regulação de interesses, não funcionam de forma adequada nas relações de consumo.

O mercado não é plenamente eficaz na maximização da riqueza social nas áreas em que os agentes económicos têm um poder e uma influência muito diferenciados, como na generalidade das relações de consumo[76]. No caso das relações de consumo, uma das partes tem um poder de tal forma significativo que afeta o normal funcionamento do mercado[77]. Se não houver mecanismos que visem atenuar estas diferenças, o mercado não se regula a si próprio[78], sendo antes influenciado e moldado apenas pela parte mais forte[79].

Acresce que não basta a aprovação de normas jurídicas, uma vez que estas podem não ser respeitadas e os agentes económicos mais poderosos sabem que podem incumprir algumas normas, especialmente se não houver formas eficazes de reparação desse incumprimento, designadamente por iniciativa dos consumidores.

O tribunal é tradicionalmente a instituição a que se recorre quando uma norma jurídica é violada e alguém se sente lesado.

[76] Fernando Manuel Martins Viana, *A Resolução Alternativa de Litígios e as Tecnologias de Informação e Comunicação*, 2015, p. 35.

[77] Neil Komesar, *Imperfect Alternatives – Choosing Institutions in Law, Economics and Public Policy*, 1996, p. 99, refere que "nem todas as transações realizadas no mercado são atomizadas. Algumas envolvem partes tão grandes que conseguem afetar ou determinar significativamente os resultados do mercado".

[78] Paulo Duarte, "A Chamada «Arbitragem Necessária» de «Litígios de Consumo» no Domínio dos Serviços Públicos Essenciais", 2016, p. 454.

[79] R. H. Coase, "The Problem of Social Cost", 1960, p. 8.

No entanto, nos conflitos de pequena dimensão económica os custos de litigância impedem-no, uma vez que são muito elevados em comparação com os benefícios que o agente retira do facto ilícito. O seu formalismo excessivo e o seu funcionamento dispendioso não são compatíveis com os pequenos conflitos.

Em áreas como o direito do consumo, a tendencial impossibilidade de recurso aos tribunais judiciais impede em muitos casos a aplicação das normas protetoras. Por mais perfeitas que sejam as normas, a sua inaplicabilidade prática, torna-as totalmente ineficazes[80].

É neste contexto que a RALC assume um papel relevante na tentativa de maximização da riqueza social, equilibrando as relações e levando a que o mercado funcione sem distorções.

As vantagens de dirimir um conflito através de um meio de RALC são muitas e podem ser benéficas para ambas as partes.

Em primeiro lugar, os procedimentos disponíveis nos centros de arbitragem de conflitos de consumo são gratuitos ou têm um custo reduzido para o consumidor (art. 10º-3 da Lei 144/2015), o que os torna acessíveis, mesmo para casos de valor diminuto (cfr. *infra* 3.4.3).

Nos julgados de paz há lugar ao pagamento de uma taxa única de € 70 por processo, nos termos da Portaria 1456/2001. Esse valor é repartido em partes iguais pelo autor e pelo réu (€ 35) e será suportado integralmente pela parte vencida se chegar a haver julgamento. Nas situações em que o caso seja resolvido em sede de mediação, o valor da taxa é reduzido para € 50, sendo a taxa paga em partes iguais pelas partes.

Em segundo lugar, os procedimentos de RALC são céleres, garantindo uma solução em tempo útil. Se a celeridade é importante na resolução de qualquer litígio, torna-se ainda mais relevante nos litígios de consumo[81], uma vez que muitas vezes estão em causa bens e serviços essenciais para o dia-a-dia da pessoa.

Nos procedimentos de RALC há uma maior proximidade entre as partes e a resolução do seu litígio. Esta proximidade é evidente nos

[80] Carlos Ferreira de Almeida, *Os Direitos dos Consumidores*, 1982, p. 153.

[81] João Afonso dos Santos, "Prefácio", 1997, p. 3, refere que, em relação aos conflitos de consumo, quando são resolvidos nos tribunais judiciais, a decisão, quando é proferida, "perdeu a oportunidade e por isso mesmo acaba por ser injusta – injusta no tempo, ainda que possa ser justa na sua materialidade".

mecanismos consensuais, como a mediação e a conciliação, em que são as próprias partes que conformam a solução para o caso. Tal implica, por um lado, que as partes compreendem e concordam com aquela solução e, por outro lado, que a solução será mais adequada ao caso concreto do que se proviesse de um terceiro.

Contudo, também nos meios adjudicatórios, como a arbitragem e o julgamento nos julgados de paz, encontramos maior proximidade. Esta maior proximidade traduz-se num menor formalismo. As partes têm possibilidade de expor o seu caso (e não apenas através dos articulados redigidos pelos seus advogados) e o julgador dialoga com as partes, ainda que os advogados também estejam presentes. Além disso, o processo é mais simples, o que o torna mais compreensível para os cidadãos. Tudo isto permite que as partes compreendam melhor o que se passa e, provavelmente, que compreendam melhor a decisão proferida. A pacificação social, enquanto objetivo da administração da justiça, apenas se alcança verdadeiramente se as partes compreenderem a solução aplicada ao seu caso[82].

A confidencialidade, que caracteriza a mediação e a arbitragem (v. *infra* 3.6), é também uma vantagem associada aos procedimentos de RALC. Em primeiro lugar, a confidencialidade protege os profissionais contra os prejuízos que poderiam advir da discussão pública dos conflitos em que intervêm[83]. Em segundo lugar, a confidencialidade permite às partes uma melhor gestão da sua atuação. Os futuros reclamantes não terão conhecimento das soluções anteriores a que a empresa se comprometeu, o que permite uma maior flexibilidade nos desfechos dos casos, de uma forma casuística. Permite uma maximização de bem-estar em cada caso, uma vez que as soluções nem sempre têm de ser as mesmas e a diversidade das soluções não será pública.

Os procedimentos de RALC, em especial os consensuais, facilitam, ainda, a manutenção das relações entre as partes. Com efeito, na mediação ou conciliação as soluções são consensuais e, em princípio, satisfa-

[82] Joana Campos Carvalho, *A Concliliação Judicial*, 2009, p. 57.

[83] Stephen J. Ware, "Paying the Price of Process: Judicial Regulation of Consumer Arbitration Agreements", 2001, p. 90. A propósito da arbitragem, refere o autor que "a confidencialidade da arbitragem diminui o risco de publicidade negativa relativa à empresa e aos seus litígios".

tórias para ambas as partes, o que leva as partes a acreditar que podem voltar a negociar com a contraparte[84]. Além disso, em qualquer processo onde haja possibilidade de diálogo entre as partes, mesmo que seja um processo adjudicatório, a probabilidade de reabilitação da relação é maior, uma vez que o diálogo permite compreender as razões da outra parte e esclarecer eventuais mal-entendidos.

[84] Carlos Ferreira de Almeida, "Meios Jurídicos de Resolução de Conflitos", 1993, p. 180.

2. Entidades de RALC

Antes de se começar a investigar, sucessivamente, ao longo dos capítulos seguintes, os princípios da RALC e os problemas específicos da mediação, da conciliação e da arbitragem de consumo e da RALC em linha, realiza-se agora um breve estudo sobre as entidades de RALC existentes em Portugal.

Além dos centros de arbitragem, pilares do sistema de RALC português, que são objeto de investigação mais aprofundada, referir-se-á também o papel desempenhado na RALC pelos centros de informação autárquicos ao consumidor (CIAC), pelas entidades reguladoras, pelas associações de profissionais e de consumidores e pelos julgados de paz. Apesar de não terem competência específica para a resolução de litígios de consumo, a importância dos julgados de paz neste âmbito justifica a referência e o tratamento, ainda que breve, neste estudo.

A Rede de Apoio ao Consumidor Endividado (RACE) não será objeto de estudo, uma vez que as entidades que integram esta rede têm apenas funções de informação e aconselhamento dos clientes bancários, não podendo adotar mecanismos de mediação ou de arbitragem tendo em vista a obtenção de acordos entre os clientes bancários e as instituições de crédito (art. 27º do DL 227/2012). Não podem, assim, quando estão no exercício destas funções, ser consideradas entidades de RALC.

Aproveita-se a introdução a este ponto para fazer uma breve referência à Unidade de Mediação e Acompanhamento de Conflitos de Consumo (UMAC), criada através de protocolo celebrado entre a Faculdade de Direito da Universidade Nova de Lisboa (FDUNL) e o Instituto do

Consumidor, hoje DGC[85]. A UMAC iniciou a sua atividade, coordenada pelo Professor Carlos Ferreira de Almeida, em 1 de Julho de 2001, tendo por objeto essencial a instrução de processos de mediação de litígios de consumo nos casos em que não existisse outra entidade competente para o efeito. No essencial, a UMAC tinha competência residual em relação aos CIAC e aos centros de arbitragem de consumo, garantindo a plena cobertura do território nacional em matéria de RALC, embora a sua atividade se circunscrevesse à mediação. Em 2009, foi criado o CNIACC, tendo sido entregue a sua gestão à FDUNL (através da UMAC), que assim continuou a tramitar processos relativos a litígios de consumo. Além da mediação, a sua atividade alargou-se à conciliação e à arbitragem. O CNIACC foi, assim, criado como uma extensão e um desenvolvimento da UMAC. A gestão do centro mantém-se, até hoje, na FDUNL.

2.1. Centros de informação autárquicos ao consumidor

O art. 7º-1 da LDC prevê que "incumbe ao Estado, às regiões autónomas e às autarquias locais desenvolver ações e adotar medidas tendentes à informação em geral do consumidor, designadamente através de [...] criação de serviços municipais de informação ao consumidor".

Existem atualmente cerca de 60 CIAC, com designações diversas, espalhados um pouco por todo o país, incluindo as Regiões Autónomas dos Açores e da Madeira.

Verifica-se uma grande heterogeneidade entre os CIAC, que torna difícil a sua caracterização e a indicação, com rigor, das tarefas desenvolvidas por estas entidades.

No entanto, grande parte dos CIAC promove a resolução de litígios entre profissionais e consumidores por via de mediação[86], tentando que as partes alcancem um acordo satisfatório. Optou-se, politicamente, por não incluir os CIAC, ou pelo menos alguns deles, entre as entidades de

[85] Sobre a UMAC: Maria Cristina Portugal, "O Papel da UMAC no Acesso do Consumidor à Justiça", 2006; Mariana França Gouveia e Jorge Morais Carvalho, "A Experiência da UMAC na Mediação de Conflitos de Consumo", 2006, p. 38

[86] João Pedroso e Cristina Cruz, *A Arbitragem Institucional: Um Novo Modelo de Administração da Justiça – O Caso dos Conflitos de Consumo*, 2000, p. 143, referem que, entre as competências dos CIAC, está "o apoio ao consumidor e associações", que "compreende estabelecer a mediação entre o consumidor e o vendedor em pequenos litígios".

RALC, para efeito da Lei 144/2015[87], mas não se deve desvalorizar o seu papel em matéria de resolução de litígios de consumo em Portugal. São, muitas vezes, a primeira entidade a que o consumidor recorre em caso de litígio, por razões de proximidade, constituindo a porta de entrada num sistema mais alargado de resolução de litígios.

Atualmente, a generalidade dos CIAC não cumpre várias regras definidas na Lei 144/2015, como as que resultam do princípio da transparência, consagrado no art. 9º, sendo muito escassa a informação disponível na Internet sobre a atividade dos CIAC. Também a regra relativa aos conhecimentos e às qualificações dos colaboradores (art. 7º) não é, em alguns casos, cumprida pelos CIAC, não tendo os colaboradores formação no domínio da resolução de litígios de consumo nem conhecimentos jurídicos suficientes. A sua inclusão na lista poderia ter, precisamente, a vantagem de resolver estes problemas, aumentando a qualidade dos serviços prestados pelos CIAC.

Embora os critérios de competência possam sofrer pequenas variações, o CIAC competente para a resolução do litígio é, em princípio, o do local da residência do consumidor.

2.2. Centros de arbitragem

O sistema português de RALC centra-se, essencialmente, nos centros de arbitragem de conflitos de consumo, que têm, em regra, entre as suas atribuições a informação, a mediação, a conciliação e a arbitragem de consumo.

O artigo 14º-1 da LDC estabelece que "incumbe aos órgãos e departamentos da Administração Pública promover a criação e apoiar centros de arbitragem com o objetivo de dirimir os conflitos de consumo".

Apesar de estes centros serem, em regra, entidades privadas, a função do Estado, central ou local, tem sido determinante para a criação e a manutenção dos centros de arbitragem em funcionamento, em particular no que diz respeito ao seu financiamento.

[87] A circunstância de um CIAC não estar inscrito na lista de entidades de RALC, prevista na Lei 144/2015, não impede que possa continuar a promover a resolução de litígios, nomeadamente através de mediação. Aparentemente contra: Cátia Marques Cebola, "The Implementation of the Consumer ADR Directive in Portugal: Necessary Reform or Missed Opportunity?", 2016, p. 4. Note-se, contudo, que, não estando inscrito na lista, não terá as (eventuais) vantagens associadas a essa inscrição.

Note-se que o primeiro centro de arbitragem de consumo a ser criado em Portugal foi o CACCL, encontrando-se em funcionamento desde 1989[88].

A Lei 144/2015 veio criar a Rede de Arbitragem de Consumo (RAC), monitorizada pela DGC, que integra os centros de arbitragem de consumo autorizados para prosseguir as atividades de informação, mediação e arbitragem destes litígios. Nos termos do art. 4º, a RAC visa a coordenação, a utilização de sistemas comuns e a harmonização dos procedimentos seguidos nas atividades de informação, mediação, conciliação e arbitragem de litígios de consumo pelos centros de arbitragem de consumo que agrega (nº 1), competindo-lhe ainda promover o funcionamento integrado dos centros de arbitragem de conflitos de consumo e a recolha de toda a informação estatística relevante relativa ao seu funcionamento prestada pelos centros (nº 2).

Entre os diplomas revogados pela Lei 144/2015 [art. 25º-b)] encontra-se o DL 60/2011, que criou a Rede Nacional de Centros de Arbitragem Institucionalizada (RNCAI). A RNCAI englobava, entre outros, os centros de arbitragem de consumo, uma vez que o seu financiamento era, em parte, estatal (art. 2º do DL 60/2011).

A transposição da Diretiva RALC, que apenas abrange litígios de consumo, surgiu como o momento propício para estabelecer uma RAC, com as finalidades indicadas. Estes objetivos já estavam previstos no art. 3º do DL 60/2011, mas nunca foram verdadeiramente alcançados, sendo agora retomados, numa lógica diferente.

De facto, enquanto a RNCAI tinha um âmbito genérico, delimitado em função do apoio estatal concedido aos centros de arbitragem, a RAC apresenta um âmbito específico, já que inclui apenas os centros de arbitragem de consumo[89]. No fundo, a RAC engloba centros a que se aplicam regras e princípios comuns (estabelecidos na Lei 144/2015) e que

[88] Sobre o CACCL: João Pedroso e Cristina Cruz, *A Arbitragem Institucional: Um Novo Modelo de Administração da Justiça – O Caso dos Conflitos de Consumo*, 2000, pp. 223 a 244; Isabel Mendes Cabeçadas, "Arbitragem de Conflitos de Consumo – A Experiência de Lisboa", 2001; Isabel Mendes Cabeçadas, "Meios Alternativos de Resolução de Conflitos de Consumo – Sinopse da Acção do Centro", 2014.

[89] Ricardo Pedro, "Arbitragem Institucional e Centros de Arbitragem de Direito Público", 2015, p. 123.

atuam num domínio específico (litígios de consumo), o que facilita o seu funcionamento em rede.

Não é clara a relação entre a lista de entidades de RALC (art. 17º da Lei 144/2015), gerida pela DGC, e a RAC (art. 4º da Lei 144/2015), monitorizada por essa mesma entidade.

A principal questão consiste em saber se todas as entidades de RALC integram a RAC e, em caso de resposta negativa, que entidades de RALC integram a RAC. Excluem-se, desde logo, certamente, as entidades de RALC que não são centros de arbitragem. De entre as entidades que se encontram na lista não fazem arbitragem a ERSE e o Provedor do Cliente das Agências de Viagens e Turismo. Em relação aos centros de arbitragem, a análise tem de ser mais minuciosa.

Os centros de arbitragem podem ser divididos em três grupos: (i) centros de arbitragem de consumo de competência genérica; (ii) centros de arbitragem de consumo de competência especializada; (iii) centros de arbitragem de competência genérica, que também resolvem litígios de consumo.

No primeiro grupo, temos o CACCDC[90], o CACCRAM, o CACCL, o CIAB, o CICAP, o CIMAAL, o CNIACC e o TRIAVE, no segundo grupo o CASA e o CIMPAS e no terceiro grupo todos os outros centros de arbitragem que também tenham competência para a resolução de litígios de consumo.

No que respeita a este terceiro grupo, a única entidade que integra a lista de entidades de RALC gerida pela DGC é o Centro de Arbitragem da Universidade Autónoma de Lisboa (CAUAL). No entanto, qualquer outro centro de arbitragem poderá, desde que cumpra as regras estabelecidas na Lei 144/2015, pedir a sua integração na lista. Apenas a título de exemplo, recorrendo à lista de centros de arbitragem autorizados pelo Ministério da Justiça[91], nada impede o Centro de Informação, Mediação e Arbitragem da Ordem dos Notários, o Centro de Arbi-

[90] Sobre o CACCDC: João Pedroso e Cristina Cruz, *A Arbitragem Institucional: Um Novo Modelo de Administração da Justiça – O Caso dos Conflitos de Consumo*, 2000, pp. 244 a 273; João Carlos Trindade, "Passado, Presente e Futuro dos Meios Alternativos de Resolução de Litígios – Centros de Arbitragem – Centro de Arbitragem de Conflitos de Consumo do Distrito de Coimbra", 2004, pp. 38 a 40.

[91] http://bit.ly/2qbgoUb (lista consultada em agosto de 2017).

tragem de Litígios Civis, Comerciais e Administrativos da Ordem dos Advogados ou o Centro de Arbitragem da Associação Comercial de Lisboa de poderem vir a integrar a referida lista.

Dadas as especificidades resultantes da especialização, no que respeita ao segundo grupo identificado, e da maior abrangência da sua competência, no que respeita ao terceiro, parece-nos que a RAC é composta apenas pelos centros de arbitragem que integram o primeiro grupo. Apenas em relação a estes faz sentido o objetivo de harmonização de procedimentos ambicionado pela RAC. Em qualquer caso, tratando-se de entidades privadas, nenhum centro de arbitragem é obrigado a participar na RAC, não estando sequer prevista na Lei 144/2015, como se deixou escrito, a necessidade de integração na RAC para se ser entidade de RALC.

Entre os objetivos da RAC está, como já se referiu, a harmonização dos procedimentos. Neste sentido, foi adotado um modelo de regulamento harmonizado, que é seguido, no essencial, com pequenas variações, pelos regulamentos do CACCDC, do CIAB, do CICAP, do CIMAAL, do CNIACC e do TRIAVE.

Procede-se agora a uma análise dos critérios que definem a competência dos centros de arbitragem de consumo já identificados.

Note-se que a competência dos centros é especialmente relevante no que diz respeito à arbitragem, uma vez que os poderes jurisdicionais dos respetivos tribunais arbitrais dela dependem. Se um centro der uma informação a um consumidor fora do âmbito da sua competência não há qualquer consequência relacionada com a informação prestada. Do mesmo modo, um acordo obtido em mediação num centro incompetente para a resolução do litígio em causa não perde a sua validade, podendo até constituir título executivo, se, entre outros requisitos, o mediador estiver inscrito na lista de mediadores[92], organizada pelo Ministério da Justiça, nos termos do art. 9º-1-e) da LM. Só não será possível a homologação do acordo pelo tribunal arbitral do centro, uma vez que este não tem, como já se referiu, neste caso, poderes jurisdicionais.

[92] http://bit.ly/2qNn3jU (página consultada em agosto de 2017).

2.2.1. Competência em função da matéria

No que respeita à competência em função da matéria, as diferenças não são muito significativas no que diz respeito aos centros de arbitragem de consumo de competência genérica.

Com efeito, todos os regulamentos dos centros de arbitragem de consumo de competência genérica preveem a competência dos centros para a resolução de conflitos de consumo, definindo-se o conceito de conflito de consumo. Apesar de serem utilizadas expressões da definição de consumidor da LDC (e não da definição da Lei 144/2015), a omissão de um qualquer apoio literal relativo ao elemento subjetivo ("todo aquele", na LDC; "pessoa singular", na Lei 144/2015) deve ser resolvida no sentido de se encontrarem unicamente incluídas as pessoas singulares. A aplicação subsidiária da Lei 144/2015, prevista nos regulamentos mais recentes, parece apontar neste sentido. Na prática, a diferença não é muito significativa, afastando-se apenas a competência dos centros de arbitragem para a resolução dos litígios iniciados por associações ou fundações que atuem fora do âmbito de uma atividade profissional (cfr. *supra* 1.3.1.1).

Nota-se que a generalidade dos centros inclui expressamente no seu âmbito os conflitos resultantes do "fornecimento de bens, prestação de serviços ou transmissão de direitos por organismos da Administração Pública, pessoas coletivas públicas, empresas de capitais públicos ou detidas maioritariamente pelo Estado ou pelas autarquias locais, e por empresas concessionárias de serviços públicos essenciais" (art. 4º-3 dos regulamentos do CACCDC, do CIAB, do CICAP, do CIMAAL, do CNIACC e do TRIAVE).

Aparentemente em sentido diverso, o CACCRAM tem apenas competência para a resolução de conflitos de consumo "de natureza civil" (cfr. arts. 1º e 5º-1 a 3 do Decreto Legislativo Regional 14/2004/M). Não nos parece, no entanto, que se trate de uma restrição por comparação com a competência dos restantes centros referidos, uma vez que o âmbito de intervenção de todas entidades se circunscreve a relações de direito privado e não também a relações de direito administrativo. Assim, as entidades públicas são abrangidas pela jurisdição dos centros apenas se estiver em causa uma relação de consumo, por sua natureza uma relação de direito privado, encontrando-se o profissional despojado de poderes públicos de autoridade.

Os regulamentos mais recentes, que seguem, no essencial, o modelo de regulamento harmonizado, preveem a exclusão dos litígios "que estejam excluídos do âmbito de aplicação da Lei [... 144/2015]". Estão em causa, nos termos do art. 2º-2 da Lei 144/2015, "os serviços de interesse geral sem contrapartida económica, designadamente os que sejam prestados pelo Estado ou em seu nome, sem contrapartida remuneratória", "os serviços de saúde prestados aos doentes por profissionais do sector para avaliar, manter ou reabilitar o seu estado de saúde, incluindo a prescrição, a dispensa e o fornecimento de medicamentos e dispositivos médicos" e os serviços prestados por "prestadores públicos de ensino complementar ou superior" (cfr. *supra* 1.3.2). Grande parte destes litígios estaria, logo à partida, excluída da competência dos centros, por não estar em causa uma relação de consumo, mas uma relação de direito administrativo.

Não se compreende, no entanto, a exclusão dos litígios relacionados com os serviços de saúde, quando prestados por entidades privadas. Se a exclusão, na Lei 144/2015, é compreensível, na medida em que já resultava da Diretiva RALC, em que se cedeu perante o lóbi da saúde, a manutenção da exclusão nos regulamentos dos centros é incompreensível, resultando certamente de pressão política nesse sentido. A circunstância de a Lei 144/2015 não abranger estes serviços não significa, naturalmente, que os centros de arbitragem não possam tratar esses litígios. Aliás, o CAUAL, inscrito na lista de entidades de RALC, tem entre as suas áreas de intervenção principais, precisamente, a saúde[93]. O CACCL e o CACCRAM também têm competência para resolver estes litígios, na medida em que não seguem o modelo de regulamento harmonizado.

São também excluídos, em todos os centros de arbitragem de consumo de competência genérica, "litígios em que estejam indiciados delitos de natureza criminal" (redação do modelo de regulamento harmonizado). O regulamento do CACCL acrescenta ainda a exclusão dos "conflitos de consumo relativos a intoxicações, lesões ou morte" (art. 5º-3). No que respeita ao CACCRAM, o artigo 5º-5 do Decreto Legislativo Regional 14/2004/M tem uma redação um pouco diversa, excluindo os litígios "relativos à responsabilidade civil por lesões físicas e morais ou morte conexa com a criminal".

[93] http://caual.info (página consultada em maio de 2017).

Tirando este último caso, em que se refere expressamente a responsabilidade civil, parece-nos que as normas que estabelecem estas exclusões devem ser interpretadas restritivamente, tendo em conta a sua teleologia, apenas limitando a jurisdição dos tribunais arbitrais no que à matéria criminal diz respeito. Interpretação diversa levaria a que muitos dos litígios de consumo atualmente resolvidos nestes centros não pudessem sê-lo, dada a circunstância de a eles estarem subjacentes práticas que podem ser qualificadas, numa perspetiva jurídico-criminal, como burla.

Em relação às profissões liberais, com exceção das relativas à área da saúde, já referidas, numa perspetiva crítica, não há qualquer razão para que se encontrem excluídas da competência dos centros de arbitragem. Se estiver em causa um litígio entre um consumidor, por um lado, e um advogado, um arquiteto ou um engenheiro, por exemplo, por outro, é possível que o litígio seja resolvido num centro de arbitragem de consumo. Entre os centros de arbitragem de consumo de competência genérica, o único que exclui "os litígios que resultem de débitos ocasionados no exercício de profissão liberal" é o CACCRAM (art. 5º-5 do Decreto Legislativo Regional 14/2004/M).

Os regulamentos de vários centros estabelecem, ainda, que podem ser recusados os "litígios em que se verifique o disposto nas alíneas a) a e) do nº 1 do art. 11º da Lei [... 144/2015], fixando-se em dois anos o prazo referido na alínea e)" (art. 4º-5 do regulamento harmonizado). Não está, aqui, em causa a competência material dos centros, mas tão-só a consagração de regras que visam evitar o recurso abusivo ao sistema por partes dos consumidores.

Com efeito, o consumidor deve ter tentado previamente resolver a questão junto do profissional, não pode apresentar a reclamação à entidade de RALC depois de terem passado dois anos desde o contacto com o profissional, o litígio não pode ser supérfluo ou vexatório e não pode estar pendente ou já ter sido decidido por outra entidade de RALC ou por um tribunal judicial. Esta última limitação deve ser analisada com alguma cautela, não se aplicando nos casos em que o processo se encontre pendente junto de uma entidade de RALC incompetente ou num tribunal judicial num caso em que o consumidor tenha direito e invoque a preterição de tribunal arbitral (cfr. *infra* 6.2.3). O art. 11º-1-d) da Lei 144/2015 permite às entidades de RALC recusarem o tratamento de um litígio no caso de o seu valor se situar fora dos limites de valor definidos por cada entidade, o que nos remete para as regras de competência em função do valor (cfr. *infra* 2.2.3).

Os regulamentos do CIAB (art. 4º-1) e do CNIACC (art. 4º-1) preveem ainda que os centros promovem a resolução de conflitos decorrentes do Projeto "Casa Pronta"[94] e outros para os quais venham a ser autorizados. Admite-se, assim, a competência para litígios que não são de consumo. Na prática, o alcance desta extensão de competência é muito pouco significativa, se não mesmo nula.

Os centros de arbitragem de consumo de competência especializada têm, precisamente, a sua competência material limitada em função do setor em que intervêm.

O art. 1º do regulamento do CASA define que este tem competência para a resolução de litígios decorrentes de (i) prestação de serviços de assistência, manutenção e reparação automóvel, (ii) revenda de combustíveis, óleos e lubrificantes, (iii) compra e venda de peças, órgãos ou quaisquer outros materiais destinados a serem aplicados em veículos automóveis, (iv) compra e venda de veículos novos ou usados e (v) serviços prestados por empresas detentoras de parques de estacionamento. Fora destes casos, o tribunal arbitral do CASA não tem jurisdição.

O CASA não tem apenas competência para o tratamento de litígios de consumo, embora este seja o âmbito natural da sua competência. O art. 3º-2 do regulamento estabelece que o CASA é também competente para tratar de "litígios entre agentes económicos", desde que o requerente seja aderente do centro. Numa interpretação *a contrario sensu*, o CASA resolve, essencialmente, litígios de consumo. O CASA pode recusar o tratamento de um caso se o litígio respeitar a responsabilidade civil por lesões físicas ou morte ou se o litígio se encontrar pendente ou já tiver sido decidido por outra entidade de RALC ou por um tribunal judicial (art. 3º-4).

[94] O regulamento do CIMAAL não tem norma semelhante, mas prevê que "o Centro pode também apreciar e decidir litígios no âmbito do Projeto "Casa Pronta" sem limite de valor" (art. 6º-2). Estando esta norma num artigo que tem como epígrafe "Competência em razão do valor" e determinando simplesmente o art. 4º-1 que "o Centro promove a resolução de conflitos de consumo", parece que o CIMAAL apenas trata dos litígios no âmbito do Projeto "Casa Pronta" que sejam litígios de consumo, não havendo, no entanto, aqui, limite de valor.

O CIMPAS tem o seu âmbito de intervenção delimitado, no que à matéria diz respeito, pelo art. 1º-1 do regulamento do serviço de mediação e arbitragem de seguros e pelo art. 1º-1 do regulamento da arbitragem e das custas. Aí se estabelece que a competência do CIMPAS se circunscreve a "litígios emergentes de quaisquer contratos de seguros[95], excluindo seguros de grandes riscos, conforme definidos no artigo 2º, nºs 3 e 4, do Decreto-Lei nº 94-B/98, de 17 de abril". O DL 94-B/98 foi revogado pela Lei 147/2015, que aprovou o regime jurídico de acesso e exercício da atividade seguradora e resseguradora, pelo que é neste diploma que devemos encontrar resposta para a questão de saber quais são os seguros de grandes riscos, partindo do art. 5º-2[96].

2.2.2. Competência em função do território

Os centros de arbitragem de consumo de competência genérica encontram-se organizados, no essencial, em função da sua competência territorial. Os centros de arbitragem de consumo de competência especializada e os centros de arbitragem de competência genérica, que também resolvem litígios de consumo, têm âmbito nacional.

[95] Em versão anterior, o regulamento do CIMPAS circunscrevia a sua competência a "litígios emergentes de acidentes de viação dos quais resultem unicamente *danos materiais*" (itálico nosso). O Ac. do TRL, de 19/6/2007, conclui que "é pela análise do modo como o autor delineia a acção – causa de pedir e pedido na petição inicial – que deve aferir-se da (in)competência do tribunal arbitral, devendo, ainda, operar-se uma interpretação do preceito a aplicar que, partindo da sua letra, determine – atentos v.g., os elementos, lógico e teleológico da hermenêutica jurídica – o seu verdadeiro, adequado e sensato sentido, imanente ao pensamento legislativo". Assim, o centro tem "ainda competência para os casos em que, mesmo causando o acidente ferimentos para o reclamante, este por eles não invoca danos nem pelos mesmos impetra qualquer indemnização".

[96] O art. 5º-2 estabelece que, para os efeitos do presente regime, são considerados grandes riscos os riscos que respeitem aos ramos de seguro referidos nas alíneas d) a f), g), k) e l) do artigo 8º (veículos ferroviários, aeronaves, embarcações marítimas, mercadorias transportadas, responsabilidade civil de aeronaves e responsabilidade civil de embarcações marítimas, lacustres ou fluviais, respetivamente), os riscos que respeitem aos ramos de seguro referidos nas alíneas n) e o) do artigo 8º (crédito e caução, respetivamente), sempre que o tomador do seguro exerça a título profissional uma atividade industrial, comercial ou liberal e o risco seja relativo a essa atividade, os riscos que respeitem aos ramos de seguro referidos nas alíneas c), h), i), j), m) e p) do artigo 8º (veículos terrestres, incêndio e elementos da natureza, outros danos em coisas, responsabilidade civil de veículos terrestres motorizados, responsabilidade civil geral e perdas pecuniárias diversas), desde que, relativamente ao tomador do seguro, sejam excedidos dois dos valores indicados no preceito.

Todas as entidades de RALC inscritas na lista têm competência para o tratamento de litígios transfronteiriços, o que resulta, aliás, de imposição legal, tal como a adesão à plataforma eletrónica de RLL criada pelo Regulamento RLL [art. 6º-1-e) e g) da Lei 144/2015].

Regressando aos centros de arbitragem de consumo de competência genérica, alguns têm o seu âmbito de atuação territorial definido diretamente no regulamento. O CACCL tem competência para a resolução de "conflitos decorrentes de aquisições de bens ou serviços efetuadas na Área Metropolitana de Lisboa" (art. 5º-4)[97], o CACCRAM para litígios que "ocorram na Região Autónoma da Madeira" (art. 1º do Decreto Legislativo Regional 14/2004/M)[98] e o CIMAAL para litígios originados por contratos celebrados na "área geográfica do Distrito de Faro" (arts. 3º e 5º-1)[99].

Outros centros de arbitragem de consumo de competência genérica têm a área geográfica de intervenção definida apenas indiretamente no regulamento (CACCDC[100], CIAB[101], CICAP[102] e TRIAVE[103]). Em qual-

[97] A Área Metropolitana de Lisboa integra os seguintes municípios: Alcochete, Almada, Amadora, Barreiro, Cascais, Lisboa, Loures, Mafra, Moita, Montijo, Odivelas, Oeiras, Palmela, Seixal, Sesimbra, Setúbal, Sintra e Vila Franca de Xira.

[98] A Região Autónoma da Madeira é composta pelos seguintes municípios: Calheta, Câmara de Lobos, Funchal, Machico, Ponta do Sol, Porto Moniz, Porto Santo, Ribeira Brava, Santa Cruz, Santana e São Vicente.

[99] O distrito de Faro subdivide-se nos seguintes municípios: Albufeira, Alcoutim, Aljezur, Castro Marim, Faro, Lagoa, Lagos, Loulé, Monchique, Olhão, Portimão, São Brás de Alportel, Silves, Tavira, Vila do Bispo e Vila Real de Santo António.

[100] Segundo a informação disponível na sua página (http://bit.ly/2rUdKi5), consultada em maio de 2017, o âmbito geográfico do CACCDC inclui os seguintes municípios: Arganil, Cantanhede, Coimbra, Condeixa-a-Nova, Figueira da Foz, Góis, Lousã, Mira, Miranda do Corvo, Montemor-o-Velho, Oliveira do Hospital, Penacova, Penela, Soure, Tábua e Vila Nova de Poiares.

[101] Segundo a informação disponível na sua página (www.ciab.pt), consultada em maio de 2017, o âmbito geográfico do CIAB inclui os seguintes municípios: Amares, Arcos de Valdevez, Barcelos, Braga, Caminha, Esposende, Melgaço, Monção, Montalegre, Paredes de Coura, Ponte da Barca, Ponte de Lima, Póvoa de Lanhoso, Terras de Bouro, Valença, Viana do Castelo, Vieira do Minho, Vila Nova de Cerveira e Vila Verde.

[102] O artigo 2º dos Estatutos do CICAP estabelece que "a atividade da Associação corresponde à Área Metropolitana do Porto, podendo alargar a sua competência a outros Municípios". A Área Metropolitana do Porto integra os seguintes municípios: Arouca, Espinho, Gondomar, Maia, Matosinhos, Oliveira de Azeméis, Paredes, Porto, Póvoa de Varzim, Santa Maria

quer um destes casos, nos termos do art. 5º-1 do respetivo regulamento, a competência define-se em função de o contrato de consumo ter sido celebrado "dentro do respetivo âmbito geográfico".

O CNIACC "é de âmbito nacional e a sua atuação reveste caráter supletivo perante os restantes centros de arbitragem de consumo" (art. 3º). Isto significa que a competência do CNIACC em função do território se define pela negativa. O CNIACC tem competência em todas as áreas geográficas não abrangidas por outro centro de arbitragem de consumo de competência genérica. Terá também competência o CNIACC, mesmo que haja centro de arbitragem de consumo na área geográfica em causa, se esse centro não for competente em função da matéria ou do valor.

O CNIACC também reveste caráter supletivo perante os centros de arbitragem de consumo de competência especializada[104]. Assim, se o CASA ou o CIMPAS tiverem competência para a resolução do litígio, o CNIACC não é competente.

Já em relação a centros de arbitragem de competência genérica, que também resolvem litígios de consumo, o CNIACC não reveste caráter supletivo, sendo, aqui, a competência concorrente.

da Feira, Santo Tirso, São João da Madeira, Trofa, Vale de Cambra, Valongo, Vila do Conde e Vila Nova de Gaia.

[103] Segundo a informação disponível na sua página (http://www.triave.pt/index.php/competencia-terrotorial), consultada em maio de 2017, o âmbito geográfico do TRIAVE inclui os seguintes municípios: Cabeceiras de Basto, Celorico de Basto, Fafe, Felgueiras, Guimarães, Póvoa de Lanhoso, Póvoa de Varzim, Santo Tirso, Trofa, Vieira do Minho, Vila do Conde, Vila Nova de Famalicão e Vizela. Note-se que os municípios de Póvoa de Lanhoso e de Vieira do Minho se integram no âmbito geográfico quer do TRIAVE quer do CIAB.

[104] Do ponto 2 do Despacho nº 20778/2009, de 16 de setembro, do Secretário de Estado da Justiça, que autoriza a criação do CNIACC – Centro Nacional de Informação e Arbitragem de Conflitos de Consumo, resulta que o CNIACC "é de âmbito nacional, tem caráter generalizado e a sua atuação reveste caráter supletivo perante os *restantes centros de arbitragem de consumo já existentes*" (itálico nosso). Não se distingue entre centros de arbitragem de consumo de competência genérica e centros de arbitragem de consumo de competência especializada, pelo que o caráter supletivo de atuação do CNIACC inclui ambos. Apenas os centros de arbitragem de competência genérica, que também resolvem litígios de consumo, têm competência concorrente com o CNIACC. Note-se que o caráter supletivo de atuação abrange apenas, nos termos do Despacho, os centros "já existentes". À partida, os centros de arbitragem de consumo criados posteriormente ao Despacho não afetam a competência do CNIACC. Já o alargamento ou o encurtamento da competência de algum centro de arbitragem de consumo já existente influencia diretamente a competência do CNIACC.

O elemento relevante para definir a competência territorial é, como se viu, o local da celebração do contrato. Assim, se alguém que reside no Porto se deslocar de férias a Albufeira e aí comprar um telemóvel, para o tratamento dos litígios eventualmente resultantes do contrato de compra e venda do telemóvel será competente o CIMAAL.

Nos contratos celebrados à distância, poderia discutir-se qual o centro de arbitragem competente, uma vez que não é fácil determinar o local da celebração do contrato. Com exceção do CACCL (e do CNIACC, naturalmente, uma vez que tem a competência territorial definida pela negativa), os centros de arbitragem resolvem esta questão nos seus regulamentos, considerando-se competentes para os litígios resultantes de contratos celebrados à distância[105] nos casos em que o consumidor resida na respetiva área geográfica (v. art. 5º-2 dos regulamentos dos centros que adotaram o regulamento harmonizado). O local da residência é, portanto, o elemento determinante para a fixação da competência no que respeita a contratos celebrados à distância. Além de resolver uma questão duvidosa do ponto de vista da interpretação da norma, a regra permite ao consumidor resolver o litígio mais próximo da sua residência, o que constitui, numa análise em abstrato, uma vantagem. Por residência deve entender-se o domicílio do consumidor, que corresponde, em geral, nos termos do art. 82º-1 do CC, ao da sua residência habitual, podendo, se residir alternadamente em diversos lugares, corresponder a qualquer um deles.

O mesmo art. 5º-2, constante de vários regulamentos, estende a regra aos contratos celebrados fora do estabelecimento comercial[106], solução

[105] O conceito de contrato celebrado à distância não é definido nos regulamentos dos centros de arbitragem que o utilizam. Entende-se que é feita uma remissão tácita para o conceito do DL 24/2014, que regula os contratos celebrados à distância entre consumidores e profissionais. O art. 3º-f) apresenta a seguinte definição de contrato celebrado à distância: "contrato celebrado entre o consumidor e o fornecedor de bens ou o prestador de serviços sem presença física simultânea de ambos, e integrado num sistema de venda ou prestação de serviços organizado para o comércio à distância mediante a utilização exclusiva de uma ou mais técnicas de comunicação à distância até à celebração do contrato, incluindo a própria celebração". Sobre os vários elementos deste conceito, v. JORGE MORAIS CARVALHO E JOÃO PEDRO PINTO-FERREIRA, *Contratos Celebrados à Distância e Fora do Estabelecimento Comercial*, 2014, pp. 36 a 39.

[106] O art. 3º-g) do DL 24/2014 define contrato celebrado fora do estabelecimento comercial como "o contrato que é celebrado na presença física simultânea do fornecedor de bens ou

que é mais discutível. Com efeito, nos contratos celebrados fora do estabelecimento comercial, não é difícil determinar o local da celebração do contrato. A razão de ser da regra será, portanto, apenas a proteção do consumidor, que assim pode ver o seu litígio tratado perto da sua residência, num caso em que está perante uma técnica de comercialização que se pressupõe especialmente agressiva. Julgamos que, nestes casos, poderá haver dois centros territorialmente competentes, um em função da regra geral (local da celebração do contrato), o outro em função da regra especial (local da residência do consumidor). Por exemplo, se alguém que reside na Póvoa de Varzim se desloca ao Porto e aí é intercetado, em plena via pública, por um profissional que insiste em vender-lhe um telemóvel, os litígios resultantes deste contrato poderão ser resolvidos quer no CICAP (por o contrato ter sido celebrado no Porto) quer no TRIAVE (por o consumidor residir na Póvoa de Varzim).

No que respeita ao CACCRAM, o art. 5º-4 do Decreto Legislativo Regional 14/2004/M também prevê esta regra, mas com uma limitação, só podendo ser apreciados pelo tribunal arbitral os litígios decorrentes de contratos celebrados à distância ou fora do estabelecimento nos casos em que "o consumidor tenha domicílio na Região Autónoma da Madeira e, ainda, quando o bem, serviço ou direito deva ser fornecido, prestado ou transmitido nesta Região". Relativamente aos outros regulamentos que contêm esta regra, não está prevista uma limitação em

do prestador de serviços e do consumidor em local que não seja o estabelecimento comercial daquele, incluindo os casos em que é o consumidor a fazer uma proposta contratual, incluindo os contratos: i) Celebrados no estabelecimento comercial do profissional ou através de quaisquer meios de comunicação à distância imediatamente após o consumidor ter sido, pessoal e individualmente, contactado num local que não seja o estabelecimento comercial do fornecedor de bens ou prestador de serviços; ii) Celebrados no domicílio do consumidor; iii) Celebrados no local de trabalho do consumidor; iv) Celebrados em reuniões em que a oferta de bens ou de serviços seja promovida por demonstração perante um grupo de pessoas reunidas no domicílio de uma delas, a pedido do fornecedor ou do seu representante ou mandatário; v) Celebrados durante uma deslocação organizada pelo fornecedor de bens ou prestador de serviços ou por seu representante ou mandatário, fora do respetivo estabelecimento comercial; vi) Celebrados no local indicado pelo fornecedor de bens ou prestador de serviços, a que o consumidor se desloque, por sua conta e risco, na sequência de uma comunicação comercial feita pelo fornecedor de bens ou prestador de serviços ou pelo seu representante ou mandatário". Sobre este preceito, v. Jorge Morais Carvalho e João Pedro Pinto-Ferreira, *Contratos Celebrados à Distância e Fora do Estabelecimento Comercial*, 2014, pp. 39 a 45.

função do local do cumprimento do contrato, sendo este local, assim, irrelevante para efeito de determinação da competência dos respetivos centros[107].

No que respeita ao CACCL, que não tem regra semelhante, parece-nos ser este o regime mais adequado no que respeita aos contratos celebrados à distância (ficcionar o local da celebração do contrato como o local da residência do consumidor, pelo menos nos casos em que a conexão do contrato com outro local não seja claramente mais forte), mas não no que respeita aos contratos celebrados fora do estabelecimento. Assim, se alguém que reside em Lisboa se desloca a Évora e aí é intercetado, em plena via pública, por um profissional que insiste em vender-lhe um telemóvel, os litígios resultantes deste contrato não poderão ser resolvidos no CACCL, sendo competente o CNIACC, ao abrigo da sua competência residual.

2.2.3. Competência em função do valor

Os centros de arbitragem dividem-se, no que respeita à competência em função do valor, em três grupos.

Num primeiro grupo, encontramos dois centros de arbitragem que têm como limite os € 5000, não tratando de litígios que ultrapassem esse valor: CACCDC (art. 6º do regulamento) e CACCL (art. 5º-1 do regulamento).

Num segundo grupo, temos cinco centros de arbitragem que estabelecem como limite máximo de competência os € 30 000, diretamente ou por remissão para a alçada dos tribunais da Relação (cfr. art. 44º-1 da LOSJ). A referência direta aos € 30 000 é feita no diploma que criou o CACCRAM (art. 5º-1) e no regulamento do CICAP (art. 6º); a remissão

[107] Esta regra poderá ter pouca lógica em alguns casos. Imagine-se o seguinte caso: um restaurante em Portimão, com serviço de *delivery*, ou seja, entrega no domicílio, mas apenas num raio de dez quilómetros; um consumidor residente em Braga que está de férias em Portimão e que faz um pedido pela Internet; alguma coisa corre mal. Nos termos das normas regulamentares citadas, o centro competente é o CIAB (local da residência do consumidor) e não o CIMAAL, que teria à partida competência nos locais onde foram feitas quer a encomenda quer a entrega, além da própria comida, e onde as duas partes se encontravam em todo o *iter* contratual. Neste caso, diríamos que se impõe que, pelo menos, se considere que há uma competência concorrente dos dois centros. Com efeito, o "local da celebração do contrato" situa-se claramente no Algarve, âmbito territorial de intervenção do CIMAAL.

para a alçada dos tribunais da Relação consta dos artigos 6º dos regulamentos do CIAB, do CIMAAL[108] e do TRIAVE.

Um terceiro grupo de centros de arbitragem não estabelece um limite de valor. Nos centros de arbitragem de consumo de competência especializada não há limite de valor (v. art. 3º-3 do regulamento do CASA), embora, no caso do CIMPAS, se admita o estabelecimento de um limite para determinados ramos ou modalidades de seguro. Não têm igualmente limite de valor, em princípio, os centros de arbitragem de competência genérica, que também resolvem litígios de consumo, como o CAUAL.

Duas razões justificam o tratamento separado da competência em função do valor no que respeita ao CNIACC.

Em primeiro lugar, da conjugação dos arts. 6º e 20º, não há qualquer limite de valor. Apesar de o art. 6º-1 determinar que "o Centro pode apreciar e decidir litígios de consumo, desde que de valor não superior à alçada dos tribunais da Relação", o art. 20º estabelece que "o disposto no artigo sexto só entrará em vigor após pedido formulado pelo CNIACC e emissão de despacho favorável do Ministério da Justiça que delimite a competência em função do valor". Até ao momento, não foi proferido tal despacho, pelo que a jurisdição do CNIACC não tem qualquer limite de valor.

Em seguro lugar, revestindo o CNIACC caráter supletivo perante os restantes centros de arbitragem de consumo (art. 3º do regulamento), o CNIACC passará a ser competente nos casos em que os outros centros deixarem de o ser. Se um centro de arbitragem com competência territorial limitada tratar apenas dos litígios de valor não superior a € 5000, o CNIACC será competente para o tratamento dos litígios de valor superior, a mesma conclusão valendo para os centros que definem € 30 000 como limite para a sua jurisdição. Assim, por exemplo, se o valor de um litígio resultante de contrato de consumo celebrado em Lisboa for de € 8000, o CACCL não é competente, sendo o litígio da competência do CNIACC; perante um contrato celebrado em Braga, se o valor do litígio for de € 40 000, o CIAB não tem competência, tendo o CNIACC.

108 O CIAB e o CIMAAL não têm limite de valor se se tratar de litígios no âmbito do Projeto "Casa Pronta".

Garante-se, assim, que todos os litígios de consumo que ocorram em Portugal, independentemente do valor, podem ser tratados por pelo menos um centro de arbitragem de consumo. Para evitar conflitos negativos de competência, entende-se que o CNIACC deve considerar-se competente para o tratamento de qualquer litígio relativamente ao qual nenhum outro centro se considere competente.

Apesar de alguns centros imporem limites, como se viu, nenhum regulamento esclarece como é que se determina o valor do litígio. Não existindo também norma legal que regule essa matéria para a RALC ou para a mediação ou a arbitragem em geral, devem ser utilizados os critérios definidos do CPC para o valor da ação. A regra geral, constante do art. 296º do CPC, é a de que o valor da causa "representa a utilidade económica imediata do pedido". Nos termos do art. 297º-1 do mesmo diploma, "se pela ação se pretende obter qualquer quantia certa em dinheiro, é esse o valor da causa, não sendo atendível impugnação nem acordo em contrário; se pela ação se pretende obter um benefício diverso, o valor da causa é a quantia em dinheiro equivalente a esse benefício". Em caso de divergência quanto ao valor do litígio, cabe ao tribunal arbitral, em última análise, decidir sobre o valor, o que pode implicar uma decisão sobre a sua própria competência.

Imaginemos que é iniciado um processo arbitral no CNIACC, relativo a um contrato celebrado em Coimbra, indicando o consumidor que o litígio tem o valor de € 7500. À partida, tendo o CACCDC competência apenas para litígios de valor inferior ou igual a € 5000, o CNIACC seria competente. No entanto, o profissional contesta, alegando que o valor do litígio não é de € 7500, mas de € 3000. Se assim for, o CNIACC é incompetente, uma vez que o CACCDC pode resolver o litígio. A questão do valor terá de ser resolvida pelo tribunal arbitral constituído no CNIACC, no qual o consumidor iniciou o processo, ao abrigo do princípio da competência da competência (art. 18º-1 da LAV)[109]. Se considerar que o valor do litígio é inferior ou igual a € 5000, o tribunal arbitral constituído no CNIACC deve declarar-se incompetente e a questão poderá ser apresentada junto do CACCDC. Se este também se declarar incompetente, deve o CNIACC, como já se disse, considerar-se,

[109] Sobre o princípio da competência da competência: MARIANA FRANÇA GOUVEIA, *Curso de Resolução Alternativa de Litígios*, 2014, pp. 181 a 194.

então, competente, evitando conflitos negativos de competência e, em consequência, garantindo a cobertura integral, em Portugal, da RALC. A cobertura integral do território por entidades de RALC é, aliás, imposta pela Diretiva RALC (art. 5º-1), devendo essa obrigação do Estado português ser tida em conta quando esteja em causa qualquer restrição da competência do CNIACC.

2.3. Entidades reguladoras

Além da sua função de supervisão, prevenindo, corrigindo e sancionando práticas dos seus regulados, as entidades reguladoras podem ter um papel na resolução de litígios de consumo concretos, iniciados por um consumidor contra um profissional. Este papel é, no entanto, muito diversificado, não havendo práticas homogéneas ou sequer aproximadas entre as diferentes entidades reguladoras.

A Lei-Quadro das Entidades Reguladoras (LQER) foi aprovada pela Lei 67/2013.

O art. 47º trata da proteção do consumidor, determinando o nº 1 que "incumbe às entidades reguladoras a adequada promoção da defesa dos serviços de interesse geral e da proteção dos direitos e interesses dos consumidores nas áreas de atividade económica sobre a qual incide a respetiva atuação". O nº 3 enuncia especificamente as ideias estruturantes da atividade das entidades reguladoras no que respeita aos litígios sujeitos à sua regulação, nomeadamente entre os operadores e os consumidores, cabendo-lhes, entre outros aspetos, "dinamizar e cooperar com os mecanismos alternativos de resolução de conflitos existentes ou, em colaboração com outras entidades, promover a criação de outros mecanismos" e "promover o tratamento das reclamações através de mediação, conciliação ou arbitragem, em termos processuais simples, expeditos e tendencialmente gratuitos".

O art. 40º-4-a) determina que, "nos termos e limites dos respetivos estatutos, quando lhes sejam atribuídos poderes de mediação, compete às entidades reguladoras [...] divulgar a arbitragem voluntária para a resolução de conflitos e disponibilizar serviços de mediação de conflitos".

A lei atribui, assim, um papel central às entidades reguladoras no que respeita à resolução dos litígios de consumo que surgem no âmbito do setor regulado. Apesar de o art. 47º da LQER parecer admitir a possibilidade de as entidades reguladoras promoverem, por si próprias, a resolução de litígios por arbitragem, uma leitura sistemática dos dois preceitos citados aponta no sentido de que, no que respeita à mediação, podem ser as entidades reguladoras a disponibilizar os respetivos serviços, mas, em sede de arbitragem, às entidades reguladoras cabe essencialmente um papel de apoio e/ou divulgação[110].

Admitem-se dois modelos de apoio a entidades de resolução de litígios. Por um lado, a cooperação com entidades preexistentes. Por outro lado, a promoção da criação de novas entidades de resolução de litígios. Esta segunda opção pode ser especialmente interessante no sentido de as entidades reguladoras incentivarem a criação de entidades especializadas, configuradas para a resolução de litígios em áreas específicas, com colaboradores com conhecimentos técnicos adaptados às especificidades dos setores em causa. Como contraponto em relação a esta vantagem, aumenta o risco de a entidade de resolução de litígios ser capturada, tal como pode suceder com o próprio regulador, pelas entidades reguladas.

Na concretização da LQER, os Estatutos da ERSE, aprovados pelo DL 97/2002, preveem, no art. 3º-2-u), que constitui atribuição da ERSE "promover a realização da arbitragem entre os operadores e os consumidores, nos termos da legislação aplicável".

Nos termos do art. 20º-1-a), "no exercício das suas competências em matéria de resolução de conflitos [...] cabe à ERSE efetuar ações de conciliação e mediação ou promover o recurso à arbitragem sempre que tal esteja previsto na lei ou mediante solicitação dos interessados".

Em matéria de arbitragem, conforme resulta do art. 22º-1, "compete à ERSE fomentar a arbitragem para a resolução de litígios emergentes dos contratos entre as entidades intervenientes nos setores regulados e os consumidores, designadamente entre estes e os comercializadores no âmbito do fornecimento de energia, assegurando aos consumidores os meios para a sua realização". A utilização do advérbio "designadamente" parece apontar no sentido de não se excluir, à partida, a promoção da

[110] Pedro Costa Gonçalves, "Arbitragem e Regulação (A Arbitrabilidade dos Conflitos Regulatórios)", 2014, p. 77, admite que o preceito se refira "ao exercício da arbitragem pelas entidades reguladoras". Inclina-se o autor, no entanto, referindo-se ao art. 47º-3-d), para concluir "no sentido da sua insuficiência para, sem mais, habilitar as entidades reguladoras autorizadas a exercerem funções arbitrais e a atuarem como tribunais arbitrais".

resolução por via arbitral dos litígios entre os consumidores e os distribuidores no âmbito do fornecimento de energia.

Se não é claro neste preceito qual o nível de intervenção que a ERSE deve ter na resolução destes litígios, o art. 23º-2 dos Estatutos abre, tal como o já referido art. 47º da LQER, duas possibilidades: (i) a promoção da criação de novos centros de arbitragem; (ii) a celebração de protocolos com centros de arbitragem existentes.

Ao contrário do que sucede com a arbitragem, a ERSE tem uma longa tradição na resolução de litígios de consumo através de mediação. O Regulamento de Mediação e Conciliação de Conflitos da ERSE foi aprovado pelo Despacho nº 22674-A/2002, de 11 de outubro (publicado no DR, 2ª Série, de 22 de outubro), sendo os procedimentos gratuitos para as partes.

A ERSE é, aliás, a única entidade reguladora reconhecida pela DGC como entidade de RALC, para efeito da Lei 144/2015.

As outras entidades reguladoras não instituíram, ainda, mecanismos de RAL.

Os Estatutos da ANACOM, aprovados pelo DL 39/2015, preveem, no art. 4º-1, que a ANACOM deve optar entre estabelecer protocolos de cooperação com entidades de RALC ou, em alternativa, constituir "entidades que tenham por objeto a resolução extrajudicial de conflitos de carácter especializado no setor das comunicações, tendo por fim promover a resolução de conflitos entre as entidades sujeitas à sua regulação e os consumidores e demais utilizadores finais de comunicações eletrónicas e postais". Trata-se da solução constante, como já se referiu, no art. 47º da LQER. Nos termos do art. 4º-3 dos respetivos Estatutos, "compete à ANACOM definir o apoio logístico, financeiro, técnico e humano a prestar [...] e, bem assim, divulgar os mecanismos de resolução de conflitos em causa e promover a adesão das entidades sujeitas à sua regulação aos mesmos". O efeito útil não pode ser esvaziado pelas regras do nº 3, pelo que se impõe que o apoio dado pela ANACOM seja efetivo. O setor das comunicações eletrónicas, tal como o da energia, é um dos principais focos de litigiosidade de consumo, estando na liderança das estatísticas dos centros de arbitragem, pelo que o apoio a dar a estes centros, se a opção da ANACOM não for fomentar a criação de um centro especializado, tem de ser, numa perspetiva de proporcionalidade, significativo.

Também os Estatutos da ERSAR, aprovados pela Lei 10/2014, determinam que, "no exercício das suas competências em matéria de resolução de conflitos entre as entidades reguladas ou entre estas e os utilizadores, cabe à ERSAR [...] efetuar ações de conciliação ou promover o recurso à arbitragem em termos processuais simples, expeditos e tendencialmente gratuitos, sempre que tal esteja previsto na lei ou mediante solicitação dos interessados" [art. 14º-1-b)]. Nos termos do art. 14º-5, "a ERSAR promove a criação de novos centros de arbitragem institucionalizada, podendo fazê-lo em colaboração com outras entidades, ou celebra protocolos com centros de arbitragem institucionalizada existentes, cabendo-lhe nesse caso definir os apoios logístico, financeiro, técnico e humano a prestar para o efeito e, bem assim, promover a adesão das entidades intervenientes nos setores regulados aos referidos centros de arbitragem". Valem aqui as observações feitas a propósito dos Estatutos da ANACOM.

No mesmo sentido, o art. 16º-7 dos Estatutos da ASF (DL 1/2015) determina que, entre outros aspetos, "compete ao conselho de administração, no domínio do apoio aos tomadores de seguros, segurados, subscritores, participantes, beneficiários e lesados [...] promover a dinamização e cooperação com os mecanismos alternativos de resolução de conflitos existentes, designadamente mediante a celebração de protocolos com centros de arbitragem institucionalizada, cabendo-lhe, nesse caso, definir os apoios logístico, financeiro, técnico e humano a prestar para o efeito e, bem assim, promover a adesão das entidades intervenientes no setor de atividade sob supervisão aos referidos centros de arbitragem".

Nos termos do art. 6º-6-b) dos Estatutos da CMVM, compete a esta entidade "contribuir para a resolução de conflitos entre entidades sujeitas à sua supervisão, ou entre estas e investidores, designadamente [...] através de mediação, nos termos previstos no Código dos Valores Mobiliários". O art. 33º-1 do Código dos Valores Mobiliários estabelece que "a CMVM organiza um serviço destinado à mediação voluntária de conflitos entre investidores não qualificados, por uma parte, e intermediários financeiros, consultores para investimento, entidades gestoras de mercados regulamentados ou de sistemas de negociação multilateral ou emitentes, por outra". Nos termos do art. 34º-1, "os procedimentos de mediação são estabelecidos em regulamento da CMVM e devem obedecer a princípios de imparcialidade, celeridade e gratuitidade". O Regulamento da CMVM 2/2016 regula, nos arts. 14º e segs., o procedimento de mediação, em termos que parecem contrariar a lei, ao estabelecer, no art. 19º-3, que "o mediador aufere uma remuneração de € 150 pela atividade desenvolvida em cada procedimento de mediação, a pagar conjuntamente por todas as partes". Se é pago, não é gratuito, como indica o art. 34º-1 do Código dos Valores Mobiliários. O art. 19º-6 não pode ser invocado em sentido contrário, uma vez que o investidor não qualificado só pode ser dispensado do pagamento da sua quota-parte se não dispuser de recursos para o efeito e o solicitar fundadamente à CMVM.

O art. 22º do referido Regulamento trata da promoção da arbitragem, determinando que a CMVM pode divulgar e prestar apoio às entidades que prestam serviços de arbitragem, assim como promover a adesão a esses mecanismos por parte das entidades intervenientes no setor.

Com relevância neste domínio, faz-se ainda referência ao mediador do crédito, criado pelo DL 144/2009, que funciona junto do Banco de Portugal[111]. As competências do mediador do crédito estão elencadas no art. 4º, incluindo a coordenação da "atividade de mediação entre clientes bancários e instituições de crédito exercida com a finalidade de contribuir para melhorar o acesso ao crédito junto do sistema financeiro". Nos termos do art. 5º, "o processo de mediação inicia-se com a apresentação do pedido de mediação junto do mediador do crédito", seguindo-se comunicação ao requerente da decisão de aceitação ou de indeferimento liminar do pedido. Em caso de aceitação, o passo seguinte é o contacto com a entidade requerida. O processo termina em caso de acordo ou de verificação da impossibilidade de este ser obtido. Não se trata, no entanto, de mediação em sentido técnico-jurídico, uma vez que o mediador do crédito pode emitir recomendações que, se não forem acatadas, podem ser levadas ao conhecimento do Banco de Portugal, para efeito das suas atividades de supervisão (art. 7º). Este procedimento não respeita, assim, dois dos princípios estruturantes da mediação: a voluntariedade e a confidencialidade.

[111] Sobre o mediador do crédito: Adelaide Menezes Leitão, "Soluções Jurídicas para o Sobreendividamento dos Consumidores", 2014, pp. 260 e 261; Cátia Marques Cebola e Ana Filipa Conceição, "Consumer Financial Services and Negotiation: How is Portugal Dealing with Indebted Consumers?", 2016, p. 214.

2.4. Associações de profissionais e de consumidores

Os profissionais e os consumidores são os principais interessados na resolução dos litígios que surgem nas relações de consumo que estabelecem.

É, por isso, natural que, de forma isolada ou através de associações que os representam, profissionais e consumidores criem mecanismos de resolução de litígios adequados aos seus interesses.

À partida, estes mecanismos, estando associados a um dos lados da relação de consumo, não oferecem as garantias de imparcialidade necessárias ao seu reconhecimento público como entidades de RALC, nos termos da Lei 144/2015.

2.4.1. Provedores do cliente

Faz-se referência, em primeiro lugar, ao provedor do cliente, figura que pode ser encontrada em muitas empresas e que tem como função analisar reclamações apresentadas pelos seus clientes.

Apesar de ser sempre apresentado, compreensivelmente, como entidade independente, é duvidosa a sua efetiva independência[112], desconhecendo-se, em regra, os mecanismos de controlo do exercício da sua atividade.

A existência e a divulgação do provedor do cliente podem até revelar-se como práticas enganosas, na medida que o cliente pode pensar que está a apresentar uma reclamação a uma entidade externa à entidade reclamada e não ser esse o caso. A informação relativa ao provedor do cliente deve ser sempre acompanhada de informação quanto à possibilidade de recorrer a outras entidades, nomeadamente, tratando-se de relação de consumo, às entidades de RALC.

Têm, igualmente, o efeito negativo para o sistema de levar o profissional a não reconhecer, por regra, outros meios de RALC e outras entidades que poderiam ajudar no tratamento do litígio, considerando que a solução ditada pelo Provedor, em especial quando lhe é favorável, é definitiva. É o que sucede, por exemplo, no setor das viagens e turismo, que é objeto de análise mais à frente.

[112] Cátia Marques Cebola, "ADR 3.0 @ Resolução Online de Conflitos de Consumo em Portugal", 2016, p. 79.

A própria lei impõe, em alguns casos, a existência de um provedor do cliente, prevendo regras para o controlo da sua atividade. Assim, por exemplo, o art. 158º-1 da Lei 147/2015 determina que "as empresas de seguros designam, de entre pessoas singulares de reconhecido prestígio, qualificação, idoneidade e independência, o provedor do cliente, ao qual os tomadores de seguros, segurados, beneficiários e terceiros lesados podem apresentar reclamações relativas a atos ou omissões daquelas empresas, desde que as mesmas não tenham sido resolvidas no âmbito da gestão de reclamações [...]". A mesma obrigação impende sobre as entidades gestoras de fundos de pensões, nos termos do art. 54º do DL nº 12/2006.

Em alguns setores, admite-se a possibilidade de existência de um provedor do cliente associado a várias empresas.

O exemplo paradigmático é o do Provedor do Cliente das Agências de Viagem e Turismo, que está, inclusivamente, incluído na lista de entidades de RALC organizada pela DGC.

Analisando em abstrato, a possibilidade de um provedor do cliente ser incluído na lista encontra-se prevista na Lei 144/2015, mas parece-nos criticável, por não ser possível afastar as suspeitas de que a sua atuação não é independente e imparcial. Entendemos que a Lei 144/2015 estabelece uma distinção entre duas situações: (i) o provedor do cliente da empresa, que não preenche, logo à partida, os requisitos enunciados no art. 8º-6-d), relativo ao vínculo funcional e à separação inequívoca entre estruturas; o provedor do cliente do setor, que poderá preencher os requisitos enunciados no art. 8º-6 e 7.

O art. 8º-6 da Lei 144/2015 admite que "as pessoas singulares responsáveis pelo procedimento de RAL sejam colaboradoras de facto ou de direito do fornecedor de bens ou prestador de serviços que detenha uma entidade de RAL e sejam por este remuneradas", caso em que exige requisitos adicionais para controlo da independência e da imparcialidade, como a designação através de processo transparente e conduzido por um órgão colegial, composto de forma paritária por representantes de associações profissionais e de consumidores, a inamovibilidade durante um período de tempo razoável, a inexistência de vínculo hierárquico ou funcional com a empresa ou a previsão de um período de nojo dentro do qual essa pessoa não possa trabalhar para a empresa ou entidade próxima desta. Nestes casos, precisamente pelo receio de parcialidade, a entidade de RALC tem de prestar informação específica sobre "a taxa de soluções propostas ou impostas a favor do consumidor e a favor do fornecedor de bens ou prestador de serviços, e a taxa de litígios resolvidos por acordo das partes" [art. 9º-2-d)]. Exige-se ainda que estas entidades disponham de "um orçamento independente e suficiente para o desempenho das suas funções" [art. 8º-6-d) e 7].

Quanto ao Provedor do Cliente das Agências de Viagem e Turismo, o seu Estatuto[113] prevê que se trata de órgão independente da Associação Portuguesa de Agências de Viagem e Turismo (APAVT), cuja direção o designa, tendo em conta a sua comprovada reputação de integridade e independência, além de ter de possuir a capacidade, a experiência e a competência necessárias para o exercício das suas funções, "nomeadamente em matéria jurídica" (arts. 1º e 3º). O Provedor tem "por função principal a defesa e promoção dos direitos e interesses legítimos dos cidadãos utilizadores de serviços das agências de viagens e turismo (clientes) e a dignificação destes serviços, em Portugal e no estrangeiro, junto do público em geral" (art. 1º), competindo-lhe, entre outras tarefas, elencadas no art. 11º, "dirimir conflitos entre as agências de viagens e turismo associadas da APAVT e seus clientes, mediante a elaboração de decisões, tomadas com base na lei e na equidade". As decisões do Provedor, que devem ser tomadas no prazo de 30 dias a contar da apresentação da queixa, são vinculativas para a agência de viagens (art. 19º-3). O caráter vinculativo enunciado resulta de os Estatutos da APAVT preverem, entre os deveres dos associados, o cumprimento pontual das decisões proferidas pelo Provedor [art. 8º-g)], sendo considerada uma grave violação dos deveres o seu não cumprimento, o qual pode levar à expulsão (art. 43º-2). De uma interpretação *a contrario sensu* do art. 19º-3, conclui-se que as decisões do Provedor não são vinculativas para o cliente. Nem outra solução seria possível, na medida em que o Provedor não exerce poderes jurisdicionais.

Apesar de o Estatuto garantir, à partida, a independência e a imparcialidade do Provedor, a solução comporta, na prática, as desvantagens já indicadas.

[113] Disponível na página do Provedor: www.provedorapavt.com (página consultada em agosto de 2017).

Por um lado, é impossível garantir a efetiva imparcialidade do Provedor. Seria muito interessante que as suas decisões fossem tornadas públicas, ainda que sem identificação das partes, ou que pelo menos fosse dada informação (comprovada pela DGC) sobre a percentagem de decisões favoráveis às empresas e aos consumidores. Aliás, tendo em conta a proximidade entre as situações e a razão de ser do art. 9º-2-d) da Lei 144/2015, que se refere à apresentação de um relatório anual de atividades que inclua "a taxa de soluções propostas ou impostas a favor do consumidor e a favor do fornecedor de bens ou prestador de serviços, e a taxa de litígios resolvidos por acordo das partes", parece-nos que se justifica a sua interpretação extensiva no sentido de nele incluir também esta situação. Do ponto de vista da independência e da imparcialidade, não há qualquer diferença relevante entre estas situações, o que é assumido pela própria lei ao remeter para o art. 8º-6 no que respeita aos requisitos de que depende a existência de provedores do cliente setoriais. Logo, o Provedor do Cliente das Agências de Viagem e Turismo já tem o dever de prestar informação ao público sobre "a taxa de soluções propostas ou impostas a favor do consumidor e a favor do fornecedor de bens ou prestador de serviços, e a taxa de litígios resolvidos por acordo das partes".

Por outro lado, o Provedor pode ser utilizado pelas empresas como forma de justificarem mais facilmente perante os seus clientes a recusa de participação nos procedimentos de RALC junto de outras entidades.

Pelas razões apontadas, entende-se que os provedores de cliente não deveriam ser incluídos na lista de entidades de RALC organizada pela DGC.

2.4.2. Associações de consumidores

As associações de consumidores, tal como os profissionais ou as associações de profissionais, não têm igualmente a independência e a imparcialidade necessárias, logo à partida, para poderem ser consideradas entidades de RALC, nos termos da Lei 144/2015.

Com efeito, as associações de consumidores, reconhecidas constitucionalmente (art. 60º-3 da CRP), têm como objetivo principal "proteger os direitos e os interesses dos consumidores em geral ou dos consumidores seus associados" (art. 17º-1 da LDC). Este objetivo é, por si só, incompatível com o cumprimento dos princípios da independência e da imparcialidade.

No entanto, as associações de consumidores podem desempenhar – e desempenham – um papel muito relevante na gestão e no tratamento de litígios de consumo.

Em primeiro lugar, as associações de consumidores desempenham funções de acesso ao sistema, prestando informação aos consumidores[114], não só sobre os seus direitos e deveres, numa perspetiva material, mas também sobre os meios que estes têm ao seu dispor para a resolução do litígio. Podem, assim, os consumidores ser encaminhados pela associação a que recorrem para a entidade mais adequada, que pode ser um CIAC, um centro de arbitragem de consumo, uma entidade reguladora ou um julgado de paz, entre outras possibilidades.

Em segundo lugar, as associações de consumidores podem prestar auxílio ao consumidor quer na negociação com o profissional, escrevendo ou ajudando a escrever e enviando a carta para este com a reclamação, como sucede com a DECO[115], quer, numa fase posterior, na mediação ou na arbitragem de processos em curso em centros de arbitragem de consumo. O regulamento do CACCL, por exemplo, prevê, no art. 18º-2, que o consumidor, tal como a empresa, pode ser representado ou assistido "por juristas designados para o efeito por parte das associações representativas dos seus interesses". Também o modelo de regulamento harmonizado consagra a possibilidade de representação ou assistência por "associações de consumidores" (art. 14º-4).

2.5. Julgados de paz

Os julgados de paz podem não ser considerados como entidades de RALC, na medida em que não têm competências específicas para a resolução de litígios de consumo. Com efeito, os litígios de consumo correspondem a apenas uma parte dos litígios tratados nos julgados de paz. São, no entanto, uma parte importante desses litígios e, mais do que isso, trata-se de tribunais especialmente adequados, tendo em conta os princípios que os norteiam, para a resolução de litígios de consumo[116].

[114] Luís Silveira Rodrigues, "DECO – Uma Organização de Causas. Uma Organização Mobilizadora", 2016, p. 221.

[115] Paulo Fonseca, "A Arbitragem e a Mediação. Os Desafios do Novo Regime de Resolução Alternativa de Litígios", 2017, pp. 449 e 450. Sobre a qualificação desta atividade como mediação, v. *infra* 4.1.

[116] João Chumbinho, "Os Julgados de Paz", 2017, pp. 467 e 468.

Os julgados de paz são tribunais (art. 209º-2), discutindo-se se integram os meios de RAL. Apesar de serem estaduais (e, portanto, públicos), considera-se que integram a justiça alternativa, "muito marcada pela proximidade e pela tentativa de, através das fases de mediação e de conciliação, alcançar uma solução por acordo"[117]. Defende-se que têm as características "intrínsecas" dos meios de RAL e o caráter "institucional de Tribunal"[118].

A LJP determina que a competência dos julgados de paz é exclusiva para ações declarativas (art. 6º-1), característica que partilham com os tribunais arbitrais.

No que respeita ao valor, os julgados de paz têm competência para tratar de litígios de valor igual ou inferior a € 15 000 (art. 8º).

Quanto à matéria, a competência dos julgados de paz abrange a generalidade dos litígios de consumo. É especialmente relevante o art. 9º-1-a), que determina a competência dos julgados de paz para apreciar e decidir "ações que se destinem a efetivar o cumprimento de obrigações, com exceção das que tenham por objeto o cumprimento de obrigação pecuniária e digam respeito a um contrato de adesão". Assim, num contrato de consumo típico, o consumidor pode recorrer a um julgado de paz para exigir a reparação, a substituição ou a resolução do contrato em caso de desconformidade da coisa vendida, mas o profissional não pode, em princípio, recorrer ao julgado de paz para cobrar o preço não pago; o consumidor pode recorrer ao julgado de paz para pôr em causa a existência ou a validade de um período de fidelização imposto pelo operador de telecomunicações, mas o operador não pode fazê-lo para cobrar o valor previsto contratualmente em caso de incumprimento dessa cláusula pelo consumidor. Pretende evitar-se que os julgados de paz se transformem em tribunais de cobrança de dívidas, perdendo parte da sua eficácia. É igualmente possível que se verifiquem, em litígios de consumo, alguns dos outros critérios do art. 9º.

Quanto ao território, assinala-se, em primeiro lugar, que não existem julgados de paz em todos os municípios portugueses. Isto significa que não é possível a eles recorrer em todos os litígios para os quais sejam

[117] Mariana França Gouveia, *Curso de Resolução Alternativa de Litígios*, 2014, p. 318.

[118] J. O. Cardona Ferreira, "Os Julgados de Paz e os Litígios de Consumo", 2002, p. 84.

competentes em função do valor e da matéria. No início de 2017, estavam em funcionamento 25 julgados de paz, abrangendo 61 concelhos[119].

Em segundo lugar, é necessário verificar quais são os critérios que definem a competência territorial de cada julgado de paz.

Os litígios de consumo dão lugar, a maioria das vezes, a ações destinadas "a exigir o cumprimento de obrigações, a indemnização pelo não cumprimento ou pelo cumprimento defeituoso e a resolução do contrato por falta de cumprimento", determinando o art. 12º-1 da LJP que estas devem ser propostas, "à escolha do credor, no julgado de paz do lugar em que a obrigação devia ser cumprida ou no julgado de paz do domicílio do demandado". Assim, num contrato de compra e venda de um telemóvel, celebrado através da Internet, com obrigação de envio da coisa para o domicílio do consumidor, em Mangualde, por parte do profissional com sede em Lisboa, o consumidor pode escolher e propor a ação no julgado de paz quer em Mangualde quer em Lisboa. Se no lugar do cumprimento da obrigação não houver julgado de paz, o consumidor tem sempre a hipótese de propor a ação no julgado de paz da sede do profissional. Se no lugar da sede do profissional não houver julgado de paz, resta a hipótese do lugar do cumprimento da obrigação. Os arts. 11º a 13º contêm outros fatores para a determinação da competência territorial, aplicáveis a outras ações.

Num julgado de paz, o litígio pode ser tratado de duas formas: (i) por mediação e/ou (ii) com intervenção de um juiz de paz, caso em que o litígio pode ser resolvido por conciliação ou por decisão proferida pelo juiz de paz.

[119] Águeda, Aguiar da Beira, Alcobaça, Alijó, Aljustrel, Almodôvar, Anadia, Armamar, Belmonte, Caldas da Rainha, Câmara de Lobos, Cantanhede, Carregal do Sal, Cascais, Castro Daire, Castro Verde, Coimbra, Covilhã, Funchal, Fundão, Lamego, Lisboa, Mação, Mangualde, Mealhada, Mértola, Mira, Miranda do Corvo, Moimenta da Beira, Montemor-o-Velho, Murça, Nazaré, Nelas, Óbidos, Odivelas, Oleiros, Oliveira do Bairro, Ourique, Palmela, Penalva do Castelo, Peso da Régua, Porto, Proença-a-Nova, Resende, Sabrosa, Santa Maria da Feira, Santa Marta de Penaguião, Satão, Seixal, Sertã, Setúbal, Sintra, Tarouca, Terras de Bouro, Trancoso, Trofa, Vila de Rei, Vila Nova de Gaia, Vila Nova de Paiva, Vila Nova de Poiares e Vila Real. O DL 41/2017 veio extinguir o Julgado de Paz do Agrupamento dos Concelhos de Alcobaça, Caldas da Rainha, Nazaré e Óbidos e criar o Julgado de Paz do Oeste, que abrange os seguintes municípios: Alcobaça, Alenquer, Arruda dos Vinhos, Bombarral, Cadaval, Caldas da Rainha, Lourinhã, Nazaré, Óbidos, Peniche, Sobral de Monte Agraço e Torres Vedras.

As regras de competência previstas na LJP apenas se aplicam à intervenção do juiz de paz, uma vez que "o serviço de mediação é competente para mediar quaisquer litígios que possam ser objeto de mediação, ainda que excluídos da competência do julgado de paz" (art. 16º-3). Não tendo o julgado de paz, nos termos da lei, jurisdição, fica, no entanto, nestes casos de mediação fora da competência, excluída a possibilidade de homologação, prevista, em geral, no art. 56º-1.

3. Princípios da RALC

No primeiro capítulo desta obra, depois de uma introdução ao tema e de uma análise das origens e da evolução da RALC ao longo dos anos, delimitamos os conceitos de litígio de consumo e de procedimento de RALC e explicamos os seus fundamentos. O segundo capítulo reflete uma investigação em torno das entidades de RALC portuguesas. Antes de se entrar numa análise dos problemas específicos que, por um lado, cada procedimento de RALC coloca (capítulos 4, 5 e 6) e, por outro lado, surgem na RLL (capítulo 7), são estudados no presente capítulo os princípios que norteiam a RALC.

Estes princípios podem ser encontrados na Lei 144/2015, mas também em outros diplomas legais que regulam a justiça, em geral (desde logo, a CRP), e procedimentos de RAL em particular (com a LM e a LAV em destaque).

São objeto de análise sucessiva os princípios da unidirecionalidade, do processo equitativo (em especial os subprincípios da igualdade, da defesa e contraditório, da imparcialidade e independência e da fundamentação), da voluntariedade, da acessibilidade, da celeridade processual, da publicidade e da confidencialidade e da informação sobre a RALC.

3.1. Princípio da unidirecionalidade

Um dos aspetos que suscitou maior debate quer a nível europeu quer a nível nacional antes da aprovação da Diretiva RALC consistia em saber se a legitimidade para iniciar um procedimento de RALC devia estar reservada ao consumidor ou se, pelo contrário, devia ser extensível ao profissional.

Antes da aprovação da Lei 144/2015, a doutrina nacional mostrava-se favorável a que os profissionais pudessem assumir a posição de reclamante num procedimento de RALC. Para alguns autores, o caráter unidirecional destes procedimentos, no sentido em que apenas podiam ser iniciados pelo consumidor, era incompatível com o princípio da igualdade[120] e podia ser contraditório com o intuito de proteger a parte mais fraca na relação contratual[121]. Outros autores excluíam a legitimidade do profissional para iniciar um procedimento de RALC no caso de este pretender o cumprimento de obrigações pecuniárias, de forma a evitar que os centros de arbitragem de consumo se transformassem em instâncias de cobrança de dívidas[122].

A análise do regulamento de alguns centros de arbitragem de consumo de competência genérica permitia concluir que a unidirecionalidade era a nota dominante. Era o que sucedia, por exemplo, nos casos do CNIACC (art. 9º do antigo regulamento) e do CACCL (art. 11º-1 do regulamento), que só admitiam reclamações apresentadas pelo consumidor. Em sentido contrário, o antigo regulamento do TRIAVE permitia que a reclamação fosse apresentada por qualquer das partes, embora quanto ao profissional apenas em caso de adesão plena (art. 6º-1).

No que respeita aos centros de arbitragem de consumo de competência especializada, verificava-se a tendência inversa. O CASA reconhecia legitimidade ativa aos profissionais em litígios que envolvessem "questões relacionadas com a qualidade do serviço prestado ou do bem

[120] Maria José Capelo, "A Lei de Arbitragem Voluntária e os Centros de Arbitragem de Conflitos de Consumo", 1999, p. 107; Dário Moura Vicente, "Arbitragem de Conflitos de Consumo", 2006, p. 84. João Carlos Trindade, "Passado, Presente e Futuro dos Meios Alternativos de Resolução de Litígios", 2004, p. 34, defende que não é violado o princípio da igualdade, "já que os centros foram criados no âmbito da defesa do consumidor".

[121] Isabel Oliveira, "A Arbitragem de Consumo", 2000, pp. 400 a 402. António Marques dos Santos, "Arbitragem no Direito do Consumo", 2002, pp. 288 e 289, refere, neste sentido, que "o consumidor não deve nunca ser privado do acesso à justiça arbitral ainda que seja na posição do demandado". Sobre a questão de saber o que pode o consumidor fazer no caso de ter sido iniciada uma ação judicial pelo profissional, estando este vinculado à arbitragem de consumo, v. *infra* 6.2.3.

[122] Cátia Marques Cebola, "Mediação e Arbitragem de Conflitos de Consumo: Panorama Português", 2012, pp. 43 e 44.

vendido, desde que sejam aderentes do Centro" [art. 6º-b) do regulamento]. Por seu turno, o regulamento do CIMPAS permitia que qualquer das partes submetesse o litígio a arbitragem (art. 7º-1).

A nível europeu, a proposta de Diretiva RALC abrangia os procedimentos de RALC desencadeados por qualquer das partes, consumidor ou profissional (art. 2º-1). Esta opção foi criticada em parecer do Comité Económico e Social Europeu, que invoca o risco de colonização dos centros de arbitragem de consumo por ações de cobrança de dívidas e a circunstância de a generalidade dos Estados-Membros consagrar a unidirecionalidade[123].

A redação final da Diretiva RALC acabou por excluir do seu âmbito de aplicação os procedimentos de RALC iniciados por um profissional [art. 2º-1 e 2-g)]. No entanto, o considerando (16) salvaguarda a possibilidade de os Estados-Membros reconhecerem legitimidade ativa aos profissionais neste contexto[124].

A Lei 144/2015 seguiu o regime previsto na Diretiva RALC e, por conseguinte, restringiu o seu âmbito de aplicação aos procedimentos de RALC iniciados por um consumidor contra um profissional (art. 2º-1). Este aspeto é, depois, reiterado – a nosso ver, de forma desnecessária – através da exclusão dos procedimentos desencadeados por um profissional contra um consumidor [art. 2º-2-d)]. Tal não impede as entidades de RALC de prever que o procedimento possa ser desencadeado na sequência de reclamação apresentada pelo profissional[125]. No entanto, quando iniciado pelo profissional, o procedimento de RALC não estará abrangido pelos princípios enunciados na Lei 144/2015, salvo disposição regulamentar nesse sentido.

O modelo de regulamento harmonizado dos centros de arbitragem de consumo consagrou a unidirecionalidade, no art. 7º, definindo reclamação de consumo como "o meio pelo qual um *consumidor* expõe os factos que entende integrarem um litígio de consumo" (itálico nosso). Atualmente, todos os centros de arbitragem de consumo de competência genérica seguem esta regra. Pelo contrário, os centros de arbitragem de consumo de competência especializada continuam a admitir a apre-

[123] http://bit.ly/2x8tTpY (consultado em agosto 2017).

[124] Para uma análise da questão, face ao Regulamento RLL, v. *infra* 7.1.

[125] Cátia Marques Cebola, "ADR 3.0 @ Resolução Online de Conflitos de Consumo em Portugal", 2016, p. 73.

sentação de reclamações pelo profissional nos casos já indicados [arts. 9º-b) do regulamento do CASA e 7º-1 do regulamento do CIMPAS].

Em nosso entender, a unidirecionalidade é a solução mais adequada no sentido de salvaguardar as especificidades dos procedimentos de RALC.

Por um lado, a maioria dos casos em que um profissional poderá ter interesse em recorrer aos centros de arbitragem de consumo corresponde às denominadas ações de cobrança de dívida. Ora, já existem meios processuais específicos para este tipo de ações, como o procedimento de injunção e a ação declarativa especial. São ambos regulados no anexo ao DL 269/98. O procedimento de injunção é aplicável quando se peça a condenação do requerido no cumprimento de uma obrigação pecuniária resultante de um contrato e, simultaneamente, essa obrigação não tenha valor superior a € 15.000€ (art. 1º do DL 269/98).

Por outro lado, os centros de arbitragem de consumo assentam numa lógica de especialização técnica, que, em princípio, não será necessária em ações de cumprimento de obrigações pecuniárias. Assim, o alargamento da sua competência a estes litígios seria não apenas desnecessário, pois existem meios processuais mais adequados a este tipo de litigância, como também contraproducente, podendo afetar gravemente o funcionamento dos centros.

3.2. Princípio do processo equitativo

O art. 47º da Carta dos Direitos Fundamentais da União Europeia estabelece que "toda a pessoa cujos direitos e liberdades garantidos pelo direito da União tenham sido violados tem direito a uma ação perante um tribunal", que "toda a pessoa tem direito a que a sua causa seja julgada de forma equitativa, publicamente e num prazo razoável, por um tribunal independente e imparcial, previamente estabelecido por lei, "toda a pessoa tem a possibilidade de se fazer aconselhar, defender e representar em juízo" e que "é concedida assistência judiciária a quem não disponha de recursos suficientes, na medida em que essa assistência seja necessária para garantir a efetividade do acesso à justiça".

O art. 6º-1 da Convenção Europeia dos Direitos do Homem determina que "qualquer pessoa tem direito a que a sua causa seja examinada, equitativa e publicamente, num prazo razoável por um tribunal independente e imparcial, estabelecido pela lei, o qual decidirá, quer sobre a determinação dos seus direitos e obrigações de caráter civil [...]".

Em Portugal, o art. 20º da CRP garante o acesso ao direito e a tutela jurisdicional efetiva, prevendo que "a todos é assegurado o acesso ao direito e aos tribunais para defesa dos seus direitos e interesses legalmente protegidos, não podendo a justiça ser denegada por insuficiência de meios económicos", que "todos têm direito, nos termos da lei, à informação e consulta jurídicas, ao patrocínio judiciário e a fazer-se acompanhar por advogado perante qualquer autoridade", que "todos têm direito a que uma causa em que intervenham seja objeto de decisão em prazo razoável e mediante processo equitativo" e que, "para defesa dos direitos, liberdades e garantias pessoais, a lei assegura aos cidadãos procedimentos judiciais caracterizados pela celeridade e prioridade, de modo a obter tutela efetiva e em tempo útil contra ameaças ou violações desses direitos".

A CRP, no título relativo aos tribunais, em especial no artigo que se ocupa da função jurisdicional, prevê que "a lei poderá institucionalizar instrumentos e formas de composição não jurisdicional de conflitos" (art. 202º-4). Assim, é a própria Constituição a reconhecer os procedimentos de RAL em que não existe uma decisão ditada por um terceiro e a considerá-los relevantes para a resolução de litígios.

Já nas categorias de tribunais, a CRP inclui os tribunais arbitrais e os julgados de paz (art. 209º-2). Estes são, portanto, tribunais, com todas as consequências que daí resultam em termos de regime (quanto aos tribunais arbitrais, v. *infra* 3.3.2.2.).

Reconhece-se, assim, que, em Portugal, por um lado, a oferta de justiça inclui formas de composição não jurisdicional de litígios e formas de composição jurisdicional de litígios e, por outro lado, entre as formas de composição jurisdicional de litígios estão os tribunais arbitrais e os julgados de paz.

Os princípios do acesso ao direito, da tutela jurisdicional efetiva e do processo equitativo aplicam-se, assim, aos meios de RAL, nomeadamente aos meios de RALC.

Relativamente aos procedimentos de RAL sem natureza jurisdicional, nomeadamente a mediação, a aplicação destes princípios, bem como dos seus subprincípios, faz-se a dois níveis:

- Em primeiro lugar, os princípios aplicam-se diretamente, na medida em que não se admite que existam, em Portugal, formas de composição não jurisdicional de litígios que os contrariem.

Assim, por exemplo, o acesso ao direito deve ser, neste contexto, igualmente garantido, havendo mecanismos de apoio judiciário. Nestes procedimentos, impõe-se, também, ainda que com adaptações pontuais, o respeito pelo *processo equitativo* (*processo justo, due process of law* ou *devido processo legal*).

- Em segundo lugar, o princípio da tutela jurisdicional efetiva constitui um limite aos termos em que podem ser institucionalizados instrumentos e formas de composição não jurisdicional de litígios pelo Estado, na medida em que a possibilidade de se obter uma decisão vinculativa, proferida por um tribunal, não pode ser afastada, de forma absoluta, pela lei.

No que respeita aos procedimentos de RAL com natureza jurisdicional, nomeadamente a arbitragem (e os julgados de paz, na vertente de decisão proferida pelo juiz de paz), o segundo nível indicado não intervém com a mesma intensidade, na medida em que a existência de uma decisão arbitral (ou proferida pelo juiz de paz) garante a tutela jurisdicional efetiva. Sobre os meios de RALC obrigatórios, incluindo quer a mediação quer a arbitragem, que surgem na interseção entre os princípios do acesso ao direito e da tutela jurisdicional efetiva, por um lado, e da voluntariedade, crucial em matéria de RALC, v. *infra* 3.3.2. Aí se discute, entre outros aspetos, se um tribunal arbitral pode ser considerado tribunal para efeito da CRP.

Como já vimos, o art. 20º-4 da CRP determina que "todos têm direito a que uma causa em que intervenham seja objeto de decisão em prazo razoável e mediante processo equitativo".

Daqui se retira que são princípios orientadores do processo civil, em geral, a razoabilidade dos prazos, o que se compreende, na medida em que uma decisão só será útil e a justiça só será eficaz se o processo for concluído em tempo razoável (v. *infra* 3.5), e o processo equitativo. Apesar de a CRP não discriminar quais os princípios em que se decompõe o princípio do processo equitativo, a doutrina e a jurisprudência têm procurado fazê-lo[126].

[126] J. J. GOMES CANOTILHO E VITAL MOREIRA, *Constituição da República Portuguesa Anotada*, Vol. I, 2007, p. 415.

Assim, para garantia de um processo justo ou equitativo têm de estar salvaguardados, além do princípio da razoabilidade dos prazos acima referido, os princípios do contraditório, da igualdade, da licitude da prova, da publicidade, da transparência e da orientação para a justiça material[127] e a fundamentação das decisões[128].

Neste ponto, procede-se a uma análise do modo como o princípio do processo equitativo é concretizado no domínio da RALC, assinalando as especificidades relativas a cada procedimento, tendo como referência os subprincípios da igualdade, defesa e contraditório, imparcialidade e independência e fundamentação.

3.2.1. Igualdade

O princípio da igualdade impõe, tradicionalmente, ao juiz que garanta o equilíbrio entre as partes ao longo do processo no que diz respeito aos meios processuais de que estas dispõem para fazer valer as suas posições[129].

Este princípio aplica-se aos procedimentos de RALC, estabelecendo expressamente o art. 12º-1 da Lei 144/2015 que "as partes devem ser tratadas de forma equitativa durante todo o procedimento".

[127] O princípio da orientação para a justiça material traduz-se no dever do juiz de ter em conta, a cada momento, o objetivo final do processo, que é o de obter uma decisão útil e justa (AAVV, *Justiça Económica em Portugal – Novo Modelo Processual*, 2012, p. 93. J. J. Gomes Canotilho e Vital Moreira, *Constituição da República Portuguesa Anotada*, Vol. I, 2007, p. 416), referem-se a um processo "sem demasiadas peias formalísticas". João Carlos Trindade, "O Papel do Juiz na Arbitragem de Conflitos de Consumo", 2001, p. 33, defende que, entre as funções do árbitro na arbitragem de consumo, predomina "*a busca incessante da verdade material*". Um dos instrumentos para atingir este desiderato é a flexibilidade, ou seja, a possibilidade de adaptar o procedimento às especificidades do caso concreto. No domínio da RALC, embora não esteja expressamente consagrado na lei, podemos falar de um princípio da flexibilidade. Com efeito, cada um dos procedimentos de RALC se caracteriza, no âmbito dos litígios de consumo ou fora deles, pela flexibilidade. Esta característica surge com particular clareza na mediação de consumo, tendo em conta a liberdade que o modelo de regulamento harmonizado confere ao mediador na estruturação do procedimento (art. 9º-2).

[128] José Lebre de Freitas, *Introdução ao Processo Civil*, 2013, pp. 139 e 140, autonomiza, ainda, o direito à comparência pessoal. Parece-nos, no entanto, que, apesar de o atual CPC prever a figura das declarações de parte, o direito a ser ouvido presencialmente não integra o núcleo dos princípios do processo equitativo, na medida em que não é fundamental para que o processo possa ser considerado justo que a parte seja ouvida presencialmente, desde que se considere que o princípio do contraditório está assegurado por outra via.

[129] Jorge Miranda e Rui Medeiros, *Constituição Portuguesa Anotada*, Tomo I, 2005, p. 193.

Assim, o que se deve assegurar é que as partes dispõem dos mesmos meios processuais e estão sujeitas às mesmas sanções e cominações sempre que se encontrem em situação idêntica. Da mesma forma, o princípio da igualdade implica que as partes sejam tratadas de forma diferente quando estejam numa situação processual distinta. No fundo, a igualdade processual surge como uma concretização do art. 13º da CRP, que impõe que se trate de forma igual o que é igual e de forma diferente o que é diferente[130].

Assim, por exemplo, na arbitragem, o árbitro pode determinar que o autor apresente uma segunda peça escrita, por considerar que se trata da forma mais adequada de resposta às exceções. Nesse caso, apesar de, formalmente, o autor ser tratado de forma desigual, porque lhe é permitido que apresente mais um articulado do que o réu, materialmente, o princípio da igualdade encontra-se salvaguardado, já que essa desigualdade de tratamento assenta numa razão objetiva (dedução de exceção pelo réu).

3.2.2. Defesa e contraditório

O princípio do contraditório, previsto no art. 3º do CPC, traduz-se na garantia de participação efetiva das partes no desenvolvimento do processo. Nesse sentido, inclui o direito à defesa[131], no sentido da oposição à pretensão do autor, mas também o direito a influenciar ativamente o desenrolar da ação, tanto no que diz respeito aos factos, como à prova e às questões de direito[132].

O art. 10º-4 da Lei 144/2015 determina que as entidades de RALC "que tenham recebido uma reclamação devem notificar as partes do litígio assim que receberem todos os documentos contendo as informações relevantes com esta relacionadas". Impõe-se, assim, que as partes tenham conhecimento de que se encontra aberto um processo, tendo possibilidade de influenciar a forma como este se irá desenvolver.

O art. 12º-1-a) da Lei 144/2015 vai um pouco mais longe, estabelecendo que "às partes deve ser assegurado o direito de exprimirem o seu ponto de vista num prazo razoável, de receberem da entidade de RAL

[130] José Lebre de Freitas, *Introdução ao Processo Civil*, 2013, pp. 136-137.

[131] Carlos Lopes do Rego, "O Direito Fundamental do Acesso aos Tribunais e a Reforma do Processo Civil", 2001, p. 749.

[132] José Lebre de Freitas, *Introdução ao Processo Civil*, 2013, pp. 124 e 125.

as alegações de facto ou de direito, as provas e os documentos invocados pela outra parte, bem como eventuais declarações e pareceres de especialistas, podendo formular observações acerca dos mesmos".

A concretização prática deste preceito depende do procedimento de RALC. Assim, na mediação, admite-se a existência de *caucus*, técnica bastante comum na mediação de consumo, em que o mediador fala sucessivamente com ambas as partes, podendo existir informações confidenciais, que uma das partes não pretende que sejam transmitidas à outra (cfr. *infra* 3.6.2). Esta técnica não é admissível na arbitragem. Na arbitragem, terão de ser respeitados os princípios fundamentais do processo justo, sumariamente elencados no art. 30º-1 da LAV, que prevê que "o demandado é citado para se defender", que deve ser "dada uma oportunidade razoável" às partes "de fazerem valer os seus direitos, por escrito ou oralmente, antes de ser proferida a sentença final", e que "em todas as fases do processo é garantia a observância do princípio do contraditório".

Vejamos um exemplo de um possível problema que pode suscitar a aplicação deste princípio. O modelo de regulamento harmonizado dos centros de arbitragem de consumo prevê, no seu art. 14º-5, que a demandada pode apresentar contestação "oralmente na própria audiência". Se, num determinado caso, uma demandada o fizer, invocando uma exceção que, pela sua complexidade, possa implicar tempo de reflexão e de análise pelo consumidor, para eventual resposta ou preparação de prova, o princípio da defesa e contraditório impõe que a audiência seja suspensa, sendo dado tempo ao consumidor para o efeito.

O direito à prova pode considerar-se incluído neste subprincípio da defesa e contraditório, sendo especialmente relevante na arbitragem. Com efeito, na mediação, tal como na conciliação, a prova dos factos não é tão relevante, uma vez que a solução resulta das próprias partes, não sendo necessário convencer um terceiro de uma versão de uma história. Na arbitragem, a prova assume um caráter determinante, uma vez que o árbitro vai decidir tendo em conta os factos dados como provados e não provados.

O princípio da licitude da prova, também aplicável no contexto da RALC, impõe que não sejam admitidos meios de prova que violam direitos fundamentais ou provas que foram obtidas de forma ilícita[133].

[133] José Lebre de Freitas, *Introdução ao Processo Civil*, 2013, p. 140.

Os regulamentos dos centros de arbitragem de consumo preveem, em geral, que se aceita todo o tipo de prova admissível em direito (v., por exemplo, art. 14º-6 do modelo de regulamento harmonizado). As limitações no que respeita à prova poderão, no entanto, resultar de problemas logísticos e financeiros. Como se trata, normalmente, de litígios de pequeno valor, as partes não estão dispostas a que os custos com a produção de prova sejam desproporcionados. Em regra, esses custos devem ser pagos pelas partes. Nos termos do art. 14º-8 do modelo de regulamento harmonizado, "salvo acordo em contrário, as despesas com os meios de prova, nomeadamente com a realização de peritagens e análises técnicas, são da responsabilidade da parte que os apresentar ou requerer". O acordo em contrário só poderá ser o acordo entre as partes no sentido de que uma delas possa cobrir os custos da outra, o que será uma situação rara, que não corresponderá, em princípio, a um interesse seu. As partes não podem, naturalmente, acordar que o custo é suportado por um terceiro, nomeadamente o centro de arbitragem, sem aceitação por parte desse terceiro. O regulamento do CACCL prevê, no art. 12º, que o tribunal pode, mesmo oficiosamente, "designar um ou mais peritos". Nada se diz, no entanto, quanto à responsabilidade pelos custos. Parece-nos que, no domínio da RALC, esses custos, nos casos em que é o próprio centro de arbitragem a dar-lhes causa, ainda que com vista a uma resolução mais eficaz do litígio, não podem ser imputados às partes. Em suma, a decisão do árbitro, na arbitragem de consumo, pode ser dificultada pela inexistência da mesma capacidade probatória das partes, resultante do valor reduzido dos litígios.

Ainda a propósito do contraditório na vertente da prova, diga-se que, nos casos em que seja realizada uma audiência arbitral, não se impõe a sua gravação em suporte de áudio ou de vídeo, mesmo que esteja prevista a possibilidade de recurso[134].

3.2.3. Imparcialidade e independência

O art. 8º-1 da Lei 144/2015 determina que "as entidades de RAL e as pessoas singulares responsáveis pelo procedimento de RAL devem atuar de forma independente e imparcial".

[134] Ac. do TRL, de 6/7/2017.

A imparcialidade diz respeito à atividade do mediador durante a mediação, enquanto a independência está relacionada com fatores externos que podem condicionar, à partida, a sua atuação.

O art. 8º-2 da Lei 144/2015 contém algumas regras específicas que visam garantir a independência e a imparcialidade dos responsáveis pelos procedimentos de RALC, nomeadamente mediadores e árbitros dos centros de arbitragem de consumo, embora não esgotem as regras que podem ser extraídas dos dois princípios.

Em primeiro lugar, os responsáveis pelos procedimentos não podem receber instruções das partes nem dos representantes das partes. Assim, por exemplo, se uma das partes disser ao mediador para dizer à outra parte uma determinada coisa, este não deve fazê-lo, a não ser que conclua ser esta a melhor forma de dirigir o procedimento. Se o fizer por se sentir pressionado, está afetada a sua imparcialidade.

Em segundo lugar, os responsáveis pelos procedimentos não podem ser destituídos das suas funções sem motivo justificado e devidamente fundamentado. Procura evitar-se, por esta via, que os mediadores e os árbitros se sintam pressionados para favorecer uma determinada parte, com receio de perda do seu mandato. Este é um problema relevante na arbitragem comercial, em que os árbitros são muito bem remunerados, podendo sentir-se tentados a proferir decisões salomónicas, com vista a não desagradar nenhuma das partes e, assim, continuar a ser nomeados. Na RALC, os responsáveis pelos procedimentos não são, em regra, escolhidos pelas partes, não se colocando, portanto, o problema com a mesma intensidade.

Em terceiro lugar, os responsáveis pelos procedimentos não podem ser remunerados em função do resultado do procedimento de RALC. Isto significa, na mediação, o mediador não ter uma remuneração superior se as partes chegarem a acordo, uma vez que essa solução poderia levar a que fizesse pressão nesse sentido. Contrariando este princípio, a remuneração do mediador nos julgados de paz é superior no caso de o processo ser concluído por acordo. Na arbitragem, o árbitro também não poderá ser menos bem remunerado se as partes chegarem a acordo numa sessão de conciliação do que se tiver de proferir sentença que não seja de homologação. Esta conclusão não vale, naturalmente, se o árbitro for nomeado especificamente para a homologação do acordo obtido previamente à arbitragem.

Enquanto durar um procedimento de RALC, o responsável por esse procedimento deve revelar à entidade de RALC, "de imediato, quaisquer circunstâncias que possam suscitar fundadas dúvidas sobre a sua independência e imparcialidade ou suscetíveis de causar conflitos de interesses com qualquer uma das partes" [art. 8º-2-d) da Lei 144/2015]. Este preceito deve ser analisado em articulação com a legislação que regula a independência e a imparcialidade do procedimento de RALC em causa. Assim, o art. 27º da LM contém regras relativas a impedimentos e escusa do mediador de conflitos. O art. 13º da LAV trata dos fundamentos de recusa do árbitro.

De seguida, tendo sido suscitada pelo responsável pelo procedimento de RALC qualquer questão relacionada com a sua independência ou imparcialidade, aplica-se o art. 8º-3 da Lei 144/2015, devendo a entidade de RALC substituí-lo. Se não for possível a substituição, a pessoa em causa "deve abster-se de dirigir o procedimento em causa". A entidade de RALC deve, então, propor às partes que apresentem o litígio junto de outra entidade de RALC que seja competente para o efeito (art. 8º-4), o que, tendo em conta a organização das entidades de RALC portuguesas, com base essencialmente territorial, pode ser especialmente problemático. Não sendo possível apresentar o litígio junto de outra entidade, a entidade de RALC "deve comunicar, de imediato, às partes, as circunstâncias" em causa. Nos termos do art. 8º-5, "se as partes, após terem sido informadas da verificação daquelas circunstâncias e do seu direito de oposição, a tal não se opuserem", a pessoa "pode continuar responsável pelo procedimento" de RALC.

Há algumas questões que podem levantar dúvidas: será que um mediador ou um árbitro que seja cliente da demandada, por exemplo uma empresa com milhões de clientes, é independente? E um mediador ou árbitro que tenha, entre as suas poupanças, algumas ações ou obrigações da demandada?

Há outras questões que não levantam dúvidas. Se o mediador ou árbitro for advogado de uma das partes no âmbito de outro processo, judicial ou extrajudicial, deve abster-se de participar no procedimento de RALC. O mesmo se deve concluir se a pessoa em causa for familiar de alguma das partes.

3.2.4. Fundamentação

O art. 12º-1-c) da Lei 144/2015 estatui que "as partes devem ser notificadas dos resultados do procedimento de RAL, através de suporte duradouro, devendo ainda receber uma declaração que indique as razões em que se baseiam os resultados do procedimento de RAL".

No que respeita à mediação, garante-se neste preceito que as partes recebem, no final do processo, um documento da entidade de RALC. No caso da mediação, o resultado do procedimento confunde-se com as suas razões, devendo ser indicada apenas a existência ou inexistência de acordo. Não podem ser indicadas nesse documento, sob pena de violação dos princípios da confidencialidade e da voluntariedade, informações relativas ao próprio processo de mediação, como a circunstância de ter sido uma das partes a desistir do processo ou de o mediador ter concluído que não havia condições para a sua continuidade[135].

Na arbitragem, a parte deve ser notificada da sentença arbitral, a qual deve ser fundamentada, nos termos gerais.

O dever de fundamentação das decisões encontra-se previsto no art. 205º-1 da CRP e diz respeito à decisão final da causa (tanto quanto aos factos como quanto ao direito), mas também a qualquer decisão que seja tomada ao longo do processo, ainda que seja uma decisão formal. Apenas se dispensa o dever de fundamentação, nos termos do art. 205º-1 da CRP, no caso das decisões de mero expediente.

Têm sido apontadas para a consagração de um princípio da fundamentação das decisões razões ligadas, por um lado, à proteção das partes contra o arbítrio do juiz[136] e no sentido do controlo da decisão, controlo que inclui, quando admitido, o recurso, enquanto meio de pôr em causa a decisão junto de um tribunal hierarquicamente superior, e, por outro lado, ao prestígio da oferta de justiça, escrutinada pelo público e pela opinião pública, legitimando o poder judicial[137].

Na arbitragem, o art. 42º-3 da LAV estabelece que "a sentença deve ser fundamentada, salvo se as partes tiverem dispensado tal exigência [...]".

[135] DULCE LOPES E AFONSO PATRÃO, *Lei da Mediação Comentada*, 2016, p. 110.

[136] AAVV, *Justiça Económica em Portugal – Novo Modelo Processual*, 2012, p. 93.

[137] HELENA CABRITA, *A Fundamentação de Facto e de Direito da Decisão Cível*, 2015, p. 29.

Admite-se, portanto, que as partes dispensem, por acordo, a fundamentação. Várias razões podem justificar esta opção: (i) as partes podem querer acelerar o processo, dispensando os árbitros dessa preocupação; (ii) a fundamentação pode diminuir o grau de confidencialidade dos factos objeto do litígio, resultado potencialmente prejudicial para as partes; (iii) as partes podem querer dificultar a impugnação da decisão, dando-lhe um caráter mais definitivo[138].

Na arbitragem de consumo, temos algumas dúvidas de que seja admissível a dispensa de fundamentação, uma vez que o tendencial desequilíbrio entre as partes leva a que o acordo nesse sentido possa ser imposto pelo profissional ao consumidor, hipótese que contraria claramente o espírito do art. 42º-3. O art. 12º-1-c) da Lei 144/2015 também parece afastar esta possibilidade, ao determinar que as partes devem "receber uma declaração que indique *as razões em que se baseiam os resultados* do procedimento de RAL" (itálico nosso). Julgamos que a análise deve, no entanto, ser feita em concreto.

Se as partes não dispensarem a fundamentação, a sentença tem de ser, independentemente do valor do processo, fundamentada, constituindo a falta de fundamentação fundamento de anulação da decisão arbitral [art. 46º-3-a)-vi)].

Referindo-se à arbitragem em geral, parte da doutrina e da jurisprudência tem entendido que a falta de fundamentação que pode levar à anulação da sentença se resume à falta absoluta[139] ou à omissão das razões em que se baseia[140], considerando-se que a tendência jurispruden-

[138] Peter Binder, *International Commercial Arbitration and Conciliation in UNCITRAL Model Law Jurisdictions*, 2010, p. 354.

[139] Paula Costa e Silva, "Anulação e Recursos da Decisão Arbitral", 1992, p. 938, refere que "só a falta absoluta de motivação implicará uma nulidade da sentença arbitral", embora limite um pouco o alcance desta afirmação ao escrever que "uma sentença é provida de fundamentos sempre que seja possível compreender a motivação do árbitro". V., também, neste sentido, Ac. do STJ, de 11/5/29915, Ac. do STJ, de 10/7/2008, e Ac. do TRL, de 19/11/2007. Em comentário à primeira decisão referida, Armindo Ribeiro Mendes e Sofia Ribeiro Mendes, "Crónica de Jurisprudência Portuguesa em 2008", 2009, p. 267, defendem ser "manifesto que o Acórdão Arbitral recorrido não é nulo por falta de fundamentação, esclarecendo o Supremo que o mesmo especifica a matéria de facto apurada, as questões jurídicas suscitadas e sua análise em pormenor, fazendo uma interpretação dos factos que julgou provados, relevantes para a decisão e tirando as respectivas conclusões".

[140] Luís de Lima Pinheiro, "Recurso e Anulação da Decisão Arbitral: Admissibilidade, Fundamentos e Consequências", 2008, p. 185, entende que "a decisão só será anulável, por falta

cial aponta no sentido de o "grau de fundamentação exigido" ser "menor do que é a prática corrente nas sentenças judiciais"[141].

Julgamos que o critério essencial para determinar o alcance do dever de fundamentação exigido pelo art. 42º-3 da LAV é o da inteligibilidade da decisão para as partes[142]. Será inteligível a decisão que as partes puderem compreender, tendo em conta o caso concreto[143]. O grau de fundamentação não deve, assim, ser igual em todas as situações, dependendo da complexidade, devendo ser mais bem explicada a matéria de facto, de direito ou ambas, consoante a dificuldade da questão em termos de compreensão. Numa situação simples, admite-se que a fundamentação pode ser sucinta, bastando, assim, em princípio, o mínimo para que remete a ideia de que só a falta absoluta constitui fundamento de anulação. Deve, no entanto, salientar-se que o aspeto essencial não é a extensão (ou a quantidade[144]) da motivação, mas o seu conteúdo[145].

A necessidade de uma análise crítica da prova[146] também depende das circunstâncias do caso. Quando, para a compreensão da decisão, for

de fundamentação, se não forem enunciadas as razões em que se baseia", acrescentando que "a deficiência ou erro de fundamentação não constituem causa de anulação".

[141] AAVV, *Lei de Arbitragem Voluntária Anotada*, 2015, p. 111. ANTÓNIO MENEZES CORDEIRO, *Tratado da Arbitragem*, 2015, p. 402, não vê "razões para o dever de fundamentar ser, nas arbitragens, menos intenso do que na Justiça do Estado".

[142] BERNARDO REIS, "O Estatuto dos Árbitros", 2009, p. 49; ARMINDO RIBEIRO MENDES e SOFIA RIBEIRO MENDES, "Crónica de Jurisprudência Portuguesa em 2008", 2009, p. 267; PATRÍCIA DA GUIA PEREIRA, "Fundamentos de Anulação da Sentença Arbitral", 2010, p. 1075; JORGE MORAIS CARVALHO, "O Processo Deliberativo e a Fundamentação da Sentença Arbitral", 2011, p. 783; MARIANA FRANÇA GOUVEIA, *Curso de Resolução Alternativa de Litígios*, 2014, p. 306; AAVV, *Lei de Arbitragem Voluntária Anotada*, 2015, p. 125.

[143] W. LAURENCE CRAIG, WILLIAM W. PARK E JAN PAULSSON, *International Chamber of Commerce Arbitration*, 2000, p. 365, salientam que "a sentença arbitral deve não só ser justa, como ser escrita de forma a que fique claro que foi feita justiça".

[144] ANTÓNIO MENEZES CORDEIRO, *Tratado da Arbitragem*, 2015, p. 442.

[145] JOSÉ F. MERINO MERCHÁN E JOSÉ Mª CHILLÓN MEDINA, *Tratado de Derecho Arbitral*, 2006, p. 658.

[146] No Ac. do STJ, de 15/5/2007, defende-se que, "especificados os fundamentos de facto e feita a indicação dos meios de prova que foram decisivos para a convicção dos árbitros, não é imprescindível para a validade do acórdão arbitral que neste se mostre efectuada a análise crítica das provas". ARMINDO RIBEIRO MENDES e SOFIA RIBEIRO MENDES, "Crónica de Jurisprudência", 2008, p. 173, defendem que, neste acórdão, o tribunal conclui de forma inteiramente correta. Em sentido contrário, no Ac. do TRP, de 11/11/2003, considera-se que "a análise crítica das provas insere-se no dever de fundamentação", não bastando "a simples

necessário perceber como é que o tribunal se posicionou face à prova produzida, é anulável a sentença que não o explique, uma vez que é posta em causa a sua inteligibilidade para as partes.

Tem-se defendido igualmente que a contradição entre os fundamentos e a decisão não é causa de anulação[147]. O principal argumento é de natureza formal e resulta da circunstância de o art. 46º-3 da LAV não indicar expressamente este fundamento de anulação, ao contrário do CPC, que, autonomizando a falta de fundamentação e a contradição, determina a nulidade da sentença em ambos os casos. O argumento não nos parece fundamental, desde logo porque se trata de duas situações anómalas que podem e devem ser agrupadas. Com efeito, a contradição entre os fundamentos e a decisão equivale à falta de fundamentação[148], uma vez que, em situações-limite, nada sobra que explique o sentido da sentença ou sequer como é que o árbitro chegou a ela.

Uma sentença em que a decisão seja totalmente contraditória com os fundamentos não é inteligível para as partes, não cumprindo, portanto,

enumeração dos meios de prova utilizados". Armindo Ribeiro Mendes, "Balanço dos Vinte Anos de Vigência da Lei de Arbitragem Voluntária", 2008, p. 47, critica fortemente esta decisão, referindo que "revela uma censurável incompreensão perante as características de arbitragem voluntária, não lhe tendo ocorrido que os árbitros não têm de ser juristas sequer. Por outro lado, transpõe uma exigência constitucional de fundamentação em processo penal quanto a decisões que só podem ser proferidas pelos tribunais criminais".

147 Segundo Paula Costa e Silva, "Anulação e Recursos da Decisão Arbitral", 1992, p. 939, "também nos casos em que se verifique uma contradição entre os fundamentos e a decisão não nos parece caber acção de anulação". V., igualmente, Ac. do TRP, de 18/6/2008, e Ac. do TRL, 2/10/2006. Em comentário ao primeiro acórdão, Armindo Ribeiro Mendes e Sofia Ribeiro Mendes, "Crónica de Jurisprudência Portuguesa em 2008", 2009, p. 269, consideram que a posição seguida revela "a tentativa de, por via ínvia, conseguir uma reapreciação do mérito da sentença arbitral", situação que a LAV claramente não tutela. Já no Ac. do TRL, de 24/9/2009, parece defender-se que a oposição entre os fundamentos e a decisão pode ser fundamento de anulação, embora, no caso concreto, se conclua no sentido de a sentença se encontrar fundamentada.

148 Paula Costa e Silva, "Os Meios de Impugnação de Decisões", 1996, p. 186; Bernardo Reis, "O Estatuto dos Árbitros", 2009, p. 49. Fabian von Schlabrendorff e Anke Sessler, "§ 1054 – Form and Contents of Award", 2008, p. 390, defendem mesmo que "os únicos requisitos [da fundamentação] são que os fundamentos não contradigam a decisão e não sejam contraditórios entre si". Philippe Fouchard, Emmanuel Gaillard e Berthold Goldman, *Fouchard Gaillard Goldman on International Commercial Arbitration*, 1999, p. 763, referem uma decisão de um tribunal francês que decidiu no sentido de que a contradição equivale à total falta de fundamentação, embora os autores (p. 764) discordem desta solução.

o dever de fundamentação imposto pela LAV, pelo que se conclui que pode ser anulada.

Não se deve confundir a contradição com a incorreta aplicação do direito[149]. Esta não constitui fundamento de anulação, podendo eventualmente levar à impugnação da sentença por meio de recurso[150].

Se as partes não tiverem convencionado a possibilidade de recurso, confiaram no exercício do poder jurisdicional pelos árbitros e não podem atacar a decisão tomada, mesmo que estes não tenham aplicado corretamente o direito (ou a equidade, conforme o caso)[151]. Se a decisão admitir recurso, por as partes o terem previsto (cfr. *infra* 6.7.1), a fundamentação torna-se elemento essencial da sentença, não só para a sua compreensão pelas partes, mas também para a sua análise pelo tribunal de recurso.

A sentença também deve ser fundamentada no caso de o litígio ser julgado segundo a equidade[152]. Neste caso, as razões que justificam o sentido da decisão baseiam-se na equidade[153], mas nada permite a sua omissão, evitando-se a arbitrariedade, incompatível com o recurso a este critério de decisão, e garantindo-se assim que os árbitros recorreram ao critério definido pelas partes. Controla-se, assim, também, por via da fundamentação, que o consumidor não foi privado da proteção que lhe é conferida pelas normas com conteúdo imperativo aplicáveis, nos termos do art. 14º da Lei 144/2015[154].

Na arbitragem de consumo, além do art. 12º-1-c) da Lei 144/2015 e da LAV, importa analisar os regulamentos dos centros de arbitragem de consumo.

[149] BERNARDO REIS, "O Estatuto dos Árbitros", 2009, p. 50; PATRÍCIA DA GUIA PEREIRA, "Fundamentos de Anulação da Sentença Arbitral", 2010, p. 1077.

[150] Ac. do TRL, de 29/11/2007, Ac. do TRL, de 9/6/2009; Ac. do TRL, de 24/9/2009.

[151] Sobre a questão da aplicação das normas de conteúdo imperativo que visem a proteção do consumidor, v. *infra* 6.7.2.

[152] SILVIA BARONA VILAR, "Artículo 37. Plazo, Forma, Contenido y Notificación del Laudo", 2004, p. 1228; AAVV, *Lei de Arbitragem Voluntária Anotada*, 2015, p. 126; ANTÓNIO MENEZES CORDEIRO, *Tratado da Arbitragem*, 2015, p. 442.

[153] Note-se que, neste caso, como refere LUÍS DE LIMA PINHEIRO, *Arbitragem Transnacional*, 2005, p. 153, "não se pode exigir uma fundamentação jurídico-positiva".

[154] NAOMI CREUTZFELDT, "Implementation of the Consumer ADR Directive", 2016, p. 174, salienta o facto de a Diretiva RALC não ter distinguido os procedimentos em que se aplique o direito constituído e a equidade. O art. 14º aplica-se, assim, em ambos os casos.

Os regulamentos do CACCL (art. 15º-1) e do CACCRAM (art. 13º-3) referem-se a uma decisão "sucintamente fundamentada"[155]. Já o modelo de regulamento harmonizado, neste ponto seguido pelos regulamentos de todos os outros centros de arbitragem de consumo de competência genérica, prevê, no seu art. 15º-1, que a sentença deve "ser fundamentada e conter [...] os factos dados como provados". Numa interpretação *a contrario sensu*, que neste caso se admite e parece corresponder à intenção objetivamente resultante do documento, não é necessária a indicação dos factos dados como não provados. Os regulamentos dos centros de arbitragem de competência especializada referem apenas que a decisão deve ser fundamentada (art. 51º-2 do regulamento do CASA; art. 18º-2 do regulamento de arbitragem e das custas do CIMPAS).

No Ac. do TRP, de 7/2/2017, conclui-se que "à sentença arbitral proferida ao abrigo das disposições da Lei de Arbitragem Voluntária e dos Regulamentos do (...) CIMPAS *apenas se impõe que dela constem os seus fundamentos de facto e de direito*, não se lhe exigindo a referência aos factos não provados, nem a indicação das razões que levaram aos factos provados e não provados" (itálico nosso). Segundo o tribunal, basta, assim, uma fundamentação sumária, só gerando a nulidade da decisão, pelo menos no que respeita à matéria de facto, a sua falta total[156].

[155] O art. 60º-1-c) da LJP também prevê que a sentença proferida pelo juiz de paz contenha "uma sucinta fundamentação". No regime da ação especial para cumprimento de obrigações pecuniárias (DL 269/98), também se refere que a sentença deve ser "sucintamente fundamentada" (art. 4º-7).

[156] Já no Ac. do TRL, de 29/11/2007, relativo a decisão arbitral do mesmo centro, se concluía que, "mesmo que a motivação seja deficiente, medíocre ou errada, estaremos perante uma sentença motivada, devendo as deficiências da sua fundamentação, que não geram nulidade, ser arguidas em via de recurso. Só a falta absoluta de motivação implicará uma nulidade da sentença arbitral, invocável através da acção de anulação". Quanto à fundamentação errada, não há qualquer dúvida, uma vez que a ação de anulação não serve para corrigir a má avaliação dos meios de prova ou a má aplicação do direito pelo tribunal. A deficiência ou a mediocridade da motivação podem, ou não, tornar a decisão ininteligível. No Ac. do TRL, de 15/12/2005, o tribunal considerou que não havia falta de fundamentação, uma vez que, "ainda que de uma forma bastante sintética, o tribunal *a quo* não se limitou a apontar os meios de prova que conduziram à factualidade provada. Esclareceu também a razão pela qual as testemunhas tomaram conhecimento dos factos, a relevância dos mesmos, a par de outros meios de prova carreados para o processo". No Ac. do TR, de 28/10/2010, conclui-se, parece-nos que bem, que "não há que explicar a fundamentação da matéria de facto porque o fundamento está na revelia", isto nos casos, como este, em que a revelia é operante.

Em sentido contrário, no Ac. do TRP, de 29/6/2017, também relativo a uma decisão arbitral proferida no CIMPAS, refere-se que, "além de omitir a indicação discriminada da matéria não provada, também a decisão aqui sindicada não especifica os fundamentos que motivaram a convicção probatória da decisão da matéria de facto, limitando-se à vaga e genérica referência dos «documentos juntos aos autos», sem os indicar, à «prova testemunhal produzida», sem especificar qual ou quais os depoimentos que mostraram relevância probatória, e os fundamentos dessa aquisição probatória, e «tudo o que foi possível apurar em Audiência de Julgamento», expressão que, mais que vaga, é totalmente vazia de sentido". Neste segundo caso, é importante notar que o tribunal considerou que, face à ausência de fundamentação, não tinha elementos suficientes para analisar o recurso.

Julgamos que a solução reside num equilíbrio entre estas duas decisões do TRP. A conjugação da LAV e da Lei 144/2015, por um lado, e dos regimes de outros processos simplificados, como o dos julgados de paz e o da ação especial para cumprimento de obrigações pecuniárias, aponta no sentido de a fundamentação ser menos exigente na arbitragem de consumo do que na arbitragem comercial e nos tribunais judiciais. Os regulamentos dos centros de arbitragem de consumo também apontam neste sentido, prevendo uns, expressamente, que a fundamentação deve ser sucinta ou que basta indicar os factos provados e resultando do espírito subjacente a todos este mesmo regime. Isto não significa que a decisão possa não ser fundamentada. Pode é a fundamentação ser sucinta. Parece-nos, assim, que, ao contrário do que se refere no Ac. do TRP, de 29/6/2017, basta a indicação de que a convicção do julgador resulta dos documentos ou do depoimento das testemunhas. Nos casos em que a decisão seja recorrível, admitimos que o dever de fundamentação, na arbitragem de consumo, seja mais exigente, tendo de ser suficiente para permitir a reavaliação da decisão pelo tribunal de recurso. No entanto, o critério determinante é a inteligibilidade da decisão.

3.3. Princípio da voluntariedade

O princípio da voluntariedade é normalmente apontado com um dos princípios fundamentais quer da mediação quer da arbitragem.

Existem, no entanto, algumas questões que se colocam em torno da vinculação prévia das partes a estes meios de resolução de litígios, podendo essa vinculação prévia resultar de estipulação das partes ou da lei.

Tratamos, neste ponto, duas questões relacionadas com o princípio da voluntariedade: (i) cláusulas de RALC, nomeadamente quanto à sua admissibilidade e aos seus efeitos; (ii) meios de RALC obrigatórios, em especial no que respeita à sua constitucionalidade.

3.3.1. Cláusulas de RALC

A questão da admissibilidade de cláusulas de RALC, isto é cláusulas que determinam que os litígios decorrentes daquele contrato serão resolvidos através de um meio RALC, já foi objeto de alguma discussão na doutrina portuguesa, em especial a propósito das cláusulas compromissórias que são cláusulas contratuais gerais, tendo atualmente resposta expressa na nossa lei. O problema podia colocar-se quer em relação a cláusulas arbitrais quer quanto a cláusulas de mediação, uma vez que em ambos os casos se colocava a questão de saber quais eram os seus efeitos numa relação de consumo.

Esta questão é, em Portugal, essencialmente teórica, uma vez que, no nosso país, as empresas tentam evitar, em regra, a RALC, em particular a arbitragem, sendo os consumidores os principais interessados na resolução dos litígios por esta via. Tirando os casos em que a empresa aderiu plenamente a um centro de arbitragem (cfr. *infra* 6.1) ou em que o consumidor tem um direito potestativo à arbitragem (cfr. *infra* 6.2), as empresas não estão vinculadas à arbitragem, preferindo normalmente não a aceitar, uma vez que sabem que o consumidor não terá uma alternativa eficaz para fazer valer o seu direito. As empresas, que conformam o essencial do conteúdo do contrato, não têm normalmente interesse na inclusão de convenções de arbitragem (tal como de mediação), pelo que são, assim, raríssimos os casos em que, em Portugal, uma cláusula compromissória é introduzida num contrato de consumo.

É interessante notar que a discussão em torno da arbitragem de consumo é muito diferente no Brasil[157] e em Portugal. No Brasil, é necessário discutir se a cláusula compromissória inserida em contratos de consumo é válida, pretendendo as empresas recorrer à arbitragem e os consumidores aos tribunais judiciais. Com efeito, a inexistência de custas processuais leva a que o risco na proposição da ação judicial seja

[157] Sobre a arbitragem de consumo no Brasil, v. Elizabeth de Almeida Abreu, *Arbitragem de Consumo no Direito Brasileiro*, 2015.

baixo. Acresce, por um lado, que a grande generosidade dos tribunais na condenação das empresas ao pagamento de danos morais torna interessante o recurso a tribunal, mesmo que o objeto aparente do litígio tenha um valor reduzido, e, por outro lado, a permissão ou, pelo menos, a aceitação prática da *quota litis*, que permite ao consumidor recorrer a tribunal com ajuda profissional, sem ou com poucos custos. O advogado tem interesse neste negócio, uma vez que a condenação pelos danos morais, por vezes de valor significativo, torna relevante o valor de um caso à partida pouco apelativo. Já em Portugal, ao contrário do que acontece nos tribunais judiciais, a arbitragem é gratuita para as partes, sendo muitas vezes, na prática, como já se disse, a única via para os consumidores verem satisfeito o seu direito. Os custos e as formalidades associados à propositura de uma ação em tribunal têm como consequência a retração do consumidor nos casos em que o valor pedido é baixo.

Antes do controlo do conteúdo da cláusula, a inclusão de uma cláusula contratual geral num contrato individualizado tem de passar por um controlo relativo à sua inserção.

A inserção de uma cláusula contratual geral num contrato individualizado implica a superação de três obstáculos sucessivos[158], não sendo sequer necessário analisar o obstáculo seguinte se o anterior não estiver ultrapassado[159]. O primeiro obstáculo é a conexão com o contrato. Se a cláusula não tiver qualquer conexão com o contrato, não vale a pena analisar qualquer outro elemento, ficando excluída do contrato. Verificada a conexão com o contrato[160], a cláusula tem de passar pelo crivo da comunicação nos termos do art. 5º do DL 446/85. Concluída a tarefa com uma resposta afirmativa, é ainda necessário verificar se foi cumprido o dever de esclarecimento (art. 6º). Ultrapassados estes três obstáculos, a cláusula considera-se inserida no contrato.

No que respeita ao controlo do conteúdo, para aferir da validade de uma cláusula de RALC, era necessário ter em atenção o art. 19º-g) do DL 446/85, que proíbe, consoante o quadro negocial padronizado, as cláusulas contratuais gerais que "estabeleçam um foro competente que envolva graves inconvenientes para uma das partes, sem que os interes-

[158] Sobre este assunto ver JORGE MORAIS CARVALHO, *Manual de Direito do Consumo*, 2017, p. 95 a 105.

[159] JORGE MORAIS CARVALHO, *Manual de Direito do Consumo*, 2017, p. 95.

[160] PEDRO CAETANO NUNES, "Comunicação de Cláusulas Contratuais Gerais", 2011, p. 518.

ses da outra o justifiquem". O art. 21º-h) proíbe, por sua vez, em absoluto, as cláusulas contratuais gerais que "excluam ou limitem de antemão a possibilidade de requerer tutela judicial para situações litigiosas que surjam entre os contratantes ou prevejam modalidades de arbitragem que não assegurem as garantias de procedimento estabelecidas na lei".

A doutrina já defendia, quando a questão (ainda) se resolvia (apenas) com base no DL 446/85, que a empresa não podia impor a arbitragem ao consumidor através de cláusulas contratuais gerais, tendo este, se a cláusula estivesse inserida no contrato, a possibilidade de optar entre a instauração da ação no tribunal arbitral ou no tribunal judicial[161], aqui incluindo, naturalmente, o julgado de paz.

Um dos argumentos utilizados neste sentido era a elevada complexidade técnica da cláusula compromissória e dos seus efeitos e o consequente risco de o consumidor não a apreender em toda a sua amplitude[162]. Para outros autores, os preceitos indicados pressupõem alguma dose de desconfiança quanto à arbitragem[163].

Atualmente, a questão encontra-se expressamente resolvida, precisamente nesse sentido. Assim, o art. 13º da Lei 144/2015, que tem como epígrafe "efeitos da celebração de acordo prévio", estabelece que "os

[161] MARIA JOSÉ CAPELO, "A Lei de Arbitragem Voluntária e os Centros de Arbitragem de Conflitos de Consumo", 1999, p. 115; ISABEL OLIVEIRA, "A Arbitragem de Consumo", 2000, p. 399; DÁRIO MOURA VICENTE, "A Manifestação do Consentimento na Convenção de Arbitragem", 2002, p. 998; ANA PRATA, *Contratos de Adesão e Cláusulas Contratuais Gerais*, 2010, p. 518 (embora apenas com dúvidas, face à letra da lei); MARIANA FRANÇA GOUVEIA, *Curso de Resolução Alternativa de Litígios*, 2014, p. 130; SANDRA PASSINHAS, "Alterações Recentes no Âmbito da Resolução Alternativa de Litígios de Consumo", 2015, p. 374; JOÃO PEDRO PINTO-FERREIRA, "A Resolução Alternativa de Litígios de Consumo no Contexto da Lei nº 144/2015", 2016, p. 324; JOANA CAMPOS CARVALHO e JORGE MORAIS CARVALHO, "Problemas Jurídicos da Arbitragem e da Mediação de Consumo", 2016, p. 6. Num dos poucos casos em que os nossos tribunais se pronunciaram sobre o art. 21º-h), em ação inibitória proposta pelo Ministério Público, a questão não é sequer tratada, apenas se concluindo que a cláusula é válida (Ac. do TRL, de 8/5/2007) – RUTE SANTOS, "Os Requisitos Formais e Materiais da Convenção de Arbitragem", 2011, p. 71. Não são, no entanto, analisados os seus efeitos, nomeadamente para saber se vinculam ou não o consumidor.

[162] ISABEL OLIVEIRA, "A Arbitragem de Consumo", 2000, pp. 397 a 399.

[163] MARIANA FRANÇA GOUVEIA, *Curso de Resolução Alternativa de Litígios*, 2014, p. 110. Para JOSÉ MANUEL DE ARAÚJO BARROS, *Cláusulas Contratuais Gerais*, 2010, p. 338, essa desconfiança não se justifica no âmbito da arbitragem de consumo.

acordos efetuados entre consumidores e fornecedores de bens ou prestadores de serviços no sentido de recorrer a uma entidade de RAL, celebrados antes da ocorrência de um litígio e através de forma escrita, não podem privar os consumidores do direito que lhes assiste de submeter o litígio à apreciação e decisão de um tribunal judicial".

É agora claro que o consumidor não fica vinculado por uma cláusula de RALC (de mediação, de arbitragem ou mista), independentemente de se tratar de uma cláusula contratual geral. Estas são, no entanto, válidas, embora vinculando apenas o profissional.

A regra é aplicável a cláusulas de mediação. Estas têm um importante efeito processual, que se traduz na suspensão da instância (judicial ou arbitral) e na remessa do processo para mediação, a pedido do réu (art. 12º-4). Ou seja, as cláusulas de mediação impedem o prosseguimento da ação judicial ou arbitral, desde que invocadas pelo réu[164]. Não vinculando o consumidor, este poderá sempre optar entre iniciar a mediação ou propor uma ação (judicial ou arbitral).

Existindo uma cláusula compromissória arbitral, o consumidor tem sempre a opção entre propor a ação num tribunal arbitral ou num tribunal estadual (designação que se prefere em alternativa a "tribunal judicial", uma vez que o julgado de paz não é um tribunal judicial e está claramente abrangido pelo espírito do preceito citado).

Aliás, não permitir ao consumidor a instauração da ação num tribunal estadual seria contrário ao art. 10º-1 da Diretiva RALC. Este preceito estabelece que "os Estados-Membros devem assegurar que os acordos entre consumidores e comerciantes no sentido de apresentar queixa a uma entidade de RAL não sejam vinculativos para os consumidores se tiverem sido celebrados antes da ocorrência do litígio e *se tiverem por efeito privar os consumidores do seu direito de intentar uma ação em tribunal* para a resolução do litígio" (itálico nosso). Ainda se poderia discutir se a referência a "tribunal" também abrange o tribunal arbitral, mas o considerando (45) parece afastar essa interpretação quando indica que a "diretiva não deverá impedir as partes de exercer o seu direito de acesso ao *sistema judicial*" (itálico nosso). Seria, assim, incompatível com o direito europeu, por exemplo, determinar que os litígios relativos a serviços

[164] Sobre este tema, v. Mariana França Gouveia, *Curso de Resolução Alternativa de Litígios*, 2014, pp. 78 a 83.

públicos essenciais estão sujeitos a arbitragem necessária, vinculando o consumidor a esse foro.

3.3.2. Meios de RALC obrigatórios

A voluntariedade é, como já vimos, um traço comum à generalidade dos meios de RAL.

De facto, com exceção da tentativa de conciliação judicial, quando convocada pelo juiz (art. 594º-1 do CPC), os meios de RAL têm na sua génese a vontade das partes. Assim se explica, pois, que a mediação e a arbitragem assentem, por regra, num acordo entre as partes – a convenção de mediação (art. 12º da LM) e a convenção de arbitragem (art. 1º-1 da LAV) – que pode ser anterior ou posterior à existência do litígio[165].

Neste ponto, discute-se, com particular incidência nos meios de RALC, a possibilidade de o recurso à mediação ou à arbitragem ser imposto pela lei.

3.3.2.1. Mediação

No caso da mediação, a voluntariedade é mesmo um dos seus princípios essenciais (art. 4º da LM), com repercussão em todo o procedimento. De facto, o recurso à mediação depende do consentimento das partes e estas podem desistir a qualquer momento. A voluntariedade reflete-se ainda no conteúdo do acordo de mediação, que é livremente fixado pelas partes, e na escolha do mediador. No seu conjunto, estes aspetos refletem o pleno domínio do processo pelas partes (*empowerment*) nos seus diferentes momentos.

Em Portugal não existe qualquer mecanismo de mediação obrigatória no âmbito do direito do consumo. No entanto, a análise da experiência internacional permite concluir que existem diferentes modelos de mediação obrigatória, com particular destaque para aqueles em que

[165] O art. 12º-1 da LM apenas prevê a convenção de mediação quanto a "litígios eventuais". Dulce Lopes e Afonso Patrão, *Lei da Mediação Comentada*, 2016, pp. 88 e 98 defendem a interpretação deste preceito no sentido de admitir que as partes celebrem convenções de mediação quanto a litígios atuais, embora considerem que a sua utilidade será reduzida, já que, em caso de acordo, as partes podem iniciar de imediato o processo de mediação. Também Mariana França Gouveia, *Curso de Resolução Alternativa de Litígios*, 2014, p. 78, admite a existência de convenções de mediação celebradas quando o litígio é atual.

a lei impõe a mediação prévia como condição de admissibilidade de uma ação judicial[166].

O TJUE já foi chamado a pronunciar-se sobre esta questão por duas vezes, em ambos os casos a propósito de disposições legais italianas que estabeleciam a obrigatoriedade de um meio de RALC [Acs. de 18/3/2010 (*Alassini*) e de 4/6/2017 (*Menini e Rampanelli*)]. Nos dois casos, a intervenção do TJUE foi suscitada através de um pedido de decisão prejudicial relativo a legislação nacional que impunha o recurso obrigatório a meios de RAL como requisito de admissibilidade de uma ação judicial. A principal diferença entre os casos reside no meio de RAL em causa: no *Ac. Alassini*, o TJUE considerou que estava em causa a conciliação; já no *Ac. Menini e Rampanelli*, o tribunal entendeu que se tratava de um procedimento de mediação. Esta segunda decisão foi a primeira em que o TJUE se debruçou no que respeita à questão da obrigatoriedade da mediação face à Diretiva RALC.

Note-se que, em Portugal, o Anteprojeto de Código do Consumidor[167] previa um regime semelhante aos que são objeto de análise nestas decisões. Com efeito, resultava do art. 535º-1 que, "sempre que o litígio, pela sua natureza e âmbito, esteja em condições de ser submetido à apreciação de entidades que tenham instituído [...] procedimentos de resolução extrajudicial de conflitos de consumo, o exercício do direito

[166] Sobre alguns dos sistemas europeus que têm sistemas de mediação obrigatória: Maria Jerónimo, *Reflexão sobre a Constitucionalidade da Mediação Pré-Processual Obrigatória*, 2017, pp. 9 e 10.

[167] Em março de 2006, foi apresentado, para conhecimento e debate público, o Anteprojeto de Código do Consumidor, preparado por uma comissão presidida por António Pinto Monteiro. Apesar de algumas críticas que lhe foram dirigidas (António Menezes Cordeiro, "O Anteprojecto de Código do Consumidor", 2006, p. 695; Jorge Pegado Liz, "Um Código do Consumidor, Para os Consumidores ou Nem uma Coisa Nem Outra?", 2007, p. 27; José de Oliveira Ascensão, "Direito Civil e Direito do Consumidor", 2008, p. 178), a sua aprovação poderia ter constituído um impulso para um aprofundamento do estudo da matéria (Mário Tenreiro, "Un Code de la Consommation ou un Code Autour du Consommateur?", 1997, p. 340; António Pinto Monteiro, "Quadro Jurídico da Protecção do Consumidor", 1999, p. 44) e teria certamente sido um instrumento relevante para o conhecimento das regras do direito do consumo por parte de todos os cidadãos, juristas e não juristas (José Luís Arnaut, "Intervenção em Cerimónia Organizada pelo Centro de Direito do Consumo", 2003, p. 48; Paulo Mota Pinto, "O Anteprojecto de Código do Consumidor e a Venda de Bens de Consumo", 2006, p. 120; António Pinto Monteiro, "Harmonização Legislativa e Protecção do Consumidor", 2008, p. 200).

de ação depende da prova de que as partes, há menos de 6 meses, tentaram sem êxito alcançar por aquela via a composição dos seus interesses", sendo que, nestes casos, "o recebimento da petição inicial depende da junção de certidão comprovativa da existência do procedimento extrajudicial prévio, contendo indicação sumária dos motivos que impossibilitaram a resolução do litígio" (art. 535º-2). Esta norma não chegou a ser aprovada, mas, como se pode observar, a solução foi igualmente ponderada em Portugal.

De acordo com o TJUE, a obrigatoriedade de recurso a um meio de RAL não viola os princípios do acesso ao direito e da tutela jurisdicional efetiva se estiverem verificados certos requisitos: (i) solução consensual, (ii) celeridade, (iii) gratuitidade ou custos reduzidos, (iv) suspensão dos prazos, (v) acessibilidade do procedimento e (vi) possibilidade de decretar medidas cautelares durante a pendência do procedimento do RAL.

Nesta linha de raciocínio, conclui-se no *Ac. Menini e Rampanelli* que "a exigência de um processo de mediação como requisito de admissibilidade de uma ação judicial é efetivamente compatível" com a Diretiva RALC.

Conclui-se, no entanto, ser incompatível com a Diretiva RALC, por restringir o acesso à justiça, uma norma que estabeleça que a desistência de um processo de mediação só é admissível se existir um motivo atendível. Defende o TJUE que "a eventual retirada do consumidor do procedimento de RAL não deve ter quaisquer consequências desfavoráveis para ele no âmbito da ação judicial relativa ao litígio que foi, ou devia ter sido, objeto desse processo". Esta possibilidade de desistência encontra-se, aliás, expressamente prevista no art. 9º-2-a) da Diretiva RALC, ressalvando-se a possibilidade de esta alínea se aplicar exclusivamente ao consumidor no caso de as regras nacionais preverem a participação obrigatória do profissional em procedimentos de RALC. Em consonância com este regime, o art. 12º-2-a) da Lei 144/2015 permite a desistência do procedimento por qualquer das partes (cfr. *infra* 5.2).

Regressando ao ordenamento jurídico português, e tendo em conta a jurisprudência do TJUE, a questão parece residir no princípio da voluntariedade. De facto, a LM exige o "consentimento esclarecido e informado das partes para a realização da mediação" (art. 4º-1), o que significa que inclui no princípio da voluntariedade a própria decisão de recorrer à mediação. Neste particular, a LM foi mais longe do que a Diretiva 2008/52/CE, já que esta admite que a lei ou o juiz imponham o recurso à mediação [arts. 3º-a) e 5º-2 da Diretiva].

Tal não impede o legislador nacional de, no futuro, introduzir uma regra especial que imponha a mediação obrigatória para certos tipos de litígio de consumo (delimitados em função do valor ou da matéria, por exemplo), afastando a voluntariedade no que respeita ao início do procedimento de RALC. Tal solução não contenderia com o princípio da tutela jurisdicional efetiva consagrado, designadamente, na CRP[168] e na Convenção Europeia dos Direitos do Homem. Além disso, tendo em conta as regras e princípios aplicáveis à mediação em geral e à mediação de consumo, em particular, é possível concluir que os requisitos enunciados na jurisprudência europeia se encontrariam preenchidos perante uma norma neste sentido.

3.3.2.2. Arbitragem

A Lei 23/96 prevê um mecanismo de arbitragem potestativa para os litígios relativos a serviços públicos essenciais (cfr. *infra* 6.2)[169]. Nestes casos, o utente que seja consumidor tem o direito (potestativo) de iniciar o processo de arbitragem, o que significa que a arbitragem reveste caráter necessário para a outra parte – o prestador do serviço (art. 15º-1).

A doutrina discute se este mecanismo é compatível com o direito de acesso à Justiça. De facto, o art. 15º-1 da Lei 23/96 impõe a arbitragem a uma das partes, mediante iniciativa da outra. Por outras palavras, caso o consumidor pretenda resolver o litígio através da arbitragem, o prestador do serviço encontra-se num estado de sujeição e, portanto, impedido de propor a ação junto de um tribunal judicial[170].

[168] Acerca da constitucionalidade da mediação obrigatória: Maria Jerónimo, *Reflexão sobre a Constitucionalidade da Mediação Pré-Processual Obrigatória*, 2017.

[169] De acordo com o art. 1º-2 da Lei 23/96, o conceito de serviços públicos essenciais inclui os serviços de fornecimento de água, energia elétrica e gás, os serviços de comunicações eletrónicas, os serviços postais, os serviços de recolha e tratamento de águas residuais e os serviços de gestão de resíduos sólidos urbanos.

[170] Cátia Marques Cebola, "Mediação e Arbitragem de Conflitos de Consumo: Panorama Português", 2012, pp. 39 a 41, Mário Frota, "Serviços Públicos Essenciais", 2017, p. 269, e Artur Flamínio da Silva, *A Resolução de Conflitos Desportivos em Portugal*, 2017, p. 354, n. 1093, pronunciam-se a favor da constitucionalidade da arbitragem potestativa no âmbito dos serviços públicos essenciais. Já Isabel Oliveira, "A Arbitragem de Consumo", 2000,

O Tribunal Constitucional (TC) ainda não se pronunciou especificamente sobre este regime[171], mas já se debruçou sobre outros casos de arbitragem necessária. É possível extrair algumas ilações quanto à orientação geral do TC a este propósito a partir de duas decisões recentes, proferidas a propósito de um mecanismo de arbitragem necessária no âmbito dos litígios desportivos[172].

De acordo com a Lei 74/2013, estão sujeitos a arbitragem necessária junto do Tribunal Arbitral do Desporto (TAD) os litígios relativos a "atos e omissões das federações e outras entidades desportivas e ligas profissionais, no âmbito do exercício dos correspondentes poderes de regulamentação, organização, direção e disciplina" (art. 4º-1) e os "recursos de deliberações tomadas por órgãos disciplinares das federações disciplinares ou pela Autoridade Antidopagem de Portugal em matéria de violação das normas antidopagem" (art. 5º). Em qualquer destes casos, a arbitragem é imposta a ambas as partes.

O TC foi chamado a pronunciar-se sobre a conjugação entre a arbitragem necessária e as regras que restringiam a recorribilidade das decisões arbitrais proferidas no TAD para os tribunais estaduais. No Decreto 128/XII, estabelecia-se que "as decisões proferidas, em única ou última instância, pelo TAD são irrecorríveis" (art. 8º-1). A intervenção dos tribunais estaduais estava, pois, limitada à ação de anulação e ao recurso para o TC (art. 8º-3). Por seu turno, a Lei 74/2013 fazia depender a admissibilidade de recurso para os tribunais estaduais da verificação de dois requisitos cumulativos: por um lado, a decisão devia ser recorrível para a câmara de recurso do TAD; por outro lado, deviam verificar-se os pressupostos do recurso de revista para o Supremo Tribunal Administrativo quanto à decisão da câmara de recurso (arts. 8º-1 e 2).

O TC começou por salientar que os tribunais arbitrais constituem uma categoria autónoma de tribunais (art. 209º-2 da CRP), não relevando

pp. 392 e 393, considera que a arbitragem obrigatória "impediria os cidadãos de exercerem o seu direito (...) de recorrer aos tribunais judiciais para resolver os seus litígios, obrigando-os a resolvê-los pela via extrajudicial". Diga-se, no entanto, que a autora defendeu esta posição, em abstrato, antes da introdução da arbitragem potestativa na Lei 23/96.

[171] Segundo Cátia Marques Cebola, "Arbitragem e Mediação de Consumo em Portugal e Espanha: Dois Lados da Mesma Moeda?", 2016, p. 262, a circunstância de o TC não ter sido chamado a pronunciar-se quanto a este regime "comprova que a admissibilidade da arbitragem necessária no âmbito dos serviços públicos essenciais é comummente aceite".

[172] Ac. do TC, de 24/4/2013; Ac. do TC, de 20/11/2013.

para tal a distinção entre a arbitragem voluntária e a arbitragem necessária. Desta forma, o TC parece considerar que a existência de mecanismos de arbitragem necessária não viola, por si só, o direito de acesso à Justiça.

No entanto, em ambas as decisões, o Tribunal decidiu que a conjugação entre a arbitragem necessária e a restrição do recurso para os tribunais estaduais traduzia uma violação do direito de acesso à Justiça (art. 20º-4 da CRP) e do princípio da tutela jurisdicional efetiva (art. 268º-4 da CRP). Esta conclusão assenta na ideia de que o direito de acesso à Justiça tem sobretudo em vista o acesso aos tribunais estaduais. Desta forma, como a lei impõe o recurso à arbitragem no âmbito de certos litígios desportivos, o TC considerou que o direito de acesso aos tribunais estaduais devia ser salvaguardado num momento posterior, através da possibilidade de recurso da decisão arbitral[173]. Foi com este fundamento que o Tribunal julgou inconstitucional o art. 8º-1 do Decreto 128/XII na parte em que este consagrava a irrecorribilidade das decisões arbitrais proferidas no TAD, no âmbito da arbitragem necessária, para os tribunais estaduais[174].

O TC foi ainda mais longe no Ac. de 20/11/2013. Desta feita, considerou-se que a recorribilidade das decisões do colégio arbitral em sede de arbitragem necessária para os tribunais estaduais não era suficiente para salvaguardar o direito de acesso à Justiça, sendo ainda necessário que a modalidade de recurso não fosse excessivamente limitada. Esta questão surgiu a propósito do art. 8º-2 da Lei 74/2013, que apenas admitia o recurso de revista para o Supremo Tribunal Administrativo. Ora, como se pode ler na decisão, esta modalidade de recurso é excecional no contencioso administrativo e o recurso assume uma "função predominantemente objetiva, porquanto não está orientado para a defesa de direitos e interesses legalmente protegidos dos particulares, mas sim para a defesa

[173] Este raciocínio é desenvolvido no Ac. do TC, de 24/4/2013, por referência ao conceito de "reserva relativa de jurisdição". O voto de vencida da conselheira Maria João Antunes diverge deste entendimento, assinalando que, em decisões anteriores, o TC considerara que o direito de acesso à Justiça também se efetivava através do recurso a tribunais arbitrais.

[174] Para uma análise mais detalhada do Ac. do TC, de 24/4/2013, v. Artur Micael Flamínio da Silva, "A Arbitragem Desportiva em Portugal: Uma Realidade sem Futuro?", 2012.

de interesses comunitários"[175]. Em consequência, o TC declarou inconstitucional o art. 8º-2 deste diploma[176].

Aqui chegados, importa salientar que, nas decisões em análise, o TC colocou especial ênfase na circunstância de os litígios submetidos a arbitragem necessária pelo Decreto 128/XII e pela Lei 74/2013 envolverem o "exercício de poderes pertencentes a uma entidade pública" e delegados num ente privado[177]. Este aspeto pode ser relevante no momento de transpor esta orientação para a arbitragem nos serviços públicos essenciais, que envolve relações de direito de privado.

Num primeiro momento, cumpre salientar que estas decisões refletem uma conceção restrita do direito de acesso à Justiça, já que estabelecem uma identificação entre este e o acesso a um tribunal estadual. Ora, esta orientação surge em contraciclo com jurisprudência anterior do TC e com o próprio reconhecimento constitucional dos tribunais arbitrais (art. 209º-2 da CRP)[178]. Não podemos deixar, assim, de subscrever as palavras do TC em acórdão anterior: "o tribunal arbitral, como tribunal que é, faz parte da própria garantia de acesso ao direito e aos tribunais"[179]. Esta conclusão não é afetada pelo caráter necessário da arbitragem, já que a consagração constitucional dos tribunais arbitrais também tem em vista os casos de arbitragem necessária[180/181].

[175] Ac. do TC, de 20/11/2013. O TC considerou ainda a circunstância de o recurso para os tribunais estaduais depender da admissibilidade de recurso (prévio) para a câmara de recurso do TAD (art. 8º-1) e a limitação do âmbito do recurso de revista, já que este não permite a reapreciação da matéria de facto (art. 150º do CPTA).

[176] A Lei 74/2013 foi alterada na sequência da declaração de inconstitucionalidade no sentido de se admitir o recurso das decisões arbitrais proferidas pelo colégio arbitral para o Tribunal Central Administrativo (art. 8º-1).

[177] Ac. do TC, de 24/4/2013. O Tribunal acrescenta ainda que o direito de recurso para os tribunais estaduais "torna-se mais evidente, no plano jurídico constitucional, quando não estão em causa meras relações de direito privado (...) mas antes relações jurídicas que decorrem do exercício de poderes de autoridade".

[178] Neste sentido, Rui Medeiros, "Arbitragem Necessária e Constituição", 2014, pp. 1318 e 1319.

[179] Ac. do TC, de 29/2/1996.

[180] No Ac. do TC, de 25/2/1987, o TC concluiu que o art. 209º-2 não distingue entre tribunais arbitrais voluntários e necessários e – mais importante – que a previsão constitucional dos tribunais arbitrais parecia ter em vista ultrapassar a querela sobre a admissibilidade da arbitragem necessária, já que a arbitragem voluntária sempre poderia ser encarada como "uma modalidade inteiramente «privada» e «consensual» de composição de interesses e resolução de litígios (no domínio da zona de disponibilidade dos direitos)".

No entanto, a circunstância de se estar perante um mecanismo de arbitragem necessária, em que esta é imposta às partes, pode implicar algumas especialidades de regime, designadamente no que respeita aos meios de controlo de mérito da decisão arbitral.

Na arbitragem voluntária, a regra consiste na irrecorribilidade das decisões arbitrais na falta de estipulação das partes (art. 39º-4 da LAV). A convenção de arbitragem em que nada se disponha sobre a possibilidade de recurso equivale à renúncia antecipada ao recurso por acordo das partes. A supressão do recurso tem, assim, origem num acordo entre as partes.

Pelo contrário, a arbitragem necessária tem fundamento na lei, o que exclui a renúncia convencional ao recurso[182]. Nestes casos, a irrecorribilidade da decisão surgiria como uma limitação excessiva do direito de acesso à Justiça, já que implicaria a sujeição das partes à arbitragem e, num segundo momento, limitaria o controlo da decisão arbitral a um mero juízo cassatório (típico da ação de anulação), excluindo o seu controlo de mérito. Este raciocínio é extensível à arbitragem potestativa, ainda que se entenda que esta é uma modalidade de arbitragem voluntária. De facto, também neste caso o recurso à arbitragem é imposto a uma das partes e, portanto, não pode considerar-se que esta tenha renunciado voluntariamente ao recurso.

Aquilo que está em causa não é uma conceção restrita do direito de acesso à Justiça, que entendemos não ser a mais adequada, mas apenas a constatação de que as especificidades da arbitragem necessária impõem que se assegure o direito ao recurso, pelo menos em certos moldes. No fundo, a diferença entre a nossa posição e a orientação seguida pelo TC nos acórdãos de 24/4/2013 e de 20/11/2013 reside na ideia aí sublinhada de que o recurso tem necessariamente de ser interposto num tribunal estadual. A conceção ampla do direito de acesso à Justiça leva-nos a con-

[181] Na doutrina, esta posição é sufragada por JORGE MIRANDA, *Manual de Direito Constitucional*, Vol. IV, 2012, pp. 361 e 362. Diversamente, para J.J. GOMES CANOTILHO E VITAL MOREIRA, *Constituição da República Portuguesa Anotada*, vol. I, 2007, p. 551, os tribunais arbitrais necessários podem "pôr em causa não apenas o direito de acesso aos tribunais (art. 20º-2), mas também o princípio da igualdade (art. 13º)".

[182] Neste sentido, JORGE MIRANDA E RUI MEDEIROS, *Constituição Portuguesa Anotada*, Tomo III, 2007, p. 116, referem que a renúncia aos recursos ordinários "só é válida se provier de ambas partes".

cluir, pelo contrário, que, em caso de arbitragem necessária ou de arbitragem potestativa, deve ser assegurado às partes o direito de recurso, de forma a que o mérito da decisão arbitral possa ser controlado, sendo indiferente se esse recurso é interposto num tribunal arbitral ou num tribunal estadual.

É à luz desta conclusão que se deve analisar o regime aplicável à arbitragem potestativa no âmbito dos serviços públicos essenciais. A Lei 23/96 nada diz quanto à recorribilidade das decisões arbitrais proferidas em sede de arbitragem potestativa. Desta forma, há que ter em conta os regulamentos dos centros de arbitragem de consumo e, a título supletivo, a LAV.

De forma resumida, o CACCL é ó único Centro cujo regulamento não prevê o recurso das decisões arbitrais, que serão assim irrecorríveis nos termos do art. 39º-4 da LAV. O regulamento dos restantes centros de arbitragem de consumo admite o recurso, verificados certos requisitos: os Centros que adotaram o modelo de regulamento harmonizado preveem o recurso quando "o valor do processo for superior ao da alçada do tribunal judicial de primeira instância e [a causa] tiver sido decidida segundo o direito" (art. 15º-4); nos restantes casos, o regulamento remete para as regras aplicáveis ao recurso ordinário de decisões judiciais (art. 629º-1 do CPC)[183].

Ora, o valor médio reduzido dos litígios de consumo implica que, por regra, as decisões arbitrais não serão recorríveis em razão do valor. De facto, a análise dos diferentes regulamentos permite concluir que o recurso nunca será admissível quando a causa tenha um valor igual ou inferior a € 5 000. Assim, na prática, a recorribilidade das decisões arbitrais proferidas nos centros de arbitragem de consumo assume caráter residual.

Importa, no entanto, ter em conta que a admissibilidade do recurso, especialmente em litígios de valor reduzido, limita substancialmente o efeito útil da arbitragem potestativa. De facto, ao contrário daquilo que sucede na arbitragem, o recurso tem custos que podem exceder as "taxas de valor reduzido" previstas no art. 10º-3 da Lei 144/2015.

Além disso, ao contrário do que sucedia no Decreto 128/XII e na Lei 74/2013, os regulamentos dos centros de arbitragem de consumo

[183] Para uma análise mais desenvolvida desta questão, cfr. *infra* 6.7.1.

não adotam um critério que limite excessivamente a recorribilidade das decisões arbitrais face ao regime de recurso ordinário das decisões judiciais. O modelo de regulamento harmonizado adota até um critério que é, em parte, mais amplo, já que admite o recurso quando o valor da causa exceda os € 5 000, independentemente do valor da sucumbência. Quanto ao CACCL, a irrecorribilidade da decisão deve-se à circunstância de a competência em razão do valor estar limitada a litígios de valor igual ou inferior a € 5 000.

Há ainda outro aspeto a ter em conta. A relação que se estabelece entre o utente e o prestador de serviços no âmbito dos serviços públicos essenciais reveste natureza privada, independentemente de o prestador de serviços ser uma entidade pública ou privada[184]. Quer isto dizer que os litígios relativos a serviços públicos essenciais não envolvem o exercício de poderes de autoridade, argumento a que o Tribunal Constitucional atribuiu especial relevância no seu juízo de inconstitucionalidade dos diplomas relativos ao TAD.

Em síntese, o traço característico da arbitragem potestativa – a sujeição de uma das partes a este procedimento de RALC – afasta a regra da irrecorribilidade. Neste caso, não pode dizer-se que ambas as partes optaram por submeter o litígio à arbitragem e, ao fazê-lo, renunciaram ao direito de recurso. A restrição do controlo de mérito da decisão arbitral daí resultante implicaria uma violação do direito de acesso à Justiça pelo menos no que respeita ao prestador de serviços, considerando a sua vinculação legal à arbitragem na sequência de iniciativa do consumidor.

Como estamos perante relações de direito privado e o critério que delimita a recorribilidade em razão do valor das decisões arbitrais proferidas nos centros de arbitragem de consumo segue de perto o regime de recurso ordinário das decisões judiciais, não nos parece que a arbitragem potestativa no âmbito dos serviços públicos essenciais suscite qualquer problema de constitucionalidade. Repare-se, no entanto, que os termos em que a questão se coloca poderão ser alterados caso os centros de arbitragem de consumo introduzam limitações adicionais à recorri-

[184] O caráter público dos serviços está essencialmente relacionado com o interesse geral nos mesmos, já que estes devem estar acessíveis ao público na sua globalidade. Neste sentido, seria preferível a referência a serviços de interesse geral em detrimento de serviços públicos essenciais.

bilidade das decisões arbitrais proferidas neste âmbito, designadamente em função do valor.

3.4. Princípio da acessibilidade

A acessibilidade dos procedimentos de RALC é uma das principais preocupações da Diretiva RALC. De facto, para que os consumidores e os agentes económicos possam usufruir plenamente das vantagens dos procedimentos de RALC, é essencial que os mesmos sejam facilmente acessíveis, que estejam disponíveis em todo o espaço europeu e em todos os setores de atividade e que sejam gratuitos ou apenas envolvam custos moderados. Além de influir no próprio custo do procedimento, a acessibilidade económica reflete-se na concessão de apoio judiciário (verificados certos requisitos) e na dispensa do patrocínio judiciário obrigatório, independentemente do valor da reclamação.

A exposição subsequente visa analisar as diferentes vertentes do princípio da acessibilidade.

3.4.1. Facilidade de acesso

A facilidade de acesso aos procedimentos de RALC revela-se essencial no sentido de incentivar a sua efetiva utilização pelas partes. Esta característica encontra-se pensada sobretudo na perspetiva do reclamante (o consumidor), o que explica o enfoque colocado na apresentação da reclamação. No entanto, tendo em conta a natureza voluntária dos procedimentos de RALC, a maior ou menor facilidade de acesso pode ser um elemento relevante na decisão do agente económico de aceitar submeter o litígio àquele procedimento.

Nos termos do art. 6º-1-a) da Lei 144/2015, as entidades de RALC devem dispor de um sítio eletrónico. Mesmo antes da aprovação do diploma, os centros de arbitragem de consumo, em Portugal, já dispunham de um sítio eletrónico[185].

O art. 10º-1 da Lei 144/2015 acrescenta que os procedimentos de RALC devem estar "disponíveis e facilmente acessíveis, tanto em linha (*online*) como por meios convencionais, para ambas as partes, indepen-

[185] Um inquérito conduzido a entidades de RALC a operar no espaço europeu antes da aprovação da Diretiva concluiu que 22% das entidades inquiridas não dispunha de um sítio eletrónico: *Study on the Use of Alternative Dispute Resolution in the European Union*, 2009, pp. 132 e 133.

dentemente do local onde se encontrem". Este princípio encontra tradução direta em obrigações impostas às entidades de RALC, como a de permitir a apresentação da reclamação e dos documentos a ela relativos *online* ou por meios convencionais (designadamente, por carta) [art. 6º-1-a) e c] ou de possibilitar a troca de informações entre as partes através de meios eletrónicos ou por via postal [art. 6º-1-d)][186]. A principal novidade reside na obrigatoriedade de disponibilizar um formulário de reclamação *online*, já que nem todos os centros de arbitragem de consumo ofereciam esta possibilidade.

A facilidade de acesso aos procedimentos de RALC reflete-se de forma distinta consoante se trate de um litígio nacional ou transfronteiriço.

Nos litígios nacionais, a possibilidade de reclamação presencial[187] ou por carta assume alguma relevância, tendo em conta a dificuldade de alguns consumidores na utilização de meios informáticos.

Pelo contrário, nos litígios transfronteiriços, a reclamação por meios informáticos (*e-mail* ou preenchimento de um formulário) é essencial, já que o consumidor pode residir num Estado-Membro diferente daquele em que se localiza a entidade de RALC, o que dificulta a deslocação pessoal. A reclamação por via postal implicaria também custos acrescidos.

Nestes casos, pode ainda verificar-se uma barreira linguística, já que nem todas as entidades de RALC em Portugal admitem a apresentação da reclamação em língua estrangeira[188] e a maioria não admite que o

[186] A arbitragem e a mediação (quando conduzida à distância) não envolvem o contacto direto entre as partes, surgindo a entidade de RALC como intermediária entre estas. Assim, as comunicações são dirigidas à entidade de RALC, que, por seu turno, as transmite à parte contrária. Impõe-se, assim, uma interpretação extensiva do art. 6º-1-c) no sentido de incluir quaisquer comunicações de (e com) a entidade de RALC.

[187] A competência territorial dos centros de arbitragem de consumo com competência genérica (excetuado o CNIACC) facilita a apresentação presencial da reclamação, já que permite uma maior proximidade em relação aos consumidores. Este aspeto é reforçado quando os centros tenham protocolos com estruturas de âmbito municipal, como os CIAC ou estruturas equivalentes.

[188] De acordo com a informação disponível nas respetivas páginas eletrónicas, em agosto de 2017, os seguintes centros admitem a apresentação da reclamação em várias línguas: CNIACC (português, inglês, francês, espanhol e italiano); TRIAVE (português e inglês) e CIMAAL (português, inglês, francês e espanhol). O regulamento do CAUAL admite que as partes escolham livremente a língua da arbitragem (art. 14º-1).

procedimento seja conduzido em língua estrangeira[189]. Esta barreira é, em parte, superada na plataforma de RLL, que dispõe de uma funcionalidade de tradução. Todas as entidades de RALC nacionais aderiram a esta plataforma na sequência de imposição legal [art. 6º-1-e)].

Outro aspeto que importa salientar é a necessidade de deslocação das partes (e outros participantes no processo), com todos os custos, diretos e indiretos, que daí resultam, para a resolução do litígio, nomeadamente através de arbitragem. Com exceção do regulamento do CNIACC, que admite a dispensa da audiência [art. 14º-3-a)], todos os outros regulamentos parecem pressupor a existência de uma audiência presencial. Esta regra pode ser contrária ao direito europeu. Por um lado, pode ler-se na parte final do considerando (42) da Diretiva RALC que "as partes deverão poder apresentar as suas informações e elementos de prova sem estarem fisicamente presentes". Resulta claramente desta passagem a intenção de permitir que os litígios possam ser resolvidos à distância, se as partes assim o entenderem. Por outro lado, os litígios transfronteiriços são dificilmente resolúveis, por razões logísticas, com a presença física e simultânea das partes, sendo objetivo da intervenção europeia nesta matéria, precisamente, tornar mais eficaz a resolução destes litígios. No domínio da RLL, é manifesta a inadequação da resolução de litígios presencialmente. Apesar de o Regulamento RLL permitir que o litígio seja tratado fora da plataforma, a convocação das partes para uma audiência pode inviabilizar, de vez, o tratamento do litígio.

3.4.2. Plena cobertura geográfica e setorial

Um dos problemas a que a Diretiva RALC procurou dar resposta estava relacionado com a cobertura geográfica e setorial do espaço europeu por entidades de RALC. De facto, em alguns Estados-Membros, estas entidades não abrangiam todo o território e/ou todos os setores de atividade. Este problema foi diagnosticado no Estudo sobre os meios de RALC na União Europeia a que já nos referimos[190].

[189] Só o TRIAVE, o CIMAAL e o CAUAL admitem que o processo seja conduzido em outra língua que não o português, sendo que no caso do TRIAVE essa possibilidade é limitada aos litígios transfronteiriços.

[190] *Study on the Use of Alternative Dispute Resolution in the European Union*, 2009, pp. 56-60. No que respeita à cobertura setorial, as maiores lacunas identificadas respeitavam aos jogos

De acordo com o considerando (6) da Diretiva RALC, estas disparidades no que respeita à cobertura geográfica e setorial afetavam o desenvolvimento do mercado interno e suscitavam questões de concorrência. Para ultrapassar estas questões, a Diretiva impôs a cada Estado-Membro a obrigação de assegurar a plena cobertura do seu território e dos vários setores de atividade por entidades de RALC (art. 5º-1)[191]. Esta obrigação pode ser cumprida através da criação de uma "entidade de RAL supletiva"[192] ou do recurso a "entidades de RAL estabelecidas noutro Estado-Membro", entre outros exemplos (art. 5º-3).

Em Portugal, a cobertura plena está assegurada, desde 2001, pela UMAC, no que respeita à mediação. Com a criação do CNIACC, em 2009, a cobertura nacional foi alargada à conciliação e à arbitragem.

De facto, o CNIACC tem competência supletiva, ou seja, para todos os litígios de consumo em relação aos quais não seja competente outro centro de arbitragem de consumo. A cobertura integral dos diferentes setores de atividade resulta da articulação entre a competência material dos centros de competência específica e dos centros de competência genérica. Quanto à cobertura geográfica, o CNIACC abarca todas as áreas do território nacional que não estejam abrangidas por outro centro de competência genérica.

Mais recentemente, o CAUAL alargou a sua competência material aos conflitos de consumo, numa lógica de alternatividade com os centros de arbitragem de consumo.

A Lei 144/2015 admite que as entidades de RALC recusem o tratamento de reclamações que lhes sejam apresentadas, verificadas certas circunstâncias (art. 11º)[193]. A recusa carece de previsão expressa, designadamente no regulamento, e implica um dever de fundamentação por parte da entidade de RALC (art. 11º-3).

de azar, aos esquemas de pirâmide e aos produtos ou serviços alimentares. Em sentido contrário, os setores das comunicações, da banca e seguros e das viagens e turismo eram aqueles em que essas lacunas menos se faziam sentir.

[191] Komninos Komnios, "The Implementation of the Consumer ADR Directive in Greece", 2016, p. 244, defende que se trata da "principal obrigação dos Estados-Membros".

[192] Naomi Creutzfeldt, "Implementation of the Consumer ADR Directive", 2016, p. 170.

[193] A Lei 144/2015 segue o art. 5º-4 da Diretiva RALC, com um único desvio, já que a Diretiva também permite a recusa quando "o tratamento do tipo de litígio em causa prejudicar gravemente o funcionamento eficaz da entidade de RAL" [art. 5º-4-f)].

O modelo de regulamento harmonizado dos centros de arbitragem de consumo permite que estes recusem um litígio em qualquer dos casos enunciados na lei (art. 4º-5). No entanto, mesmo quando se verifique um dos fundamentos de recusa da reclamação, os centros podem ainda assim tratar o litígio. O art. 4º-5 do modelo de regulamento harmonizado estabelece uma faculdade de recusar o litígio e não um dever.

As entidades de RALC podem, desde logo, recusar o tratamento do litígio se o consumidor não tiver previamente contactado o profissional [art. 11º-1-a)]. Esta regra visa incentivar a resolução do litígio diretamente entre as partes, por meio de negociação. A lógica consiste em reservar a intervenção de um terceiro independente e imparcial para os casos em que as partes não tenham conseguido, por si, chegar a acordo.

A al. b) do art. 11º-1 permite que as entidades de RALC recusem litígios supérfluos ou vexatórios. A referência ao caráter supérfluo do litígio parece ter em vista situações em que o valor ou a questão em causa não justifiquem a intervenção da entidade de RALC. No que respeita ao valor, parece existir aqui uma sobreposição com a possibilidade de se estabelecer um limite mínimo à competência em razão do valor [art. 11º-d)]. A determinação daquilo que são litígios vexatórios parece implicar uma análise da reclamação no sentido de conferir os termos em que esta foi realizada e a conduta imputada ao agente económico. Tendo em conta o desígnio nacional e europeu no sentido de estimular a utilização dos procedimentos de RALC, parece-nos que a recusa de uma reclamação com qualquer destes fundamentos só deve ter lugar em casos excecionais.

A al. c) refere-se aos litígios que já tenham sido decididos por outra entidade de RALC ou por um tribunal judicial. Esta regra apenas tem em vista os litígios que tenham sido objeto de decisão judicial ou arbitral transitada em julgado, já que o efeito negativo do caso julgado, que impede a repetição de uma ação com as mesmas partes e com o mesmo objeto, é exclusivo de pronúncias jurisdicionais.

Desta forma, a entidade de RALC não pode recusar o tratamento do litígio com base na prévia celebração de um acordo de mediação relativo ao mesmo litígio. Desde logo, a reclamação pode estar relacionada com o incumprimento do acordo, o que pode justificar um novo processo de mediação ou mesmo o recurso à arbitragem para homologação do acordo (art. 14º LM)[194]. Ainda que não seja esse o caso, nada obsta a que as partes desejem iniciar um novo processo de mediação por considerarem que a solução anteriormente alcançada não salvaguarda devidamente os seus interesses. Uma vez que a mediação reveste caráter voluntário, essa decisão deve caber às partes e não à entidade de RALC.

A entidade de RALC também não pode recusar a reclamação com o argumento de que a mesma está a ser apreciada por um tribunal judicial. Quando esteja pendente uma ação judicial, a celebração de uma convenção de mediação ou o início de um processo de mediação no qual o profissional aceite participar implicam a suspensão da instância judicial, mediante requerimento de uma das partes (art. 273º do CPC). Da mesma forma, se as partes celebrarem uma convenção de arbitragem na pendência do processo judicial (compromisso arbitral), o tribunal deve declarar-se incompetente, mais uma vez na sequência de requerimento [arts. 96º-b) e 97º-1 do CPC]. Como a mediação e a arbitragem assentam, por regra, no princípio da voluntariedade[195], a opção das partes no sentido de submeter o litígio a um procedimento de RALC repercute-se na ação judicial pendente, ainda que de forma diferente, considerando o caráter consensual da mediação e adjudicatório da arbitragem.

Quando a reclamação seja apresentada a mais do que uma entidade de RALC, importa distinguir duas hipóteses.

Uma vez que a mediação reveste natureza consensual, nada impede que dois (ou mais) processos de mediação com o mesmo objeto corram em simultâneo. Se as partes chegarem a acordo num deles e o litígio for idêntico, parece-nos que o outro processo de mediação também deverá terminar, já que o desiderato da mediação – obtenção de uma solução consensual para o litígio – estará satisfeito [art. 19º-a) da LM].

A natureza adjudicatória da arbitragem introduz dificuldades acrescidas neste particular. A questão coloca-se no âmbito dos litígios res-

194 O acordo de mediação reveste força executiva quando preencha os requisitos constantes do art. 9º-1 da LM. Entre outras hipóteses, o art. 14º da LM tem em vista os casos em que um desses requisitos não se verifique e as partes pretendam dotar o acordo de executoriedade. Neste caso, o pedido de homologação terá de ser feito por ambas as partes (art. 14º-2 da LM).

195 Quanto aos efeitos da arbitragem potestativa em ação judicial instaurada em momento anterior, cfr. *infra*, 6.2.3.

peitantes a contratos celebrados fora do estabelecimento comercial, já que os critérios seguidos pelos regulamentos de alguns centros de arbitragem de consumo para delimitar a sua competência territorial neste caso podem implicar a atribuição de competência a mais do que um centro (cfr. *supra* 2.2.2). De forma a evitar a duplicação de decisões arbitrais sobre o mesmo objeto, com notórias perdas ao nível da economia processual, parece-nos que deve ser dada prevalência à ação arbitral instaurada em primeiro lugar, desde que o centro de arbitragem em questão tenha competência para apreciar o litígio[196].

Este entendimento equivale a considerar que a competência atribuída pelos regulamentos é, nesta hipótese, alternativa e não cumulativa. Assim, a propositura da ação num dos centros de arbitragem de consumo competentes traduz o exercício pelas partes (no caso da arbitragem potestativa, pelo demandante) da faculdade de escolha do centro em que pretendem propor a ação, o que explica a prioridade atribuída à ação proposta em primeiro lugar.

Por seu turno, o art. 11º-1-d) permite que as entidades de RALC limitem a sua competência em razão do valor através da fixação de limites mínimos e máximos. Tal como sucede em relação aos custos, estes limites só serão admissíveis na medida em que "não comprometam significativamente o acesso dos consumidores" aos procedimentos de RALC (art. 11º-3). Esta regra deve ser interpretada tendo em conta o reduzido valor médio dos litígios de consumo. Assim, uma regra que limite a competência da entidade de RALC a reclamações de valor igual ou superior a € 100 importará uma restrição significativo do acesso à RALC, já que determinará a exclusão de um número considerável de litígios de consumo. Aliás, a acessibilidade das entidades de RALC assume particular relevância nos litígios que, em função do seu menor valor, muitas vezes não justificam o recurso aos meios judiciais.

Os regulamentos dos centros de arbitragem de competência genérica, com exceção do CNIACC, limitam a sua competência a litígios até um certo valor (€ 5 000 ou € 30 000, dependendo do caso)[197]. Pelo contrário, nenhum estabelece um limite mínimo de valor.

[196] Esta solução tem ainda a vantagem de evitar o abuso do processo por parte do consumidor, ou seja, que este inicie um processo de arbitragem em outro centro como forma de salvaguardar a eventualidade de uma decisão desfavorável na ação anteriormente proposta.

[197] Sobre esta questão, cfr. *infra* 2.2.3.

Por fim, o art. 11º-1-e) admite que as entidades de RALC recusem o tratamento do litígio quando tenha decorrido um prazo nunca inferior a um ano desde o momento em que o consumidor tenha reclamado junto do profissional. O modelo de regulamento harmonizado veio estabelecer esse prazo em dois anos (art. 4º-5).

Além de a reclamação ter sido apresentada ao profissional há mais de dois anos, a lei faz depender a possibilidade de recusa da reclamação de se estar perante um procedimento de "natureza voluntária". Desta forma, o art. 11º-1-e) não tem em vista a arbitragem potestativa, já que neste caso o processo de arbitragem se inicia por mero efeito da solicitação do consumidor. Não é, pois, adequado falar de um procedimento de natureza voluntária neste caso.

Já estaremos perante um procedimento voluntário quando as partes celebrem uma convenção de arbitragem ou uma convenção de mediação, bem como se o profissional aceitar submeter a mediação uma reclamação apresentada junto de uma entidade de RALC. Em qualquer destas situações, o recurso a um procedimento de RALC (mediação ou arbitragem) tem na sua génese o acordo das partes, pelo que reveste natureza voluntária.

O art. 11º-1-e) suscita alguma estranheza, já que não é totalmente claro qual é o interesse tutelado. De facto, se o direito que o consumidor pretende exercer através da reclamação ainda não estiver prescrito, este poderá sempre recorrer à via judicial, o que implicará maiores custos e um maior dispêndio de tempo para ambas as partes. Além disso, a introdução de limites temporais à apresentação da reclamação pode inviabilizar o recurso a procedimentos de RALC numa situação em que ambas as partes estavam interessadas nessa via.

3.4.3. Gratuitidade ou custos moderados

A acessibilidade económica constitui uma das principais vantagens da RALC por comparação com os meios judiciais.

Este aspeto tornou-se ainda mais relevante a partir de 2008, já que o art. 25º-1 do DL 34/2008 (Regulamento das Custas Processuais) revogou duas regras que estabeleciam a isenção de custas judiciais em certos litígios de consumo.

A redação originária do art. 14º-2 da LDC previa a isenção de custas judiciais "nos processos em que [o consumidor] pretenda a proteção dos seus interesses ou direitos, a condenação por incumprimento do fornecedor de bens ou prestador de serviços, ou a reparação de perdas e danos emergentes de factos ilícitos ou da responsabilidade objetiva definida nos termos da lei, desde que o valor da ação não exceda a alçada do tribunal judicial de 1ª instância"[198]. O artigo único do DL 103/91 consagrava a isenção de custas na execução de sentença condenatória proferida em arbitragem institucionalizada num centro de arbitragem de consumo.

Estas regras tinham em vista estimular a propositura de ações judiciais pelos consumidores para defesa dos seus direitos e interesses. Com a sua revogação, os custos de uma ação judicial, conjugados com o reduzido valor médio do litígio, são fatores que desincentivam o recurso a tribunal[199]. O estímulo à utilização de procedimentos de RALC visa, entre outros objetivos, permitir que mais consumidores exerçam os direitos que lhes são conferidos pela legislação de consumo, o que implica que estes procedimentos estejam disponíveis gratuitamente ou mediante custos moderados.

No Estudo a que já aludimos anteriormente sobre a RALC no espaço europeu, concluiu-se que uma larga maioria dos procedimentos de RALC (70,7%) estava disponível a título gratuito. Entre os procedimentos que implicavam custos (cerca de 19%), 7,3% tinham um custo moderado (até € 50) e 11,6% apresentavam custos entre € 51 e € 500, o que se explicava em função do valor da reclamação[200].

Neste particular, a Lei 144/2015 estabelece que os procedimentos de RALC são "gratuitos ou estão disponíveis para os consumidores contra o pagamento de uma taxa de valor reduzido" (art. 10º-3)[201]. Assim, cabe

[198] Esta opção é criticada por Elionora Cardoso, *Lei de Defesa do Consumidor Anotada e Comentada*, 2012, p. 149. Patrícia da Guia Pereira, "A Adequação dos Meios de Resolução Alternativa, em Especial da Mediação, aos Conflitos de Consumo", 2009, pp. 199 e 200, defende que a revogação terá "com grande probabilidade" ficado a dever-se a uma opção inadvertida.

[199] Para Carlos Ferreira de Almeida, *Os Direitos dos Consumidores*, 1982, pp. 157 e 158, os custos com o processo (custas judiciais e honorários dos advogados) são a principal barreira com que os consumidores se deparam no acesso aos tribunais judiciais.

[200] *Study on the Use of Alternative Dispute Resolution in the European Union*, 2009, pp. 41-42.

[201] Como refere Ricardo Pedro, "Arbitragem Institucional e Centros de Arbitragem de Direito Público", 2015, p. 124, "para que essa gratuitidade ou tendencial gratuitidade tenha lugar tende a exigir-se financiamento público".

às entidades de RALC optar entre a gratuitidade ou a fixação de taxas reduzidas[202]. Neste particular, optou-se por uma transposição literal da Diretiva RALC [art. 8º-c)] e não pela tendencial gratuitidade, que parece resultar do seu considerando (41)[203].

Ao longo dos últimos anos, alguns centros de arbitragem de consumo de competência genérica introduziram taxas de mediação e de arbitragem[204]. O CACCL introduziu uma taxa de mediação no valor de € 10 por parte (art. 2º do regulamento de taxas); a arbitragem é gratuita até € 200, aplicando-se a partir daí uma taxa proporcional ao valor do litígio, que não pode exceder € 40 por parte nos litígios de valor superior a € 2 000, estando o seu limite de competência fixado nos € 5 000 (art. 3º do regulamento de taxas). Por seu turno, o CICAP estabeleceu uma taxa de € 10 nas fases de informação e de mediação e uma taxa progressiva na arbitragem, num máximo de € 50 por parte quando o valor da reclamação exceda € 15 000. O CIMAAL apresenta os mesmos custos na fase de arbitragem (tabela I do regulamento de taxas), com a diferença de que a mediação é gratuita.

Os centros de arbitragem de consumo de competência setorial sempre tiveram uma tradição de cobrança de taxas de utilização. No CASA, a apresentação da reclamação implica o pagamento de € 10 (art. 50º do regulamento), a mediação é gratuita e a arbitragem envolve o pagamento de uma taxa por cada parte, com valor mínimo de € 40 e máximo de € 500 nos litígios de valor superior a € 40 000 (tabela nº 1 anexa ao regulamento). No CIMPAS, a taxa de arbitragem é calculada em função do valor do litígio (3% do valor reclamado), não podendo ser inferior a € 60 ou superior a € 600 (art. 13º-1 do regulamento da arbitragem e das custas). O regulamento prevê ainda a restituição de 25% do valor pago pelas partes se estas chegarem a acordo na mediação (art. 13º-3).

[202] Antes da aprovação da Lei 144/2015, o DL 146/99 (entretanto revogado) apontava para a gratuitidade da mediação (art. 4º-2).

[203] De acordo com este considerando, "os procedimentos de RAL deverão ser preferencialmente gratuitos para os consumidores. Caso existam custos, o procedimento de RAL deverá ser acessível, apelativo e pouco dispendioso para os consumidores".

[204] O CAUAL também prevê uma taxa de mediação (€ 10). No caso da arbitragem, a taxa só é devida quando o valor do litígio exceda € 200 e o seu valor é progressivo, até um limite máximo € 75.

A questão da gratuitidade dos procedimentos de RALC assume uma importância significativa, tendo em conta a crescente necessidade de financiamento das entidades de RALC. De facto, estas entidades têm adquirido uma maior notoriedade junto dos consumidores, pelo que é expectável um aumento considerável do número de reclamações recebidas. Ora, para assegurar o seu funcionamento e, por decorrência, o direito dos consumidores a uma "justiça acessível e pronta" (art. 14º da LDC), é essencial dotar estas entidades dos meios logísticos necessários para fazer face a esta nova realidade.

A criação de taxas reduzidas para os procedimentos de RALC, com especial enfoque na arbitragem, parece ser a solução que melhor concilia a acessibilidade com a eficácia. Para que esta opção seja compatível com o princípio da acessibilidade, é, no entanto, essencial assegurar a proporcionalidade entre a taxa aplicável e o valor do litígio[205].

A análise dos regulamentos de taxas permite-nos concluir que os valores cobrados pelos centros de arbitragem de consumo de competência genérica apresentam um valor reduzido (nunca superior a € 50) e progressivo. Quanto aos centros de arbitragem de consumo de competência setorial, apesar de os valores serem, no limite, elevados (€ 500 e € 600), parece-nos que a sua forma de cálculo salvaguarda a proporcionalidade dos custos face ao valor do litígio.

A questão que nos parece mais preocupante está relacionada com a ausência de regras uniformes no que respeita ao custo dos procedimentos de RALC. Especialmente no que respeita aos centros de arbitragem de consumo de competência genérica, o atual panorama pode introduzir disparidades no acesso aos procedimentos de RALC[206] em função da localização geográfica dos consumidores, solução que nos parece pouco adequada[207].

[205] Graham Ross, "The Possible Unintended Consequences of the European Directive on Alternative Dispute Resolution and the Regulation on Online Dispute Resolution", 2014, pp. 217 e 218.

[206] Cátia Marques Cebola, "ADR 3.0 @ Resolução Online de Conflitos de Consumo em Portugal", 2016, p. 84.

[207] O parecer do Sindicato dos Magistrados do Ministério Público (pp. 18-19) sugeria a criação de uma "taxa máxima", limitada à arbitragem, com o intuito de "assegurar a necessária previsibilidade por parte do próprio consumidor" e a "igualdade de tratamento". Já o parecer do Conselho Superior da Magistratura (p. 7) salienta a necessidade de "fixar-se o seu

3.4.4. Apoio judiciário e representação forense

Além de eventuais custos dos procedimentos de RALC, há outros obstáculos que podem afetar o acesso dos consumidores à RALC.

Pensamos, desde logo, na condição económica. É certo que esta preocupação é mitigada pela circunstância de os procedimentos de RALC estarem disponíveis a título gratuito ou mediante o pagamento de custos reduzidos. Ainda assim, o apoio judiciário pode revelar-se importante na arbitragem, por exemplo quando a reclamação tenha um valor mais elevado (considerando o caráter progressivo das taxas aplicadas por alguns centros de arbitragem de consumo) ou envolva questões técnicas de alguma complexidade e o consumidor sinta necessidade de estar representado por um advogado ou solicitador.

Neste contexto, há que ter em conta a Lei 34/2004, que estabelece o regime jurídico do acesso ao direito e aos tribunais. De acordo com o art. 17º-1, o apoio judiciário é extensível às "estruturas de resolução alternativa de litígios a definir por portaria" (art. 17º-1). Ora, a Portaria 10/2008 inclui os centros de arbitragem de consumo nessa lista (anexo I). Desta forma, os consumidores que se encontrem numa situação de insuficiência económica, nos termos dos arts. 8º e 8º-A da Lei 34/2004, têm direito a apoio judiciário, designadamente à dispensa de qualquer taxa (quando esta seja cobrada) e à nomeação e compensação do patrono (art. 16º-1 da Lei 34/2004).

O caráter facultativo do patrocínio judiciário, independentemente do valor da causa (art. 10º-2 da Lei 144/2015), também visa salvaguardar a acessibilidade económica dos procedimentos de RALC, já que desonera as partes da necessidade de constituir advogado ou solicitador. Além deste aspeto, parece-nos que a dispensa do patrocínio judiciário obrigatório está ainda relacionada com a lógica de proximidade e com o estímulo à participação direta das partes nos procedimentos de RALC[208].

custo ou remeter-se tal fixação para regulamentação posterior, sob pena de indesejável indefinição", caso a opção não recaia na gratuitidade destes procedimentos.

[208] Patrícia da Guia Pereira, "A Adequação dos Meios de Resolução Alternativa, em Especial da Mediação, aos Conflitos de Consumo", 2009, pp. 195-196. Apesar de autora ter em vista sobretudo a mediação, parece-nos que a sua conclusão é extensível à arbitragem de consumo.

Antes da aprovação da Lei 144/2015, alguns centros de arbitragem de consumo previam o patrocínio judiciário obrigatório na arbitragem sempre que a reclamação tivesse valor superior à alçada do tribunal de 1ª instância (era o caso do CNIACC e do TRIAVE, nos art. 20º-3 e 18º-1, respetivamente, dos seus antigos regulamentos)[209]. Ainda assim, tendo em conta o valor médio reduzido dos litígios de consumo, o patrocínio judiciário obrigatório sempre revestiu caráter residual, estando limitado às ações com um valor superior a € 5 000.

A principal alteração introduzida pela Lei 144/2015 neste âmbito consiste, pois, na eliminação do patrocínio judiciário obrigatório mesmo nestes casos. Esta solução decorreu da transposição da Diretiva RALC [art. 8º-b)][210].

O TJUE já teve oportunidade de se pronunciar sobre este regime no *Ac. Menini e Rampanelli*, já anteriormente analisado. Além de estar em causa um mecanismo de mediação obrigatória, a legislação nacional impunha que a parte estivesse assistida por advogado. De acordo com o TJUE, tendo em conta o art. 8º-b) da Diretiva RALC, "uma legislação nacional não pode exigir que o consumidor que participe num procedimento de RAL seja obrigatoriamente assistido por um advogado".

Importa, no entanto, ter em conta que as partes têm o direito "de se fazerem representar ou acompanhar por advogado ou outro representante com poderes especiais" [art. 12º-1-b)]. Desta forma, apesar de ser facultativo, o patrocínio judiciário é um direito das partes e as entidades de RALC não podem recusar a intervenção de advogados ou solicitadores em sede de mediação, conciliação e arbitragem.

De acordo com o mesmo preceito, as partes têm também o direito "de serem assistidas por terceiros em qualquer fase do procedimento". O regulamento harmonizado dos centros de arbitragem de consumo concretiza esta possibilidade, admitindo que as partes sejam representadas ou assistidas, entre outros, por associações de consumidores ou

[209] Em sentido contrário, o regulamento do CACCL dispensa o patrocínio judiciário independentemente do valor da causa (art. 18º-1). No entanto, esta regra tem de ser conjugada com a competência em razão do valor do Centro (€ 5 000), que não excede a alçada do tribunal de 1ª instância.

[210] A Lei 144/2015 ficou aquém da Diretiva RALC nesta matéria, já que omite o dever de informação a cargo das entidades de RALC sobre o caráter facultativo do patrocínio judiciário [art. 9º-b) da Diretiva RALC].

de profissionais (art. 14º-4). Esta prática já era, aliás, comum em alguns centros, como o CACCL (art. 18º-2 do regulamento) e o TRIAVE (art. 18º-2 do antigo regulamento).

3.5. Princípio da celeridade processual

A celeridade é um dos aspetos que caracteriza os procedimentos de RAL. A obtenção de uma solução num prazo relativamente curto traduz uma importante vantagem destes procedimentos face a um processo judicial. Este aspeto torna-se ainda mais relevante no âmbito dos litígios de consumo, já que, por regra, estes envolvem bens ou serviços utilizados com frequência na via quotidiana (por exemplo, uma peça de vestuário, um computador ou o serviço de comunicações eletrónicas). O elemento tempo ganha, assim, um novo significado.

A Diretiva RALC estabelece um prazo máximo para os procedimentos de RALC: 90 dias a partir da receção da reclamação, eventualmente prorrogáveis [art. 8º-e)]. A opção por este prazo ficou a dever-se a um Estudo sobre os meios de RALC na União Europeia, em que se concluiu que 45,7% dos procedimentos de RALC tinham uma duração média entre 31 e 90 dias. A possibilidade de prorrogação do prazo está sobretudo relacionada com a circunstância de 20,7% dos procedimentos terem uma duração média entre 91 e 180 dias[211].

A Lei 144/2015 transpôs esta regra para o ordenamento jurídico nacional[212]. Assim, o art. 10º-5 estabelece que os procedimentos de RALC "devem ser decididos no prazo máximo de 90 dias a contar da data em que a entidade de RAL receba o processo de reclamação". A Lei 144/2015 permite, no entanto, a prorrogação do prazo caso o litígio seja especialmente complexo, mas apenas "por duas vezes, por iguais períodos" (art. 10º-6).

211 *Study on the Use of Alternative Dispute Resolution in the European Union*, 2009, p. 42. Ainda de acordo com este Estudo, 18,9% dos procedimentos de RALC tinham uma duração média igual ou inferior a 30 dias e 6,7% duravam entre 181 e 360 dias.

212 Antes da aprovação da Lei 144/2015, os regulamentos de alguns centros de arbitragem de consumo estabeleciam prazos para a mediação: assim, por exemplo, o CNIACC previa um prazo de 90 dias (art. 13º-1), enquanto o CIAB estabelecia um prazo de 30 dias, prorrogáveis por mais 30 dias (art. 4º-7 e 8). Pelo contrário, nenhum regulamento previa um prazo máximo para a arbitragem, pelo que se aplicava, a título supletivo, o prazo de 12 meses contado da data de aceitação do último árbitro, com possibilidade de prorrogação (art. 43º-1 e 2 da LAV).

Este aspeto é inovador em relação à Diretiva RALC, já que esta não estabelece limites temporais à prorrogação. Esta solução pode, em algumas situações, reduzir o nível de proteção do consumidor. Pense-se no caso em que, tendo em conta o valor do litígio, o consumidor não vai recorrer aos tribunais judiciais e o procedimento de RALC, que até estava bem encaminhado, tem de ser encerrado por se ter atingido o prazo máximo, sem que as partes estejam de acordo quanto à sua prorrogação. A Diretiva RALC não permite a redução do nível de proteção nela previsto (art. 2º-3), pelo que a única via para salvar este ponto do regime passa pela sua interpretação em conformidade com o direito europeu, considerando-se que o limite da prorrogação do prazo é meramente indicativo, podendo o processo ser continuado sempre que tal se justifique, numa lógica de proteção do consumidor.

A análise do art. 10º-5 suscita, desde logo, a questão de saber se o prazo de 90 dias inclui o conjunto dos procedimentos de RALC que cada entidade disponibiliza. Em Portugal, tendo em conta que os centros de arbitragem de consumo optaram por uma lógica de *"multi-step dispute resolution"*, em que a mediação surge como fase prévia, seguida da conciliação e arbitragem[213], uma tal interpretação pode redundar na redução dos procedimentos de RALC disponibilizados, com a consequente desproteção do consumidor.

Este resultado é contrário ao intuito da Diretiva RALC e da própria Lei 144/2015 – promover o acesso à RALC – pelo que tal interpretação deve ser recusada. Assim, em nosso entender, o prazo de 90 dias respeita a cada procedimento de RALC.

Importa ainda discutir se este prazo é adequado aos diferentes procedimentos previstos na Lei 144/2015. A análise dos dados disponibilizados pelos centros de arbitragem de consumo referentes a 2015 e 2016 apontam para uma duração média dos processos substancialmente inferior a 90 dias: a média global situou-se em 57 dias (2015) e 56 dias (2016)[214].

[213] Cátia Marques Cebola, "Mediação e Arbitragem de Conflitos de Consumo: Panorama Português", 2012, pp. 28 e 29.

[214] Estes dados resultaram da análise dos relatórios anuais de atividades dos vários centros, disponíveis nas respetivas páginas eletrónicas. Quanto a 2016, os dados desagregados são os seguintes: CASA: 48 dias; CNIACC: 53 dias; CACCDC: 54 dias; CIAB: 61 dias; TRIAVE: 62

Ainda assim, o prazo de 90 dias parece estar pensado sobretudo para a mediação, sendo que a sua aplicação à arbitragem suscita algumas dificuldades. De facto, enquanto a mediação e a conciliação são marcadas pelo informalismo e pelo intuito de chegar a uma solução concertada, a arbitragem é um processo formal que culmina com uma decisão vinculativa para as partes, equiparada a uma sentença de um tribunal judicial de 1ª instância (art. 42º-7 da LAV).

Pensando na tramitação típica de um processo de arbitragem, que envolve a troca de articulados entre as partes, a produção de prova e a realização de audiências, o prazo de 90 dias pode ser insuficiente[215]. Além da celeridade, é preciso não esquecer o princípio do contraditório, de acordo com o qual deve ser assegurado a cada parte o "direito de exprimir o seu ponto de vista num prazo razoável" [art. 12º-1-a) da Lei 144/2015]. O tempo pode ainda ser essencial para a obtenção de um acordo entre as partes, pelo que, quando exista essa possibilidade, o interesse em promover uma solução concertada deve prevalecer sobre um prazo fixado em abstrato, permitindo a suspensão do processo de arbitragem por um período de tempo razoável. É verdade que esta suspensão vai piorar as estatísticas das entidades de RALC, mas estas não existem para efeitos estatísticos, servindo para resolver os problemas das pessoas.

É certo que a implementação da Diretiva RALC foi acompanhada pela criação da plataforma de RLL, que visa assegurar uma maior acessibilidade aos procedimentos de RALC e, simultaneamente, uma economia de meios e de tempo. No caso da arbitragem, mesmo considerando um processo exclusivamente em linha, o prazo de 90 dias continua a parecer exíguo, tendo em conta os princípios fundamentais do processo (art. 30º-1 da LAV)[216]. Neste particular, existe um risco real de que a prorrogação, encarada como exceção, acabe por se transformar em regra.

dias. Em relação a 2015, os dados são os seguintes: CASA: 44 dias; CIAB: 59 dias; CNIACC: 59 dias; TRIAVE: 59 dias; CACCDC: 65 dias.

[215] De acordo com a doutrina, foi, precisamente, o formalismo do processo arbitral que justificou o alargamento do prazo para decisão de 6 para 12 meses na LAV: AAVV, *Lei da Arbitragem Voluntária Anotada*, Almedina, Coimbra, 2015, p. 113.

[216] Sobre a necessidade de compatibilizar a celeridade com outros princípios: Christopher Hodges, Iris Benöhr e Naomi Creutzfeld-Banda, *Consumer ADR in Europe – Civil Justice Systems*, 2012, pp. 418 a 420.

A Lei 144/2015 não prevê a possibilidade de as partes, por acordo, prorrogarem o prazo máximo além dos limites temporais enunciados no art. 10º-5 e 6. Tendo em conta que o princípio da celeridade visa, no essencial, tutelar interesses das partes, parece-nos que se deve admitir a prorrogação do prazo por acordo das partes. Repare-se, aliás, que a solução contrária pode ser contraproducente, na medida em que obriga as partes a iniciar um novo procedimento de RALC. Ora, sobretudo no âmbito da arbitragem, tal implica a repetição de atos e diligências já praticados, com claros custos para a celeridade. A necessidade de interpretação do direito nacional em conformidade com a Diretiva RALC também impõe esta interpretação.

Além das consequências para o procedimento em concreto, a inobservância do prazo máximo fixado na lei determina a exclusão da entidade de RALC da respetiva lista, nos termos previstos no art. 17º-4 e 5[217]. Mais uma vez, não é claro até que ponto o acordo das partes pode afastar a aplicação desta sanção administrativa. Parece-nos que esta regra, que não tem em conta a especificidade de cada processo concreto, também tem de ser aplicada em conformidade com a Diretiva RALC, só sendo sancionada a entidade de RALC se não houver acordo das partes quanto à prorrogação do prazo e, cumulativamente, for efetivamente violado o princípio da celeridade processual, o que pressupõe, não a ultrapassagem do prazo, mas a gestão ineficiente do(s) processo(s).

3.6. Princípio da publicidade e princípio da confidencialidade

Na RALC incluem-se diversos meios que é imprescindível distinguir de forma clara, no eixo entre publicidade e confidencialidade[218], já que se regem por princípios distintos.

Em traços gerais, nos julgados de paz vigora o princípio da publicidade, a mediação é enformada pelo princípio da confidencialidade e na arbitragem prevalece a confidencialidade, embora esta possa sofrer algumas limitações no que diz respeito à publicação das decisões.

[217] A DGC contacta a entidade de RALC, dando conta da inobservância do prazo (nº 4), seguindo-se a exclusão da entidade da lista se, no prazo de 3 meses, a situação persistir (nº 5).

[218] Para perceber o confronto (eventual) entre publicidade e confidencialidade, em particular na arbitragem, v. Artur Flamínio da Silva e António Pedro Pinto Monteiro, "Publicidade vs. Confidencialidade na Arbitragem Desportiva Transnacional", 2016, pp. 703 a 711.

3.6.1. Julgados de Paz

Os julgados de paz são *tribunais* (art. 209º-2 da CRP) e são tribunais *estaduais*.

O art. 206º da CRP determina que "as audiências dos tribunais são públicas, salvo quando o próprio tribunal decidir o contrário, em despacho fundamentado, para salvaguarda da dignidade das pessoas e da moral pública ou para garantir o seu normal funcionamento".

Também a Convenção Europeia dos Direitos Humanos se refere expressamente ao princípio da publicidade, no seu art. 6º-1, estabelecendo que "qualquer pessoa tem direito a que a sua causa seja examinada, equitativa e publicamente [...]" e que "o julgamento deve ser público"[219].

O princípio da publicidade do processo é um princípio fundamental num Estado de Direito Democrático, na medida em que permite o controlo social da decisão do tribunal e do processo que conduziu a essa decisão, evitando assim decisões arbitrárias ou injustas[220]. A publicidade assegura a transparência da justiça em geral e de cada julgamento em particular[221] e permite reforçar a legitimidade democrática de que se revestem as decisões judiciais[222].

Ao processo nos julgados de paz aplica-se subsidiariamente o CPC (art. 63º da LJP), que regula a matéria da publicidade nos arts. 163º, 164º e 606º, abordando os três aspetos nos quais este princípio pode ser decomposto: publicidade da audiência, acesso ao processo e publicidade das decisões finais.

O princípio da publicidade admite limitações nas vertentes de acesso ao processo e de publicidade da audiência, mas não quanto à publicidade das decisões finais. Quanto a estas o Tribunal Europeu dos Direitos

[219] O Tribunal Europeu dos Direitos do Homem, no Caso *Diennet v. France*, 26/9/1995, parágrafo 33, e no Caso *Martinie v. France*, 12/4/2006, parágrafo 39, entendeu que tornar a justiça pública contribui para o objetivo do art. 6º-1, que é o de garantir um julgamento justo.

[220] Neste sentido, Othmar Jauernig, *Direito Processual Civil*, 2002, pp. 155 e 156, entende que o princípio da publicidade serve para robustecer a confiança popular na administração da justiça. José Lebre de Freitas, *Introdução ao Processo Civil*, 2013, p. 143, afirma que este princípio assegura a "transparência da função jurisdicional, a fim de evitar o arbítrio do secretismo e permitir o controlo público da boa administração da justiça". Miguel Teixeira de Sousa, *Estudos Sobre o Novo Processo Civil*, 1997, pp. 53 a 55, entende que "é um meio para combater o arbítrio e assegurar a verdade e a justiça das decisões judiciais".

[221] Francisco Ferreira de Almeida, *Direito Processual Civil, Vol. I*, 2010, pp. 284 a 286.

[222] J. P. Remédio Marques, *Acção Declarativa à Luz do Código Revisto*, 2011, p. 220.

do Homem tem entendido que a publicidade reveste caráter absoluto[223]. Para respeitar esta exigência é suficiente permitir a consulta pública da decisão que se encontra depositada no julgado de paz[224]. Contudo, a publicação das decisões na internet afigura-se, nos dias que correm, fundamental para assegurar algumas das finalidades do princípio da publicidade, nomeadamente as da certeza jurídica e da uniformidade jurídica.

Uma parte das decisões dos julgados de paz é publicada na base de dados disponibilizada pelo Instituto de Gestão Financeira e Equipamentos da Justiça (www.dgsi.pt), expurgadas dos elementos que permitem identificar as partes. Por uma questão de transparência e qualidade da informação, parece-nos que deveriam ser publicadas todas as decisões ou, pelo menos, deveriam ser divulgados os critérios seguidos para a escolha, já que, também aqui, é necessário garantir, através do controlo social, que não são publicadas, em determinada matéria, decisões de uma corrente jurisprudencial em detrimento de outras.

3.6.2. Mediação

O princípio da confidencialidade é um dos princípios fundamentais da mediação[225]. Diríamos mesmo que um procedimento no qual se prescinde da confidencialidade não pode ser qualificado como mediação, uma vez que lhe falta uma das principais componentes que caracteriza e torna eficaz um processo de mediação.

Na mediação, o objetivo é que as partes negoceiem ao nível dos interesses e não das posições.

Num meio adjudicatório, como o processo civil ou a arbitragem, as partes apresentam as suas posições ou pretensões – aquilo que querem e o que não querem. Na mediação, as partes vão mais longe, expondo quais os interesses por trás daquilo que pretendem obter, isto é, as razões que as levam a tomar determinada posição.

[223] José Lebre de Freitas, *Introdução ao Processo Civil*, 2013, p. 143.

[224] Tribunal Europeu dos Direitos do Homem, Caso *Pretto and Others v. Italy*, 8/12/1983, parágrafo 27. A este propósito, José Lebre de Freitas, *Introdução ao Processo Civil*, 2013, p. 143, n. 46.

[225] Para uma análise do princípio da confidencialidade na mediação, anterior à LM, v. Joana Campos Carvalho, "O Princípio da Confidencialidade na Mediação", 2009.

As posições são, na maior parte das vezes, inconciliáveis. A propriedade de uma casa é de uma das partes ou é da outra; o autor tem direito a receber do réu € 5000 de indemnização ou não tem. Quando uma das partes ganha, a outra perde.

Na mediação, as partes expõem e analisam as razões que as levam a assumir determinada posição. O autor pretende ficar com a casa porque era dos seus pais ou o autor quer receber uma indemnização porque, mais do que as perdas materiais, sentiu a atitude do réu como uma falta de respeito.

Ao negociar ao nível dos interesses é mais facilmente possível alcançar uma solução em que ambas as partes ganham, porque estes são, muitas vezes, conciliáveis.

Talvez a parte possa ficar com a casa que pertencia aos seus pais e não se importe de pagar um preço à outra parte (que apenas tem um interesse patrimonial no assunto) por isso. E talvez o mero facto de falarem leve a parte a compreender que a outra parte não pretendeu faltar-lhe ao respeito, mas que se tratou de um mal-entendido.

O que permite às partes exporem-se e discutirem qualquer questão do ponto de vista dos interesses é, muitas vezes, a confiança. É claro que o papel do mediador é fundamental, na medida em que lhe cabe a tarefa de estimular um diálogo construtivo, facilitando a comunicação e conduzindo as partes a passar a barreira das pretensões para alcançar o espaço dos interesses. No entanto, por vezes, passar essa barreira pode implicar falar de assuntos que deixam as partes desconfortáveis, quer porque têm uma carga emotiva forte, quer porque podem ter implicações na relação com outras pessoas ou nos negócios, quer, principalmente, porque fragilizam, do ponto de vista jurídico, a posição assumida, podendo ter implicações num futuro processo adjudicatório.

Nesses casos, é fundamental que as partes tenham confiança[226], que saibam que o que ali é discutido não poderá ser revelado fora da mediação, quer no âmbito de um processo judicial ou arbitral, quer em qualquer outro contexto.

A LM consagra o princípio da confidencialidade no art. 5º e refere-o em diversos outros preceitos.

226 Mariana França Gouveia, *Curso de Resolução Alternativa de Litígios*, 2014, p. 98.

O art. 5º-1 da LM determina que "o procedimento de mediação tem natureza confidencial, devendo o mediador de conflitos manter sob sigilo todas as informações de que tenha conhecimento no âmbito do procedimento de mediação, delas não podendo fazer uso em proveito próprio ou de outrem".

Também o art. 26º-d) da LM estabelece que "o mediador de conflitos tem o dever de [...] garantir o carácter confidencial das informações que vier a receber no decurso da mediação".

Destas duas disposições se conclui que o mediador tem um dever de sigilo relativo ao conteúdo da mediação, que lhe é imposto por lei.

Além deste dever legal, o mediador tem também uma obrigação contratual de manter a confidencialidade, já que o art. 16º-3-d) da LM determina que "o protocolo de mediação é assinado pelas partes e pelo mediador e dele deve [...] constar [...] a declaração das partes e do mediador de respeito pelo princípio da confidencialidade". Ao assinar o contrato que dá início à mediação, a que a lei chama protocolo de mediação, o mediador está, pois, a vincular-se contratualmente a manter a confidencialidade da mediação.

No que diz respeito ao conteúdo, importa referir que o eventual acordo resultante da mediação também se encontra abrangido pelo dever de sigilo do mediador. Contudo, uma vez que se trata de um contrato, o mesmo pode carecer de ser executado. Nesses casos, nos termos do art. 5º-3 da LM, cessa o dever de confidencialidade.

O princípio da confidencialidade na mediação tem, além desse, os limites enunciados no art. 5º-3 da LM, só podendo cessar "por razões de ordem pública, nomeadamente para assegurar a proteção do superior interesse da criança, quando esteja em causa a proteção da integridade física ou psíquica de qualquer pessoa".

A Lei 144/2015 não tem qualquer referência a esta matéria, pelo que, à mediação de consumo, se aplica, quanto a este ponto, integralmente a LM.

Muitas vezes, a mediação de consumo é realizada à distância, com o mediador a servir de intermediário entre as partes: ouve a posição de uma, transmite-a, ouve a posição da outra, transmite-a e assim sucessivamente até, desejavelmente, se encontrar uma solução para o problema. Neste modelo, em que as partes nunca falam diretamente uma com a outra, toda a mediação é realizada em *caucus*[227], na medida em que o mediador fala sempre separadamente com cada uma das partes, pelo que se aplicam as normas que regulam esta ferramenta. No que diz respeito à confidencialidade, o art. 5º-2 da LM determina que "as informações prestadas a título confidencial ao mediador de conflitos por uma das partes não podem ser comunicadas, sem o seu consentimento, às restantes partes envolvidas no procedimento". Por definição, o que se passa em *caucus* é confidencial[228], pelo que as informações prestadas ao mediador durante a mediação de consumo são, em princípio, confidenciais. O mediador apenas pode revelar o que a parte autorizar. Contudo, o consentimento da parte não tem de ser expresso. Na maior parte dos casos será tácito, já que a parte percebe como funciona a mediação e, naturalmente, não pode esperar que a outra parte aceite as suas propostas sem as conhecer.

Resulta também do princípio da confidencialidade que os elementos remetidos pelas partes durante a mediação não podem ser tidos em conta fora do processo de mediação, nomeadamente na arbitragem. O considerando (29) da Diretiva RALC é claro, quando refere que "os Estados-Membros deverão ser incentivados a proteger a confidencialidade dos procedimentos de RAL em todos os processos [...] de arbitragem subsequentes". Assim, a resposta à reclamação, no âmbito da mediação, não pode ser considerada como contestação de um processo arbitral que ainda não se iniciou. Trata-se de dois processos distintos, com regras e procedimentos próprios, não podendo a informação resultante do primeiro ser utilizada no segundo. O tribunal arbitral não pode, aliás, ter conhecimento de qualquer facto alegado na mediação[229].

3.6.3. Arbitragem

A Lei 144/2015 nada prevê sobre a publicidade ou a confidencialidade dos procedimentos de RALC, pelo que, no que diz respeito à arbitragem, temos de recorrer à LAV.

[227] CHRISTOPHER W. MOORE, *O Processo de Mediação*, 1998, pp. 277-282; CATARINA NICOLAU CAMPOS, *Caucus na Mediação – Admissibilidade, Relevância e Técnicas: Uma Abordagem Teórica*, 2017.

[228] CHRISTOPHER W. MOORE, *O Processo de Mediação*, 1998, p. 280.

[229] Sentença do CNIACC, de 2/6/2015.

O art. 30º-5 da LAV determina que "os árbitros, as partes e, se for o caso, as entidades que promovam, com carácter institucionalizado, a realização de arbitragens voluntárias, têm o dever de guardar sigilo sobre todas as informações que obtenham e documentos de que tomem conhecimento através do processo arbitral, sem prejuízo do direito de as partes tornarem públicos os atos processuais necessários à defesa dos seus direitos e do dever de comunicação ou revelação de atos do processo às autoridades competentes, que seja imposto por lei".

Daqui decorre que, em regra, vigora nos processos arbitrais o princípio da confidencialidade[230].

Os tribunais arbitrais são tribunais privados, pelo que não se verifica a necessidade de controlo da atuação do tribunal por parte da sociedade, que justifica o princípio da publicidade no processo civil e nos julgados de paz.

No que diz respeito à publicitação das sentenças, o art. 30º-6 da LAV estabelece que o dever de sigilo previsto no art. 30º-5 "não impede a publicação de sentenças e outras decisões do tribunal arbitral, expurgadas de elementos de identificação das partes, salvo se qualquer destas a isso se opuser".

No caso das decisões arbitrais de consumo, a publicação assume uma relevância particular, tendo em conta também a necessidade de controlo da aplicação das regras de proteção do consumidor, especialmente imposta pelo art. 14º-1 da Lei 144/2015[231].

O princípio da publicidade, na vertente da publicação das sentenças, cumpre alguns propósitos adicionais[232].

[230] Acerca das limitações que a lei prevê a este princípio, cfr. António Menezes Cordeiro, *Tratado da Arbitragem*, 2015, pp. 307 e 308.

[231] Marte Knigge e Charlotte Pavillon, "The Legality Requirement of the ADR Directive: Just Another Paper Tiger?", 2016, p. 163, defendem que, para permitir uma aplicação efetiva do art. 11º da Diretiva RALC, transposta para o art. 14º-1 da Lei 144/2015, "as decisões devem ser publicadas e tornadas acessíveis". Artur Flamínio da Silva e António Pedro Pinto Monteiro, "Publicidade vs. Confidencialidade na Arbitragem Desportiva Transnacional", 2016, p. 708, admitem, em abstrato, que a regra da confidencialidade na arbitragem possa, em alguns casos, "revelar-se problemática", admitindo que tenha que ceder perante a necessidade de respeito do processo equitativo.

[232] Os propósitos adicionais apresentados são baseados no estudo conduzido por Szonja Navratil, "Publicity in the Administration of Justice and the Disclosure of Court Decisions", 2009, pp. 9 a 11.

O direito tem o poder de mudar a sociedade. As normas jurídicas conformam a atuação das pessoas e, quando uma norma jurídica é alterada, o comportamento das pessoas adapta-se a essa alteração. No nosso sistema jurídico, a maior parte das normas jurídicas é criada por via legislativa. Contudo, a interpretação por parte dos tribunais é muitas vezes fundamental para a compreensão cabal de determinada norma jurídica. A publicidade, neste caso das decisões finais dos tribunais, assume, portanto, relevância para o cabal conhecimento do direito pela sociedade.

Associada a esta ideia, o princípio da publicidade contribui, também, para assegurar a certeza jurídica e a uniformidade jurídica.

Por um lado, o princípio da certeza jurídica, isto é "o conhecimento prévio daquilo com que cada um pode contar, para, com base em expectativas firmes governar a sua vida e orientar a sua conduta"[233], apenas pode ser alcançado se o Direito for conhecido por todas as pessoas. Assim, a publicidade e o acesso às decisões judiciais, na medida em que estas são, também, fonte de Direito, é fundamental para garantir que as pessoas conhecem o Direito e sabem, portanto, com o que contar, conformando a sua conduta.

Por outro lado, é fundamental também que os próprios julgadores conheçam e tenham acesso às decisões dos colegas para garantir a uniformidade das decisões. Com isto não se pretende, de forma alguma, afirmar que, em Portugal, os juízes e os árbitros estão vinculados ao que os colegas decidiram em casos anteriores, já que o nosso sistema jurídico não é baseado na regra do precedente. Contudo, é importante que quem julga tenha disponível toda a informação para garantir uma boa decisão, que pode, naturalmente, implicar uma discordância da jurisprudência anterior, mas neste caso esclarecida e ponderada.

Por último, importa ainda referir a importância do princípio da publicidade no avanço da ciência[234]. Para fazer avançar qualquer ciência é habitualmente necessário o conhecimento profundo da matéria em estudo. São necessários dados que permitam ao cientista perceber o

[233] João Baptista Machado, *Introdução ao Direito e ao Discurso Legitimador*, 2002, pp. 56 e 57.

[234] António Menezes Cordeiro, "A Arbitragem de Consumo", 2016, p. 71, refere que "o desenvolvimento, no plano do consumo, de uma cultura de arbitragem permite, em retorno, colher elementos úteis para o aprofundamento do Direito da arbitragem, em geral e, em geral, da nossa Ciência do Direito".

objeto da sua análise e, posteriormente, construir raciocínios sobre esse conhecimento. Nessa medida, a publicidade do processo e das decisões judiciais contribui para o avanço da ciência, seja jurídica, sociológica, antropológica, etc., porque permite o acesso a dados de estudo.

No âmbito do direito do consumo, são raros os casos que chegam aos tribunais judiciais, em grande medida tendo em conta o baixo valor da maior parte dos litígios. Nessa medida, os tribunais arbitrais dos centros de arbitragem de conflitos de consumo são a principal sede de aplicação prática da legislação de consumo. Revela-se, pois, de primordial relevância a publicação das suas decisões.

Assim, se na arbitragem comercial faz todo o sentido que o art. 30º-5 da LAV seja interpretado no sentido de o tribunal dever solicitar autorização a ambas as partes antes da publicação da decisão[235], na arbitragem de consumo tal interpretação não será a mais adequada. Tendo em conta a importância da publicação das decisões arbitrais acima explicitada, essa publicação deve ser a regra nos centros de arbitragem de consumo. As partes podem opor-se à publicação, nos termos do art. 30º-5 da LAV, mas a iniciativa terá de ser sua, e fundamentada, não cabendo ao tribunal pedir-lhes autorização.

Tendo em conta as observações feitas neste ponto, julgamos que as decisões dos centros de arbitragem de consumo deveriam ser publicadas, tal como as decisões de outros tribunais portugueses, na base de dados disponibilizada pelo Instituto de Gestão Financeira e Equipamentos da Justiça (www.dgsi.pt). Além do campo para os julgados de paz, deveria haver um campo para os centros de arbitragem de consumo.

3.7. Princípio da informação sobre a RALC

Quer a legislação europeia quer a legislação portuguesa apontam no sentido da existência de um princípio geral de informação sobre a RALC, podendo distinguir-se a informação que deve ser prestada, por um lado, pelo Estado, pelas entidades reguladoras e pelas entidades de RALC e, por outro lado, pelos profissionais.

O art. 19º-1 da Lei 144/2015 estabelece que "as entidades de RAL, a Direção-Geral do Consumidor e o Centro Europeu do Consumidor devem divulgar nos seus sítios eletrónicos na Internet, através de uma

[235] António Menezes Cordeiro, *Tratado da Arbitragem*, 2015, p. 308.

ligação ao sítio eletrónico da Comissão Europeia e, sempre que possível, em suporte duradouro nas suas instalações, a lista das entidades de RAL elaborada pela Comissão Europeia". Ao Centro Europeu do Consumidor compete, ainda, "auxiliar os consumidores a aceder à entidade de RAL que opere noutro Estado-Membro e que seja competente para resolver um determinado litígio transfronteiriço resultante de um contrato de compra e venda ou de prestação de serviço" (art. 20º-1 da Lei 144/2015).

O livro de reclamações, regulado pelo DL 156/2005, não tem a interação que seria desejável com a RALC. Ainda assim, o art. 6º-4 desse diploma estabelece que a entidade de controlo de mercado competente ou a entidade reguladora do setor, quando se trate de litígio de consumo não resolvido pelo profissional, "informa [...] o consumidor ou utente sobre a possibilidade de recurso aos meios alternativos de resolução de litígios".

O profissional também deve, em alguns casos, prestar informações ao consumidor sobre a RALC.

Na transposição da Diretiva 2011/83/UE, a Lei 47/2014 reformulou integralmente o art. 8º-1 da LDC, acrescentando, na alínea g), que "o fornecedor de bens ou prestador de serviços deve, tanto na fase de negociações como na fase de celebração de um contrato, informar o consumidor de forma clara, objetiva e adequada, a não ser que essa informação resulte de forma clara e evidente do contexto, [...] sobre os centros de arbitragem de conflitos de consumo de que o profissional seja aderente, e sobre a existência de arbitragem necessária"[236]. Este preceito impunha, assim, ao profissional a prestação de informação sobre os centros de arbitragem de consumo em dois casos: (i) adesão plena do profissional ao centro de arbitragem (cfr. *infra* 6.1); (ii) existência, na relação em causa, da chamada "arbitragem necessária" (cfr. *infra* 6.2).

A Diretiva RALC introduziu, no seu art. 13º, um dever de informação a cargo dos profissionais sobre os procedimentos de RALC. O considerando (47) da Diretiva esclarece que este dever visa permitir que, em

[236] Também o DL 24/2014, que transpôs igualmente a Diretiva 2011/83/UE, prevê, no seu art. 4º-1-z), que este é um elemento de informação que deve ser prestado pelo profissional nos contratos celebrados à distância e fora do estabelecimento.

caso de litígio, "os consumidores sejam capazes de identificar rapidamente as entidades de RAL competentes para tratar da sua queixa e de saber se o comerciante em causa participará ou não em procedimentos submetidos a uma entidade de RAL".

A Lei 144/2015 consagra este dever de informação no art. 18º-1, tendo a sua redação sido alterada pelo DL 102/2017, que alterou substancialmente o regime.

De acordo com a versão originária do preceito, a informação que devia ser prestada ao consumidor incluía "as entidades de RAL disponíveis ou a que [os profissionais] se [... encontrassem] vinculados por adesão ou por imposição legal decorrente de arbitragem necessária" e o respetivo sítio eletrónico.

Numa primeira análise, verificava-se a existência de um excesso de informação quanto às entidades de RALC disponíveis. De facto, a versão originária do art. 18º-1 previa uma informação genérica sobre todas as entidades existentes, pelo que o consumidor ficava sem saber qual a entidade a que poderia dirigir-se em caso de litígio, salvo no caso de adesão plena, caso em que ainda corre o risco de a entidade de RALC não ser competente, nomeadamente em função do território ou do valor (cfr. *supra* 2.2).

A amplitude desta regra sugeria que a mesma estava sobretudo pensada para as situações em que o profissional desenvolvia a sua atividade em todo o território nacional. Nestes casos, a determinação, em abstrato, da entidade de RALC competente é especialmente complexa, dependendo de vários fatores (como o local de celebração do contrato ou o da ocorrência do litígio, como já vimos no ponto 2 deste livro), pelo que a indicação de todas as entidades de RALC acabava por ser a solução mais adequada.

Pelo contrário, quando o profissional tivesse um âmbito de atuação local ou regional, parece-nos que a lei exigia a indicação da entidade de RALC competente. Apesar dos custos de transação que lhe estavam associados, que terão justificado a alteração legislativa, esta solução era a que melhor se compatibilizava com a prestação de informação transparente ao consumidor.

Ao mesmo tempo, o dever de informação enunciado no art. 18º-1 era, numa primeira análise, incompleto, pois não previa a obrigatoriedade de o profissional indicar se aceitava participar em procedimentos de

RALC. Ora, esta informação poderia ser essencial na decisão de contratar do consumidor, assim como para a sua futura confiança no mercado interno europeu.

A Diretiva RALC não é clara a este respeito. O elemento literal do art. 13º-3 sugere que o profissional apenas tem o dever de declarar se aceita participar no procedimento após uma tentativa frustrada de negociação entre as partes. Esta interpretação é, no entanto, contraditória com a teleologia deste dever de informação, claramente enunciada no considerando (47) da Diretiva.

Na perspetiva do consumidor, que é confrontado na fase pré-contratual com informação sobre procedimentos que permitem resolver eventuais litígios decorrentes do contrato de forma simples, rápida e com menos custos, a recusa posterior do profissional em participar nesses procedimentos afeta, necessariamente, a confiança[237]. Este aspeto é ainda mais crítico quando se trate de uma relação transfronteiriça, tendo em conta as dificuldades inerentes ao acesso aos meios judiciais em litígios com conexão com mais do que um ordenamento jurídico.

Assim, o art. 13º-3 da Diretiva RALC deve ser interpretado no sentido de impor ao profissional que indique, na fase pré-contratual se aceita ou não recorrer a procedimentos de RALC em caso de eventual litígio. A interpretação contrária pode desvirtuar o dever de informação sobre os meios de RALC e afetar a confiança dos consumidores no mercado interno.

Em consequência, impunha-se uma interpretação conforme à Diretiva RALC do art. 18º-1 da Lei 144/2015, pelo que o profissional devia indicar se aceitava ou não recorrer à RALC no âmbito daquela relação contratual.

Na redação atual, introduzida pelo DL 102/2017, o art. 18º-1 prevê que, "sem prejuízo dos deveres a que se encontrem sectorialmente vinculados por força da legislação especial que se lhes aplique, os fornecedores de bens ou prestadores de serviços estabelecidos em território nacional devem informar os consumidores relativamente às entidades de RAL a que se encontram vinculados, por adesão ou por imposição

[237] Assim, embora por referência ao Regulamento RLL, GRAHAM ROSS, "The Possible Unintended Consequences of the European Directive on Alternative Dispute Resolution and the Regulation on Online Dispute Resolution", 2014, pp. 209 a 211.

legal decorrente de arbitragem necessária, e indicar o sítio eletrónico na Internet das mesmas".

O profissional estabelecido em território nacional passa, assim, a ter de indicar apenas a(s) entidade(s) de RALC a que se encontre vinculado, podendo essa vinculação resultar de adesão plena ou da chamada "arbitragem necessária". Reproduz-se, portanto, neste preceito, no essencial, o que já estava previsto no art. 8º-1-g) da LDC. O art. 29º-1 do RJACSR também prevê que "os operadores económicos que, no âmbito da atividade de comércio a retalho ou de prestação de serviços, sejam aderentes de um ou mais centros de arbitragem de conflitos de consumo estão obrigados a informar os consumidores sobre a respetiva adesão".

Tratando-se de um contrato celebrado em linha, os profissionais devem ainda disponibilizar uma ligação à plataforma de resolução de litígios em linha nos seus sítios eletrónicos, nos termos do art. 14º-1 do Regulamento RLL (cfr. *infra* 7.6.1).

A alteração introduzida na Lei 144/2015 é substancial, uma vez que a generalidade dos profissionais estabelecidos em Portugal vai deixar de ter de prestar informação sobre as entidades de RALC, o que pode afetar o nível de conhecimento relativamente aos mesmos por parte dos consumidores. Acrescente-se que, sem prejuízo das críticas apontadas, depois do esforço feito pelos profissionais no sentido de se adaptarem ao exigente regime anterior, teria sido útil estudar o seu impacto antes da sua eliminação. Assim, julgamos que o esforço foi feito em vão.

A Lei 144/2015 enuncia alguns requisitos quanto à comunicação da informação sobre as entidades de RALC. De acordo com o art. 18º-2, a informação deve ser transmitida ao consumidor "de forma clara, compreensível e facilmente acessível".

Quanto à clareza e compreensibilidade, pretende assegurar-se uma informação transparente, com o objetivo de permitir a sua compreensão pelo consumidor[238]. Enquanto a clareza visa, no essencial, a facilidade de acesso à informação e tem em conta aspetos como o tamanho ou a cor da letra ou ainda o tom de voz, a compreensibilidade está relacionada com a complexidade da linguagem utilizada e com a língua em

[238] Marco F. Campagna, "Transparent Consumer Information in Directive 2011/83/EU", 2012, pp. 38-39.

que a mensagem é transmitida, que deve ter em conta o público-alvo[239]. Assim, por exemplo, num estabelecimento comercial situado em Portugal, a informação deve ser prestada em português. Numa comunicação telefónica não há dúvida de que o destinatário é a pessoa que é contactada, pelo que a língua utilizada, em Portugal, também deve ser o português. No caso de se tratar de uma página colocada na Internet, será necessário verificar alguns elementos, como a origem da página, a publicidade emitida noutros locais, físicos ou virtuais, etc., sendo que, sempre que se conclua que os portugueses são destinatários da mensagem, as cláusulas do contrato têm de ser fornecidas em língua portuguesa, sob pena de não ser respeitado o requisito da compreensibilidade. A utilização de uma língua estrangeira não pode ser interpretada, por si só, no sentido de excluir os portugueses enquanto destinatários de uma mensagem[240].

No que respeita à acessibilidade, o art. 18º-2 exige que a informação seja disponibilizada no sítio eletrónico do profissional (quando disponível) e, simultaneamente, por escrito ou, caso o contrato não revista forma escrita, através de outro suporte duradouro.

O conceito de suporte duradouro tem suscitado algum debate[241]. Neste contexto, aquilo que se pretende é assegurar que o consumidor pode aceder à informação sobre as entidades de RALC ao longo da execução do contrato ou durante o prazo de garantia legal de conformidade (art. 5º-1 e 2 do DL 67/2003) e evitar a fácil alteração do suporte.

Este objetivo pode ser atingido de diversas formas. Assim, desde logo, a informação sobre as entidades de RALC pode ser transmitida na própria fatura, com vantagens evidentes ao nível da acessibilidade e da segurança. O profissional pode também optar, por exemplo, pela afixação de um letreiro com a informação em local bem visível no estabelecimento comercial ou pela utilização de um selo distintivo, no caso de adesão plena a um centro de arbitragem de consumo.

[239] Jorge Morais Carvalho, *Manual de Direito do Consumo*, 2017, p. 189.

[240] Contra (a propósito de regra prevista no regime dos contratos celebrados à distância e fora do estabelecimento): Pedro Maia, "Contratação à Distância e Práticas Comerciais Desleais", 2015, p. 176.

[241] Sobre o conceito de suporte duradouro, v. Jorge Morais Carvalho e João Pedro Pinto-Ferreira, *Contratos Celebrados à Distância e Fora do Estabelecimento Comercial*, 2014, pp. 47-49.

A violação deste dever de informação constitui uma contraordenação, punível com uma coima entre € 500 e € 5 000 (pessoas físicas) ou entre € 5 000 e € 25 000 (pessoas jurídicas), nos termos do art. 23º-1 da Lei 144/2015. A entidade com competência sancionatória é a ASAE ou, nos setores regulados, a respetiva autoridade reguladora (art. 22º-2).

4. Mediação

4.1. Qualificação

A mediação de consumo apresenta traços distintivos em relação à mediação em geral, fruto da especificidade dos conflitos que visa resolver. Com efeito, os conflitos de consumo são essencialmente caracterizados por uma tendencial desigualdade entre as partes, pelo seu valor habitualmente reduzido e pela circunstância de não existir uma relação pessoal entre as partes ou uma necessidade de manter essa relação no futuro.

Iremos analisar as principais características da mediação de conflitos de consumo, tomando como referência, a título meramente exemplificativo, o modelo de regulamento harmonizado dos centros de arbitragem de consumo. Posteriormente, apresentaremos os principais traços da mediação para concluir acerca da adequação da qualificação da mediação de consumo como verdadeira mediação.

Note-se que não há dúvidas quanto à aplicação à mediação de consumo da Lei 144/2015, já que a própria lei determina que "é aplicável aos procedimentos de resolução extrajudicial de litígios nacionais e transfronteiriços promovidos por uma entidade de resolução alternativa de litígios (RAL) quando os mesmos sejam iniciados por um consumidor contra um fornecedor de bens ou prestador de serviços [...]" e que são "«procedimentos de RAL», a mediação, a conciliação e a arbitragem" [arts. 2º-1 e 3º-i) da Lei 144/2015].

A questão que se coloca é a de saber se, na falta de norma especial, prevista na Lei 144/2015, se aplicam as normas da LM.

A mediação de conflitos de consumo é promovida e realizada, em regra, por entidades que têm como objetivo a proteção dos direitos e dos interesses dos consumidores. Trata-se de associações privadas ou de entidades públicas ou com uma forte intervenção pública, cujo objetivo não é a realização da mediação com fins lucrativos, mas o de permitir o acesso dos consumidores a uma forma mais eficaz de justiça.

O processo é iniciado pelo consumidor, sendo, na sequência da reclamação deste, feita pelo mediador uma avaliação preliminar, destinada ao respetivo enquadramento jurídico em face dos factos relevantes e dos elementos de prova oferecidos (art. 9º do modelo de regulamento harmonizado).

O mediador de conflitos de consumo não é, portanto, indiferente aos factos apresentados pelo consumidor. Pelo contrário, deve avaliá-los juridicamente, podendo explicar às partes o direito aplicável[242]. Note-se a este propósito que, ao contrário do que é habitual na mediação, se exige mesmo aos mediadores que tenham "conhecimentos adequados em Direito" (art. 7º-1 da Lei 144/2015).

No que diz respeito ao conteúdo, importa também referir que os mediadores podem, em regra, apresentar aos litigantes propostas para uma solução adequada.

Nos termos do art. 9º-3 do modelo de regulamento harmonizado, "a mediação pode decorrer sem a presença conjunta das partes ou mesmo através de mecanismos de comunicação à distância, por meio de sucessivos contactos bilaterais intermediados, até se concluir por um acordo ou pela impossibilidade de o mesmo se conseguir". Este é o modelo mais comum na mediação de consumo, sendo utilizados meios de comunicação à distância, como o telefone, a carta ou o fax e o correio eletrónico. Acresce que, na maior parte das vezes, não chega a haver contacto direto entre as partes, sendo a comunicação feita sempre com o mediador que, posteriormente, transmite o conteúdo à outra parte. Por um lado, o reduzido valor do conflito não justifica a deslocação das partes; por outro lado, não está em causa a relação pessoal entre o consumidor e o profissional, pelo que não é tão relevante a paz social que

[242] PATRÍCIA DA GUIA PEREIRA, "A Adequação dos Meios de Resolução Alternativa, em Especial da Mediação, aos Conflitos de Consumo", 2009, p. 195.

resulta de um acordo obtido com a presença física e simultânea dos intervenientes.

Devido aos aspetos referidos, nomeadamente a utilização de meios de comunicação à distância e uma maior ligação e análise dos factos apresentados, na mediação de conflitos de consumo muitas vezes não se consegue definir com exatidão os interesses das partes, trabalhando-se a partir das posições ou dos objetivos, em especial dos consumidores.

Outra característica tendencial da mediação de litígios nas entidades referidas é a (tendencial) gratuitidade do processo. Com efeito, nem o consumidor nem o profissional têm, em regra, de pagar pelos serviços do mediador. Esta solução, que permite a resolução de casos em que o valor económico é muito baixo, só é possível face ao financiamento público das instituições em causa.

Encontrando-se delineados os principais traços da mediação de consumo, importa agora analisar o conceito de mediação.

O art. 2º-1 da LM define mediação como "a forma de resolução alternativa de litígios, realizada por entidades públicas ou privadas, através do qual duas ou mais partes em litígio procuram voluntariamente alcançar um acordo com assistência de um mediador de conflitos" e o art. 2º-2 acrescenta que o mediador de conflitos é "um terceiro, imparcial e independente, desprovido de poderes de imposição aos mediados, que os auxilia na tentativa de construção de um acordo final sobre o objeto do litígio". O capítulo II da LM estabelece como princípios da mediação a voluntariedade, a confidencialidade, a igualdade e imparcialidade e a independência. Finalmente, um princípio essencial da mediação que não é referido expressamente nas normas mencionadas, mas que deve ser considerado sua característica permanente é o princípio dos plenos poderes das partes (*empowerment*)[243].

Numa primeira análise, a mediação de consumo encaixa na definição do art. 2º-1. Quanto aos princípios que a densificam e complementam podem colocar-se algumas dúvidas.

No que diz respeito à imparcialidade, pode argumentar-se que a evidente proximidade ao consumidor, uma vez que estamos a falar de

[243] Mariana França Gouveia, *Curso de Resolução Alternativa de Litígios*, 2014, p. 48; Jorge Morais Carvalho, "A Consagração Legal da Mediação em Portugal", 2011, p. 278.

estruturas pensadas para garantir a efetividade dos direitos dos consumidores, implica a ausência de imparcialidade do mediador.

Contudo, consideramos que tal não é o caso. Por um lado, a efetividade dos direitos dos consumidores é garantida através da disponibilização de meios adequados e acessíveis à prossecução das suas pretensões e não do seu favorecimento no âmbito desses meios. Por outro lado, os centros de arbitragem de conflitos de consumo garantem não apenas a efetividade dos direitos dos consumidores, mas também estimulam o funcionamento do mercado, na medida em que ao aumentar a confiança dos consumidores se aumenta o consumo.

No momento em que o processo se inicia o papel do mediador é o de ouvir as duas partes sobre o assunto que é objeto da mediação e permitir que sejam estas a – livremente – determinar a solução que entendem mais adequada. Tratando-se de um processo voluntário, uma configuração parcial do processo nunca seria sequer aceite pela outra parte, que desistiria do processo se sentisse que o mediador não era imparcial, condenando-se assim ao insucesso constante a mediação de consumo.

Tal não significa que não possa haver casos em que, em concreto, o mediador age de forma parcial. Nessas situações o processo não deixa de ser qualificado como mediação. Verifica-se, isso sim, o incumprimento pelo mediador dos seus deveres, o que é gerador de responsabilidade civil, nos termos do art. 8º-2 da LM.

A questão pode revelar-se mais complexa quando a mediação é levada a cabo por uma associação de defesa do consumidor, que assume expressamente como sua atribuição a proteção dos consumidores. Em teoria, nada impede que estas associações ofereçam serviços de mediação imparciais. Note-se, aliás, que o mediador "deve pautar a sua conduta pela independência, livre de qualquer pressão" (art. 7º-2 da LM), pelo que não está, no processo de mediação, subordinado aos estatutos da associação nem a orientações dos seus dirigentes[244]. Contudo, na prática, revela-se necessário analisar de que forma os processos são conduzidos. Se há, por exemplo, como instrumento habitualmente utilizado na *alegada* mediação, ameaças no sentido de expor o litígio à comunicação social, caso a empresa não aceite o acordo, não podemos falar de mediação, uma vez que não são tidos em conta os seus princípios carac-

[244] Dulce Lopes e Afonso Patrão, *Lei da Mediação Comentada*, 2014, p. 58.

terizadores: não apenas a imparcialidade, mas principalmente a voluntariedade, uma vez que a empresa não pode livremente desistir do processo[245].

Relativamente ao princípio da neutralidade, a que a LM se refere como isenção (art. 27º-1 da LM)[246], este diz respeito ao conteúdo do litígio que está a ser discutido. O mediador deve colocar de lado preconceitos ou convicções e não tentar influenciar o acordo em nome de princípios como a equidade ou a justiça ou por considerar que determinada solução é a mais adequada ao caso[247].

Como vimos, o mediador de conflitos de consumo faz o enquadramento jurídico dos factos em discussão, pelo que tem uma ideia clara de qual a solução legal do caso. Tem até mesmo a possibilidade de explicar o direito aplicável às partes.

Contudo, a circunstância de ter uma opinião quanto à melhor solução para o caso (que até pode não ser a legal) não significa que o mediador tente impor essa solução às partes.

É aliás apenas com este alcance que tem de ser entendido, e que está previsto na LM, o princípio da neutralidade. Não é possível exigir ao mediador que não tenha convicções ou opiniões quanto à solução do caso[248]. Apenas lhe é exigido que não procure, à luz das suas opiniões, influenciar ou impor determinada solução às partes [art. 26º-b) da LM].

Pode, ainda, colocar-se a questão de saber se a circunstância de o mediador poder apresentar propostas impede a qualificação da mediação de consumo como verdadeira mediação.

Para que exista mediação, o aspeto essencial é o de o mediador se encontrar no mesmo nível do que as partes, sem poderes de autoridade, mantendo estas total liberdade em todas as fases do processo. A partir daí, podem existir vários níveis de intervenção do mediador, justificando-se uma postura mais ativa nuns casos e mais passiva noutros[249].

[245] A propósito da essencialidade deste princípio, cfr. Mariana França Gouveia, *Curso de Resolução Alternativa de Litígios*, 2014, pp. 50 e 51; Joana Campos Carvalho, "O Princípio da Confidencialidade na Mediação", 2009, p. 319.

[246] Mariana França Gouveia, *Curso de Resolução Alternativa de Litígios*, 2014, p. 61.

[247] Joana Campos Carvalho, "O Princípio da Confidencialidade na Mediação", 2009, p. 318; Michèle Guillaume-Hofnung, *La Médiation*, 2007, p. 74.

[248] Acerca da dificuldade de controlar a neutralidade, Mariana França Gouveia, *Curso de Resolução Alternativa de Litígios*, 2014, p. 61.

[249] Joana Campos Carvalho, *A Conciliação Judicial*, 2009, p. 12.

Distingue-se, então, a *evaluative mediation* da *facilitative mediation*[250], sendo que a primeira prevê a possibilidade de o mediador apresentar propostas de solução do conflito.

Refira-se, ainda, que uma das vantagens da mediação é a flexibilidade do processo[251], pelo que o mediador deve ter a possibilidade de intervir mais ou menos, conforme considere adequado ao caso. O art. 9º-1 do modelo de regulamento harmonizado aponta neste sentido, na medida em que estabelece que a mediação é "um procedimento flexível de modo a adequar-se ao conflito concreto que se pretende resolver".

Nada na LM impede a formulação de propostas de acordo dirigidas aos mediados[252]. O art. 26º-b) da LM apenas determina que o mediador deve "abster-se de impor qualquer acordo aos mediados". A imposição de um acordo pressupõe que se exerce algum tipo de pressão para que esse acordo seja aceite, o que não é aceitável na mediação, uma vez que contende com o princípio da voluntariedade. A mera formulação de propostas de acordo, pelo contrário, não contende com aquele princípio[253].

Concluímos, pelo exposto, que a mediação de consumo tem características próprias, mas que essas características não impedem a sua qualificação como mediação[254]. Nenhuma das características analisadas impede o preenchimento do conceito de mediação da LM, nem contende com os princípios fundamentais aí delineados.

Daqui decorre que, na ausência de norma especial na Lei 144/2015, devem aplicar-se as normas gerais da LM.

250 V. Mariana França Gouveia, *Curso de Resolução Alternativa de Litígios*, 2014, p. 49, e Alessandra Angiuli, "Modelli di Conciliazione com Consumatori e Utenti", 2007, p. 81.

251 Cfr. Patrícia da Guia Pereira, "A Adequação dos Meios de Resolução Alternativa, em Especial da Mediação, aos Conflitos de Consumo", 2009, p. 191.

252 Em sentido contrário, Mariana França Gouveia, *Curso de Resolução Alternativa de Litígios*, 2014, p. 49, entende que "a noção puramente assistencial ou facilitadora da mediação é a atualmente estabelecida no ordenamento jurídico português", resultando tal opção do art. 26º-b) da LM. Acerca da qualificação da mediação interventiva como mediação no ordenamento jurídico português ver *infra* ponto 5.1.

253 Joana Campos Carvalho, *A Conciliação Judicial*, 2009, p. 12.

254 Sandra Passinhas, "Alterações Recentes no Âmbito da Resolução Alternativa de Litígios de Consumo", 2015, p. 371, parece apontar para uma conclusão em sentido diverso ao assinalar que "a praxis do consumo se desvia um pouco dos contornos" da definição doutrinal.

Aplicam-se, a título de exemplo, as normas referentes aos direitos e deveres dos mediadores ou a norma do art. 9º da LM, relativa à executoriedade do acordo de mediação.

Pelo contrário, não se aplicam, por exemplo, as normas da secção III, que regulam o procedimento de mediação, uma vez que prevalecem as normas especiais da Lei 144/2015 quanto às regras do procedimento, designadamente o art. 12º-1, que estabelece que "as partes devem ser tratadas de forma equitativa durante todo o procedimento de RAL, devendo as regras do procedimento respeitar os seguintes princípios [...]". Ora, ao estabelecer as regras do procedimento por referência apenas aos seus limites torna-se claro que a lei pretende atribuir competência a quem organiza os procedimentos de RALC, nomeadamente aos centros de arbitragem de conflitos de consumo, para criarem as regras mais adequadas ao procedimento de mediação tendo em conta as características desse centro, dentro dos limites considerados fundamentais.

4.2. Suspensão dos prazos de caducidade e de prescrição

O nosso ordenamento jurídico contém várias normas que preveem a suspensão dos prazos de caducidade e de prescrição durante a tentativa de resolução extrajudicial do litígio.

O art. 13º-2 da LM estabelece que "o recurso à mediação suspende os prazos de caducidade e prescrição a partir da data em que for assinado o protocolo de mediação ou, no caso de mediação realizada nos sistemas públicos de mediação, em que todas as partes tenham concordado com a realização da mediação"[255].

O DL 67/2003, que regula a venda de bens de consumo, determina que, "caso o consumidor tenha efetuado a denúncia da desconformidade, tratando-se de bem móvel, os direitos atribuídos ao consumidor nos termos do artigo 4º caducam decorridos dois anos a contar da data

[255] O art. 14º-3 da Lei 144/2015 determina que "à conciliação aplica-se, com as necessárias adaptações, o disposto no art. 13º da LM, quanto ao regime de suspensão dos prazos de caducidade e de prescrição". Tendo em conta a definição de conciliação que defendemos, a aplicação prática desta norma é reduzida, na medida em que, referindo-se à atividade de intermediação realizada por quem tem posterior poder de decisão, a conciliação nos litígios de consumo ocorre, na maior parte das vezes, durante o processo arbitral ou processo no julgado de paz, pelo que os prazos de caducidade ou prescrição já se encontram interrompidos (cfr. ponto 5.2.).

da denúncia e, tratando-se de bem imóvel, no prazo de três anos a contar desta mesma data" (art. 5º-A-3), estatuindo o nº 4 do mesmo preceito que "o prazo referido no número anterior suspende-se durante o período em que [...] durar a tentativa de resolução extrajudicial do conflito de consumo que opõe o consumidor ao vendedor ou ao produtor, com exceção da arbitragem".

Esta norma, introduzida pelo DL 84/2008, tem grande relevância, não só porque permite que a tentativa de resolução do litígio não se encontre pressionada pelo prazo de caducidade, mas também pelo caráter pedagógico da referência, dando a conhecer ao consumidor a existência de formas mais rápidas, económicas e eficazes para a resolução do conflito em comparação com os tribunais judiciais. Note-se que se incluem neste preceito as negociações com o produtor, esclarecendo-se assim que a circunstância de o consumidor se dirigir diretamente a este não afasta o exercício dos direitos perante o vendedor. A norma exclui a arbitragem, por se tratar de um modo adversarial em que o terceiro decide, tendo a sua decisão o mesmo valor do que a de um tribunal estadual. Logo, iniciado o processo arbitral dentro do prazo, o direito considera-se exercido tempestivamente (art. 331º-1 do CC).

A Lei 23/96, que regula os serviços públicos essenciais, também prevê expressamente a suspensão dos prazos para a propositura da ação. Assim, o art. 15º-2 estabelece que, "quando as partes, em caso de litígio resultante de um serviço público essencial, optem por recorrer a mecanismos de resolução extrajudicial de conflitos, suspendem-se, no seu decurso, os prazos previstos nos nºs 1 e 4 do artigo 10º". Esta regra deve considerar-se igualmente aplicável ao prazo de caducidade consagrado no art. 10º-2 do mesmo diploma, por nada o distinguir, de um ponto de vista lógico, do prazo de prescrição do art. 10º-1.

A principal questão que importa discutir relativamente aos litígios de consumo consiste em saber em que momento se inicia a tentativa de resolução do litígio. Será que basta a iniciativa de uma das partes para que se possa considerar que já está a ser "tentada" a resolução do litígio? Será que a suspensão deve ser equiparada à interrupção (da prescrição), sendo necessária a notificação da contraparte, nos termos dos arts. 323º e 324º do CC? Será que é necessário o acordo das partes, consubstanciado na celebração de acordo de mediação?

Segundo a LM, a suspensão ocorre, em princípio, a partir da data da celebração do protocolo de mediação, regulado no art. 16º LM. Esta regra poderá não ser adequada à mediação de consumo, uma vez que nesta não existe, em regra, um contrato escrito de mediação, desenrolando-se a tentativa de resolução do litígio de forma bastante informal. Este é um dos aspetos fundamentais, aliás, para o sucesso da mediação de consumo. Apesar de não estarmos aqui perante um sistema público de mediação, pode aplicar-se, por corresponder ao espírito da norma, a parte final do art. 13º-2, considerando-se suspensos os prazos a partir do momento "em que todas as partes tenham concordado com a realização da mediação".

Tratando-se de um litígio relativo a venda de bens de consumo ou a serviços públicos essenciais, aplicam-se as já citadas normas dos respetivos regimes, que são especiais em relação à LM, prevalecendo sobre esta.

Se o art. 15º-2 da Lei 23/96 pouco adianta relativamente ao problema que aqui se pretende resolver, embora pareça pressupor um acordo ("as partes [...] optem"), o DL 67/2003 contém uma norma específica que incide sobre esta questão. Assim, o art. 5º-A-5 estabelece que "a tentativa de resolução extrajudicial do litígio inicia-se com a ocorrência de um dos seguintes factos: a) as partes acordem no sentido de submeter o conflito a mediação ou conciliação; b) a mediação ou a conciliação seja determinada no âmbito de processo judicial; c) Se constitua a obrigação de recorrer à mediação ou conciliação".

Interessa-nos sobretudo a alínea a) e a questão de saber quando é que as partes acordam no sentido de submeter o litígio a mediação. Como já se referiu, a prática da mediação de conflitos de consumo mostra que esta tem características específicas face à mediação em geral[256], não existindo normalmente um acordo prévio de mediação. Neste sentido, deve entender-se que há acordo, para efeitos desta norma, sempre que o consumidor submete o caso a uma entidade de RALC e o profissional aceita tacitamente o processo, respondendo à solicitação dessa entidade[257].

[256] Mariana França Gouveia e Jorge Morais Carvalho, "A Experiência da UMAC na Mediação de Conflitos de Consumo", 2006, p. 38.

[257] Jorge Morais Carvalho, *Manual de Direito do Consumo*, 2017, pp. 306 a 308.

A tentativa de resolução alternativa do litígio finda por uma das razões indicadas no art. 13º-3 da Lei da Medição, retomando-se nesse momento os prazos de prescrição e de caducidade. Em primeiro lugar, conclui-se o processo de mediação na sequência da recusa de uma das partes ou de ambas em continuar com o procedimento. Até pode ter sido alcançado um acordo parcial, mas continua a subsistir um litígio entre as partes, voltando a correr os prazos de prescrição e de caducidade. Em segundo, o esgotamento do prazo máximo do procedimento determina automaticamente o termo da suspensão do prazo de prescrição ou de caducidade. Nos litígios de consumo, esta norma deve ser articulada com o art. 10º-5 da Lei 144/2015, que estabelece que "os procedimentos de RAL devem ser decididos no prazo máximo de 90 dias a contar da data em que a entidade de RAL receba o processo de reclamação completo". O art. 10º-6 da Lei 144/2015 admite que "o prazo referido no número anterior pode ser prorrogado, no máximo por duas vezes, por iguais períodos, pela entidade de RAL, caso o litígio revele especial complexidade, devendo as partes ser informadas da prorrogação do prazo e do tempo necessário previsto para a conclusão do procedimento de RAL" (sobre este regime, cfr. *supra* 3.5). Se não se verificar a prorrogação, a suspensão dos prazos cessa com o decurso do prazo de 90 dias a contar da data da receção do processo de reclamação completo. Em terceiro lugar, a suspensão cessa quando o mediador assim o determinar.

Para conseguir fazer prova dos factos geradores da suspensão do prazo, que devem ser comprovados pelo centro (art. 13º-5 da LM), qualquer das partes pode requerer ao centro a emissão de um documento comprovativo (art. 13º-6). Ao contrário do que parece resultar da letra do preceito, o centro não emite um documento "comprovativo da suspensão dos prazos", uma vez que a suspensão de um prazo é uma questão de direito, resultante de uma qualificação jurídica, que não cabe ao centro (nem ao mediador, que não tem de ser jurista), devendo este limitar-se a indicar factos. Os factos são os indicados nas várias alíneas do art. 13º-6, que deve ser objeto de uma interpretação restritiva: identificação das partes; identificação do objeto da mediação (por referência ao pedido efetuado ou ao seu alargamento posterior, para verificação do âmbito da suspensão); data do acordo de mediação, nos termos referidos nos parágrafos anteriores (ou seja, na mediação de consumo, em princípio, a data da resposta da empresa, participando no processo); data de conclusão do processo. O modo de conclusão do processo, sendo irrelevante para a análise da questão da suspensão do prazo e colocando a causa os princípios da confidencialidade e, em particular, da voluntariedade[258], não deve, em regra, ser indicado.

4.3. Homologação do acordo

O acordo obtido pelas partes em mediação terá força executiva se, nos termos do art. 9º-1 da LM, entre outros aspetos, o mediador estiver inscrito na lista de mediadores de conflitos organizada pelo Ministério da Justiça[259].

Esta regra aplica-se à mediação de consumo, incluindo os procedimentos de mediação que alguns regulamentos de centros de arbitragem designam como conciliação, mas que constituem, também eles, mediação, como se verá no ponto seguinte desta obra.

Note-se que a força deste título executivo, não sendo uma sentença, é relativamente fraca, uma vez que, nos termos do art. 731º do CPC, o executado pode opor-se à execução alegando quaisquer fundamentos que possam ser invocados como defesa no processo de declaração.

Poderá, assim, haver interesse das partes em conferir ao acordo uma força executiva acrescida por via da homologação do acordo por um juiz ou por um árbitro.

O art. 14º-1 da LM prevê que "as partes têm a faculdade de requerer a homologação judicial do acordo obtido em mediação pré-judicial". As partes têm, portanto, a possibilidade de requerer num tribunal judicial a homologação do acordo obtido numa mediação realizada junto de uma entidade de RALC. Não se trata, no entanto, de um mecanismo muito eficiente, uma vez que pressupõe o recurso ao tribunal judicial, que se pretendeu certamente evitar com o recurso à entidade de RALC.

Nos julgados de paz, o acordo obtido em mediação deve ser "reduzido a escrito e assinado por todos os intervenientes, para imediata homologação pelo juiz de paz, tendo valor de sentença" (art. 56º da LJP). Tendo em conta o princípio da voluntariedade, parece-nos que a homologação não pode ser imposta às partes, mas deste preceito resulta essa possibilidade e o valor da sentença homologatória.

[258] Dulce Lopes e Afonso Patrão, *Lei da Mediação Comentada*, 2016, p. 110.
[259] http://bit.ly/2qNn3jU (página consultada em agosto de 2017).

É, ainda, possível, naturalmente, a homologação do acordo pelo tribunal arbitral do centro de arbitragem, se esta possibilidade estiver prevista nos regulamentos dos centros.

O art. 10º-3 do CACCL prevê que, obtida a conciliação (realizada pelo diretor do centro ou por jurista designado para o efeito), "será lavrada a respetiva ata que, uma vez homologada pelo Juiz Árbitro, constituirá um título executivo". No mesmo sentido, pressupondo também uma tentativa de conciliação realizada pelo diretor do centro ou por um jurista responsável[260], o art. 11º-3 do regulamento do CNIACC estabelece que, "conseguido o acordo das partes, este será reduzido a escrito e, após a homologação pelo árbitro, produz os efeitos de uma sentença arbitral". Os restantes centros de arbitragem de conflitos de consumo têm regras semelhantes, embora alguns prevejam apenas esta possibilidade no caso de ser o diretor do centro a tentar a resolução do litígio.

Parece, portanto, admitir-se a homologação do acordo obtido em mediação, mas apenas no caso de este ter sido obtido numa sessão presencial, perante o diretor do centro de arbitragem e, em alguns casos, perante jurista designado para o efeito. A mediação feita à distância, mesmo que dirigida por mediador constante da lista do Ministério da Justiça, caso em que o acordo constitui título executivo, não está prevista nos regulamentos, no que diz respeito à sentença de homologação, mas nada parece impedir que esta possa ser proferida. Aliás, esta também é realizada, normalmente, por um jurista designado para o efeito. Assim, desde que exista convenção de arbitragem nesse sentido, a qual pode resultar de uma das cláusulas do acordo alcançado, o acordo pode ser homologado pelo árbitro.

Os regulamentos não contêm regras relativas ao regime de homologação. A Lei 144/2015 também não, pelo que devemos aplicar, por analogia, o art. 14º-3 da LM, que contém os requisitos da homologação judicial. Não se trata aqui de homologação judicial, mas a razão de ser dos requisitos aqui indicados aplica-se, integralmente, à homologação arbitral[261].

[260] Não referimos aqui o caso em que a tentativa de conciliação é dirigida pelo árbitro, uma vez que, neste caso, já estamos a falar de conciliação, em sentido próprio, e não de mediação. A questão será objeto de análise no ponto seguinte do livro, no qual também se explica de forma mais aprofundada a diferença entre mediação e conciliação.

[261] Também não é aplicável, pelo menos diretamente, o art. 41º-1 da LAV, que estabelece que, "se, no decurso do processo arbitral, as partes terminarem o litígio mediante transação, o

O art. 14º-3 da LM estatui que a homologação "tem por finalidade verificar se o mesmo respeita a litígio que possa ser objeto de mediação, a capacidade das partes para a sua celebração, se respeita os princípios gerais de direito, se respeita a boa-fé, se não constitui um abuso do direito e o seu conteúdo não viola a ordem pública".

A referência aos princípios gerais de direito, à boa-fé, ao abuso do direito e à ordem pública reduz-se, no essencial, a esta última figura, circunscrevendo-se, assim, o controlo do conteúdo do acordo à verificação da contrariedade à ordem pública.

A ordem pública, enquanto fundamento autónomo de nulidade do negócio, passa pela existência de uma válvula de salvaguarda do sistema, como garantia de que os princípios basilares do ordenamento jurídico são respeitados pelas partes de um contrato[262]. Mesmo que a lei não regule uma determinada situação, impondo limites à autonomia privada dos contraentes, a ordem pública pode ser chamada no sentido de salvaguardar a integridade do sistema jurídico. Existem, portanto, situações em que a lei é contrariada, mas não a ordem pública, por não ser afetado um princípio fundamental do ordenamento jurídico.

O art. 14º-3 da LM tem de ser objeto de uma interpretação corretiva, não se admitindo a homologação de um acordo contrário à lei, ou seja, que viole normas com conteúdo imperativo.

Tratando-se de um negócio jurídico, a validade do acordo obtido em mediação deve ser aferida nos termos gerais, não podendo esse acordo estar sujeito a um controlo menos intenso pela circunstância de ter resultado de uma mediação.

O acordo não é conforme com a legislação em vigor, nomeadamente, quando não estiverem preenchidos os requisitos do objeto negocial, previstos no art. 280º do CC[263]. Assim, é nulo – e, portanto, não pode ser homologado – o acordo que consista num negócio jurídico com objeto

tribunal arbitral deve pôr fim ao processo e, se as partes lho solicitarem, dá a tal transação a forma de sentença proferida nos termos acordados pelas partes, a menos que o conteúdo de tal transação infrinja algum princípio de ordem pública". Num acordo obtido na mediação, não estamos ainda, em princípio, "no decurso do processo arbitral", uma vez que o processo arbitral ainda não se iniciou. Se o processo já se tiver iniciado, tendo o árbitro remetido as partes para mediação, por exemplo, é aplicável este preceito.

[262] Jorge Morais Carvalho, *Os Limites à Liberdade Contratual*, 2016, pp. 87 e 88.

[263] AAVV, *Código Civil Anotado*, Vol. I, 2017, pp. 338 a 345.

física ou legalmente impossível, indeterminável, contrário à lei ou à ordem pública ou ofensivo dos bons costumes.

A invalidade do negócio, e a consequente não homologação do acordo, também pode resultar de uma contrariedade indireta à lei, quando se verifique que, embora o conteúdo imperativo de um preceito legal não é diretamente posto em causa, o objetivo passa por contornar a limitação prevista nesse preceito, verificando-se uma situação de fraude à lei.

O controlo feito pelo juiz não pode, assim, limitar-se à conformidade à ordem pública, como resulta, no essencial, da letra do art. 14º-3 da LM, sob pena de as partes poderem obter através da mediação um resultado contrário à lei, que não poderiam obter através de negociação. O mediador não tem qualquer controlo sobre o conteúdo do acordo, pelo que o processo de mediação não oferece qualquer garantia acrescida que permita dispensar o controlo dos demais requisitos do objeto negocial, nomeadamente a contrariedade à lei, por via do desrespeito pelo conteúdo imperativo de alguma norma, e a ofensa dos bons costumes.

Acrescente-se ainda que a inexistência de controlo a este nível teria como previsível consequência a utilização da mediação com o objetivo de contornar uma qualquer situação de contrariedade à lei não abrangida pela cláusula geral da ordem pública, colocando em causa o prestígio deste meio de resolução de litígios.

Após a homologação, o acordo passa a ter, para efeito de execução, o valor de sentença. Os fundamentos de oposição à execução reduzem-se significativamente em comparação com os do acordo não homologado, nos termos do art. 729º do CPC. Ainda assim, nos termos da alínea i) deste preceito, "tratando-se de sentença homologatória de confissão ou transação, qualquer causa de nulidade ou anulabilidade desses atos", ou seja, qualquer causa de nulidade ou anulabilidade do acordo obtido em mediação, pode constituir fundamento de oposição à execução.

Trata-se de uma via alternativa para pôr em causa o acordo homologado que seja contrário à lei. Isto não significa que o problema acima identificado se encontre, por esta via, resolvido. Continua a ser chocante permitir que um tribunal reconheça, à partida, a validade de um acordo que sabe ser inválido.

A possibilidade de homologação do acordo obtido em mediação pelo tribunal arbitral do centro de arbitragem depende da competência do centro para a resolução do litígio. Se, como já dissemos (v. *supra* 2.2), o acordo mantém a sua validade no caso de a mediação ter sido realizada num centro incompetente (em razão da matéria, do território e/ou do valor), a mesma conclusão não se aplica à intervenção do tribunal arbitral, que tem a sua jurisdição claramente definida em função da sua competência. Portanto, o acordo obtido numa mediação extra-competência não pode ser objeto de homologação.

5. Conciliação

5.1. Conceito de conciliação e distinção da mediação

No âmbito da resolução de conflitos de consumo em Portugal, o termo conciliação é utilizado habitualmente para descrever duas atividades diferentes. Por um lado, o termo conciliação é utilizado para descrever a atividade do árbitro quando, nos centros de arbitragem de conflitos de consumo, já durante a arbitragem, mas previamente ao julgamento, procura que as partes alcancem um acordo. Por outro lado, fala-se em conciliação para referir a atividade de um terceiro, muitas vezes o diretor do centro de arbitragem, que, depois da fase da mediação e antes do julgamento arbitral, procura auxiliar as partes a chegarem a acordo.

A Lei 144/2015 determina, no art. 3º-i), que a conciliação, a par da mediação e da arbitragem, é um procedimento de RALC, embora não forneça qualquer definição sobre o que é ou em que consiste este procedimento de RALC.

Apesar de a conciliação ser comummente aceite em Portugal como meio de RAL, não se encontra definida nem regulada de forma abrangente no nosso ordenamento jurídico[264].

[264] Temos apenas um regime para a conciliação judicial (CPC, em especial art. 594º). A Lei 144/2015 inclui também uma norma sobre conciliação (art. 12º-2), que analisaremos mais à frente.

A doutrina tem procurado definir conciliação[265], sendo possível, abstraindo de algumas variações, agrupar as opiniões quanto à sua noção em três posições principais.

A primeira caracteriza a conciliação como uma atividade com as características da mediação, divergindo desta pela maior intervenção do terceiro. Na segunda, a conciliação é considerada sinónimo de mediação, considerando-se impossível a distinção das duas. Para a terceira posição, a conciliação consiste na atividade do julgador com o objetivo de obtenção de um acordo. É uma atividade semelhante à mediação, divergindo desta pela circunstância de o terceiro ser o árbitro ou juiz da causa.

São vários os autores que têm uma opinião que se enquadra na primeira posição. Entendem que, na mediação, se entrega inteiramente às partes a resolução do seu conflito. O terceiro é um mero facilitador de diálogo. O seu papel é o de trazer uma nova dinâmica à discussão, restabelecendo a comunicação. De acordo com esta posição, a diferença em relação à conciliação é que nesta o terceiro pode ir além de uma facilitação do diálogo[266]. O conciliador faz propostas e apresenta soluções para o caso. Colabora com as partes para a obtenção de um acordo, não se limitando a fomentar a busca desse acordo pelas partes.

De acordo com a segunda posição, a distinção entre as duas figuras é impossível. Luís de Lima Pinheiro[267] refere que vários autores tentam fazer a distinção, mas nenhum alcança um critério distintivo claro. Também Dário Moura Vicente[268] defende que na nossa ordem jurídica

[265] Dulce Lopes e Afonso Patrão, *Lei da Mediação Comentada*, 2016, pp. 25 a 27.

[266] Neste sentido: Manuel Pereira Barrocas, *Manual de Arbitragem*, 2010, pp. 76-77; João Sevivas, *Julgados de Paz e o Direito*, 2007, pp. 18 e 19; Lúcia Dias Vargas, *Julgados de Paz e Mediação – Uma Nova Face da Justiça*, 2006, pp. 53 e 54; Susana Figueiredo Bandeira, "A Mediação como Meio Privilegiado de Resolução de Litígios", 2002, pp. 107 e 108; Juan Carlos Vezzulla, *Mediação*, 2001, p. 83. Em sentido contrário, João Pedroso e Cristina Cruz, *A Arbitragem Institucional: Um Novo Modelo de Administração da Justiça – O Caso dos Conflitos de Consumo*, 2000, p. 41, e Catarina Frade, "A Resolução Alternativa de Litígios e o Acesso à Justiça: A Mediação do Sobreendividamento", 2003, pp. 109 e 110, entendem que é na mediação que o terceiro tem o papel mais interventivo, fazendo-se a intervenção do terceiro através da apresentação às partes de uma proposta de solução da sua autoria; segundo estes autores, na conciliação o terceiro limita-se a pôr as partes em contacto e a facilitar a comunicação, mantendo estas um maior controlo do processo.

[267] Luís de Lima Pinheiro, *Arbitragem Transnacional*, 2005, p. 46.

[268] Dário Moura Vicente, "Mediação Comercial Internacional", 2005, p. 390.

não existem diferenças substanciais entre os dois institutos. Trata-se nos dois casos da mesma atividade, podendo falar-se, eventualmente, numa diferença de grau de intervenção do terceiro, que é maior na conciliação, mas não numa diferença de natureza da intervenção[269].

Para a terceira posição, a conciliação consiste na atividade do julgador tendente à obtenção de um acordo. É uma atividade semelhante à mediação, divergindo desta pela circunstância de o terceiro ser o juiz ou árbitro da causa[270]. Quando o terceiro tem poder sobre as partes, designadamente por ter posterior poder de decisão, a liberdade das partes no sentido de alcançarem um acordo que satisfaça as suas necessidades encontra-se limitada[271].

[269] No mesmo sentido, PATRÍCIA DA GUIA PEREIRA, "A Adequação dos Meios de Resolução, em Especial da Mediação, aos Conflitos de Consumo", 2010, p. 181, defende que as fronteiras entre a conciliação extrajudicial e a mediação são pouco nítidas. HENRY BROWN E ARTHUR MARRIOTT, *ADR Principles and Practices*, 2005, p. 127, preferem usar os termos como sinónimos, utilizando a expressão *evaluative mediation* quando se referem aos casos em que há uma maior intervenção do terceiro, contrapondo-a a *facilitative mediation*, processo no qual não há essa intervenção. Para J. O. CARDONA FERREIRA, *Justiça de Paz e Julgados de Paz*, 2005 pp. 39 e 40, também não faz sentido falar em dois meios de resolução de litígios distintos. A conciliação é o objetivo do processo. A mediação, i.e., a atuação de um terceiro como intermediário, é a ação tendente à obtenção desse objetivo. Seguindo este entendimento, o Regulamento da CMVM 2/2016 estabelece que, "não sendo possível a imediata conciliação das partes, o mediador estabelece um protocolo de assentimento no procedimento de mediação [...]".

[270] Esta é a opinião de MARIANA FRANÇA GOUVEIA, *Curso de Resolução Alternativa de Litígios*, 2014, p. 106, que defende que a conciliação se consubstancia em diligências promovidas e conduzidas pelo juiz ou árbitro para tentar resolver o litígio por acordo das partes. V., também, JORGE MORAIS CARVALHO, "A Consagração Legal da Mediação em Portugal", 2011, p. 279. Para CÁTIA MARQUES CEBOLA, *La Mediación. Un Nuevo Instrumento de la Administración de la Justicia para la Solución de Conflictos*, 2011, p. 226, trata-se de um mecanismo levado a cabo pelo juiz, árbitro, oficial de justiça, advogado, procurador ou outra pessoa com intervenção no processo jurisdicional. ZULEMA D. WILDE E LUIS M. GAIBROIS, *O Que é a Mediação*, 2003, pp. 35 a 37, entendem que a diferença está em que a mediação é extrajudicial e a conciliação é judicial, sendo levada a cabo por um magistrado. Também JOÃO CHUMBINHO, *Julgados de Paz na Prática Processual Civil*, 2007, pp. 74 e 77, apesar de admitir a existência da conciliação extrajudicial, acaba por associar o conceito da conciliação com a atividade realizada por um juiz.

[271] JORGE MORAIS CARVALHO, "A Consagração Legal da Mediação em Portugal", 2011, p. 279.

No que respeita à primeira posição, o conceito de mediação é, quer do ponto de vista científico[272], quer do ponto de vista do ordenamento jurídico português, suficientemente amplo para abarcar as situações em que o mediador se limita a facilitar o diálogo e a ajudar as partes a encontrar os seus interesses e as situações em que o mediador apresenta sugestões ou mesmo propostas de acordo. A primeira é habitualmente denominada *facilitative mediation* e a segunda *evaluative mediation*[273]. Os mediadores que praticam cada uma das modalidades têm tendência para criticar a outra, procurando negar-lhe a qualificação como mediação. Contudo, conforme assinala Riskin, a utilização do conceito determina a sua definição e, neste momento, é demasiado tarde para académicos ou associações de mediação dizerem aos profissionais, que são amplamente reconhecidos como mediadores, que não são mediadores, da mesma forma que é tarde demais para a Associação de Pizzas de Nápoles dizer à Domino's que o seu produto não é pizza[274].

A mediação caracteriza-se pela sua flexibilidade, sendo essa aliás uma das suas grandes vantagens. O mediador escolhe a postura e técnicas que prefere, tendo em conta a sua formação, a sua experiência ou as circunstâncias do caso que lhe é apresentado. Não existe apenas um tipo de intervenção do mediador, nem sequer dois. A *facilitative mediation* e a *evaluative mediation* devem ser encaradas como dois extremos de um eixo, ao longo do qual os mediadores se posicionam em função da postura mais ou menos interventiva que assumem em cada mediação[275].

A LM portuguesa acolhe esta definição ampla de mediação, na senda do enquadramento europeu da matéria[276]. Conforme já foi referido, será

[272] Nadja Alexander, "The Mediation Metamodel: Understanding Practice", 2008; Leonard Riskin, "Decisionmaking in Mediation: The New Old Grid and the New New Grid System", 2003.

[273] Henry Brown e Arthur Marriott, *ADR Principles and Practices*, 2005, p. 127.

[274] Leonard Riskin, "Understanding Mediators' Orientations, Strategies, and Techniques: A Guide for the Perplexed", 1996, p. 13.

[275] Leonard Riskin, "Understanding Mediators' Orientations, Strategies, and Techniques: A Guide for the Perplexed", 1996, p. 17. O autor propõe um sistema de caracterização da mediação com dois eixos, sendo o segundo eixo o da definição do problema: amplo, numa mediação em que se pretende aprofundar verdadeiramente o conflito e as suas causas, e estreito, numa mediação em que apenas se pretende discutir a solução para o problema.

[276] A Diretiva 2008/52/CE e o Código Deontológico Europeu dos Mediadores não impedem os mediadores de assumirem uma postura interventiva.

considerada mediação em Portugal qualquer atividade que, cabendo na definição do art. 2º-a), respeite os princípios fundamentais consagrados na LM.

O art. 26º-b) da LM determina que o mediador deve "abster-se de impor qualquer acordo aos mediados". Contudo, a imposição de um acordo pressupõe o exercício de pressão para a aceitação do mesmo e não se confunde com a formulação de propostas[277].

Do exposto decorre que a postura mais interventiva do terceiro não é suficiente para afastar a qualificação da atividade como mediação, pelo que não poderá ser esta a distinção entre mediação e conciliação.

Quanto à segunda posição, diríamos que é, de facto, impossível distinguir a mediação da conciliação dita extrajudicial, na medida em que como vimos nos parágrafos anteriores se reconduzem a técnicas diferentes dentro da mesma atividade.

A Lei 144/2015 contém normas aplicáveis à conciliação (arts. 12º-2 e 14º-3), que serão analisadas mais à frente, o que parece indiciar que a lei considera que mediação e conciliação não são sinónimos.

De facto, a posição que defende a sinonímia não tem em conta que a atividade de intermediação tem características específicas quando é jurisdicional. Nestes casos, trata-se de uma atividade distinta da mediação. É isto que é defendido na terceira posição, com a qual concordamos, no essencial.

Uma das características essenciais da mediação é o *empowerment*[278]. É fundamental que as partes mantenham plenos poderes ao longo de todo o processo, sendo livres de formular o acordo como mais lhes convier ou de desistir a qualquer momento, sem qualquer tipo de sanção. Essencial, também, é a confiança no processo e no mediador para que possam dizer tudo o que lhes pareça relevante. Se o terceiro intermediário é o juiz ou árbitro que vai decidir a causa no caso de não ser alcançado um acordo, as partes não se sentem à vontade para expor os seus verdadeiros interesses e até factos que são relevantes, mas não quiseram revelar nas alegações. Sabem que estão perante quem vai decidir e, apesar de não poderem ser utilizadas na decisão aquelas informações, não é

[277] Contra: Mariana França Gouveia, *Curso de Resolução Alternativa de Litígios*, 2014, p. 49.
[278] Henry Brown e Arthur Marriott, *ADR Principles and Practices*, 2005, p. 130.

possível apagá-las do espírito do juiz[279]. Daqui se conclui que não podemos identificar esta atividade com a mediação, uma vez que lhe faltam características essenciais, como são os plenos poderes e a confiança das partes.

Neste sentido, a Diretiva 2008/52/CE estabelece, no segundo parágrafo da alínea a) do artigo 3º, que o conceito de mediação "não abrange as tentativas do tribunal ou do juiz no processo para solucionar um litígio durante a tramitação do processo judicial relativo ao litígio em questão".

Parece-nos, no entanto, que o conceito de conciliação não deve ser reservado apenas para os casos em que o terceiro é o julgador do caso. A conciliação deve ser entendida como o processo em que as partes são auxiliadas por um terceiro a encontrar uma solução para o seu litígio, sempre que esse terceiro tenha posterior poder de decisão. Cabem, assim, no conceito de conciliação, não só as tentativas de resolução por acordo efetuadas pelo juiz, num tribunal judicial ou num julgado de paz, ou pelo árbitro, em sede de arbitragem, mas, também, por exemplo,

[279] Zulema D. Wilde e Luis M. Gaibrois, *O Que é a Mediação*, 2003, pp. 35 a 37. Diversos estudos demonstram precisamente isso (Edna Sussman, "Arbitrator Decision-Making: Unconscious Psychological Influences and What You Can Do About Them", 2013, pp. 491 e 492). Sobre este assunto, v., também, Ragnar Harbst, *A Counsel's Guide to Examining and Preparing Witnesses in International Arbitration*, 2015, p. 51. Mesmo que conscientemente saiba que não pode ter em conta o que foi discutido anteriormente, o julgador não consegue impedir que, inconscientemente, aquilo que ouviu contribua para os seus juízos acerca do litígio. Num caso, foi apresentado a metade dos juízes da experiência um documento incriminatório para o réu, mas inadmissível como prova. Foi possível concluir que os juízes que viram o documento, embora o tivessem excluído do processo por configurar prova inadmissível, tiveram maior tendência para dar razão ao autor do que os juízes que não viram o documento (Edna Sussman, "Arbitrator Decision-Making: Unconscious Psychological Influences and What You Can Do About Them", 2013, p. 492). Além deste enviesamento, é interessante referir também o chamado enviesamento de confirmação, segundo o qual o nosso cérebro tem tendência para procurar argumentos para confirmar a hipótese ou história que formamos anteriormente, ignorando os argumentos que demonstram o contrário (Daniel Kahneman, *Pensar Depressa e Devagar*, 2012, pp. 111 e 112; Raymond S. Nickerson, "Confirmation Bias: A Ubiquitous Phenomenon in Many Guises", 1998, pp. 175 e ss.). No caso da arbitragem, quando o árbitro já formou uma certa imagem do caso no seu cérebro (designadamente durante a conciliação) vai procurar, durante o julgamento, informação que encaixa nessa imagem e a confirma, não prestando atenção à informação que a contraria (Ragnar Harbst, *A Counsel's Guide to Examining and Preparing Witnesses in International Arbitration*, 2015, p. 21).

as levadas a cabo pelo chefe de dois empregados, se lhe couber a decisão, no caso de eles não chegarem a acordo[280].

Do exposto decorre que, no âmbito dos litígios de consumo em Portugal, há conciliação, designadamente, quando, nos centros de arbitragem, o árbitro, ou nos julgados de paz, o juiz, auxilia as partes a alcançarem um acordo antes do julgamento. Já a segunda atividade a que habitualmente se chama conciliação, através da qual um terceiro sem posterior poder decisório, muitas vezes o diretor do centro de arbitragem, auxilia as partes a alcançarem uma solução consensual não deve ser considerada verdadeira conciliação. Esta atividade enquadra-se na definição de mediação da LM e nada na sua configuração ameaça os princípios fundamentais, pelo que deve ser considerada mediação[281].

A discussão em torno da qualificação de determinada atividade como conciliação ou mediação tem efeitos práticos relevantes. A qualificação como mediação, tal como definida na LM, implica a aplicação a essa atividade desta lei, já que o seu âmbito de aplicação se determina por referência à definição de mediação. Já a qualificação como conciliação conduzirá a uma situação de maior incerteza, uma vez que não há, em Portugal, um regime geral aplicável à conciliação.

Daqui decorre que, além dos argumentos acima apresentados, há também um argumento de conveniência associado à qualificação da intermediação realizada pelos diretores dos centros de arbitragem como mediação e não como conciliação. Essa qualificação permite-nos ter um enquadramento legal a aplicar a essa atividade e, em especial, balizar a

[280] Em sentido contrário, CHRISTOPHER W. MOORE, *O Processo de Mediação*, 1998, p. 51, classifica os terceiros com autoridade como um tipo de mediadores.

[281] Em sentido contrário, MARIANA FRANÇA GOUVEIA, *Curso de Resolução Alternativa de Litígios*, 2014, pp. 23 e 24, entende que às "conciliações não jurisdicionais", como as conduzidas pelos diretores dos centros, não é aplicável a LM, uma vez que esta se limita a regular a mediação facilitadora. Independentemente da questão de saber se a LM regula também a mediação interventiva (posição que defendemos) sempre se dirá que nada obriga a que a atividade dos diretores dos centros de arbitragem configure uma mediação interventiva. A sua intervenção pode ser meramente facilitadora, caso em que não haverá dúvidas quanto à aplicação da LM. A este propósito, MARIA CRISTINA PORTUGAL, "A Resolução Extrajudicial de Conflitos de Consumo Transfronteiriços", 2001, p. 352, n. 9, defende que "a prática tem demonstrado que a diferença [entre a atividade do "conciliador" e do mediador] pode ser muito ténue, desde o conciliador que procura que as partes na presença uma da outra cheguem a consenso – o que seria mediação – ao mediador que sugere soluções".

atuação do intermediário através da aplicação dos princípios, o que representa uma maior proteção dos utilizadores dos centros de arbitragem de consumo.

5.2. Regime jurídico da conciliação em matéria de consumo

Conforme assinalamos acima, não existe no ordenamento jurídico português um regime geral aplicável à conciliação. Existem regras no CPC, em especial os arts. 594º, 591º-1-a) e 604º-2, aplicáveis à conciliação judicial[282]. A LAV, por sua vez, não tem qualquer menção acerca da possibilidade e da forma de realização de conciliação pelo árbitro.

No âmbito dos litígios de consumo, a Lei 144/2015 inclui duas normas que regulam a conciliação.

O art. 12º-2 da Lei 144/2015 consagra os direitos que devem ser assegurados às partes no âmbito da conciliação. O art. 9º-2 da Diretiva RALC, que aqui é transposto, não fala em conciliação, mas sim em procedimentos de RALC "que visem a resolução do litígio propondo uma solução". Conforme exposto no ponto anterior, no nosso ordenamento jurídico a possibilidade de propor soluções não é exclusiva da conciliação. A nossa LM não proíbe a chamada *evaluative mediation*, pelo que, no âmbito da mediação, também podem ser apresentadas soluções ou propostas pelo mediador. Assim, para garantir uma interpretação conforme à Diretiva RALC, o art. 12º-2 deve ser aplicado sempre que seja proposta uma solução às partes, seja na mediação seja na conciliação.

O art. 12º-2-a) consagra o direito à desistência do procedimento e o direito das partes a serem informadas da possibilidade de desistência antes do início da conciliação. O direito a desistir a qualquer momento é corolário do princípio da voluntariedade que necessariamente enforma qualquer procedimento de busca por uma solução consensual. A norma parece incluir uma possibilidade de desistência limitada aos casos em que a parte não esteja satisfeita "com o desempenho ou com o funcionamento do procedimento". Contudo, esta limitação é aparente, na medida em que qualquer motivo da parte para desistir, ainda que não tenha que ver com o procedimento, conduzirá a uma insatisfação com o procedimento. Uma interpretação em sentido contrário violaria o prin-

[282] Sobre o regime da conciliação judicial, v. JOANA CAMPOS CARVALHO, "A Função de Conciliação do Juiz nos Conflitos Civis e Comerciais", 2016, pp. 19 a 42.

cípio da voluntariedade, princípio fundamental em qualquer processo consensual (cfr. *supra* 3.3).

O art. 12º-2-b) inclui os direitos das partes de serem informadas de que i) podem aceitar, recusar ou adotar a solução proposta, ii) a participação no procedimento de RALC não os impede de recorrer aos órgãos jurisdicionais competentes para resolver o litígio e iii) a solução proposta pela entidade de RALC pode ser diferente de uma solução obtida por via judicial que aplique as disposições em vigor. Em relação a esta alínea importa assinalar que o procedimento aqui descrito, através do qual é proposta uma solução às partes, pode ocorrer já durante a fase da arbitragem. Nesses casos, as partes podem desistir da mediação ou conciliação, mas não do processo arbitral, pelo que a informação a prestar nos termos do ponto ii) é a de que, se desistirem, o seu litígio será apreciado pelo órgão jurisdicional, que é o tribunal arbitral.

Nos termos do art. 12º-2-c) e d) as partes têm ainda o direito a informação acerca dos efeitos jurídicos da eventual aceitação da solução proposta, isto é, de que se trata de um contrato que as vinculará, e o direito a um prazo razoável para refletir.

Pode colocar-se a questão de saber quem deve prestar as informações previstas no art. 12º-2. Sempre que as informações devam ser prestadas antes do início do procedimento, como no caso do art. 12º-2-a), essa tarefa caberá ao centro. Quando as informações devam ser prestadas durante o procedimento, essa tarefa caberá ao mediador ou conciliador. Note-se que algumas das informações a prestar implicam conhecimentos jurídicos. Apesar de a LM não exigir aos mediadores quaisquer conhecimentos em Direito, o regime no âmbito dos litígios de consumo é diverso, exigindo-se que as entidades de RALC assegurem que "as pessoas singulares suas colaboradoras possuem comprovadamente [...] conhecimentos adequados em Direito" (art. 7º-1 da Lei 144/2015).

Além do art. 12º-2, também o art. 14º-3 da Lei 144/2015 regula a conciliação, estabelecendo que se aplica, com as necessárias adaptações, o disposto no art. 13º da LM, quanto ao regime de suspensão dos prazos de caducidade e de prescrição. A aplicação prática desta norma é reduzida, na medida em que, referindo-se à atividade de intermediação realizada por quem tem posterior poder de decisão, a conciliação nos litígios de consumo ocorre, na maior parte das vezes, durante o processo arbitral ou o processo no julgado de paz, pelo que os prazos de caducidade ou prescrição já foram interrompidos.

As normas que regulam a conciliação em Portugal são manifestamente insuficientes, não permitindo concluir quais os limites da atuação do conciliador.

Perante esta lacuna, parece-nos que se justifica a aplicação analógica das normas que regulam a mediação. Essa aplicação deve ter em conta as diferenças entre os dois meios, designadamente a circunstância de o conciliador ter posterior poder de decisão, o que altera a dinâmica do procedimento. Esta aplicação analógica tem a vantagem de conferir alguma proteção às partes[283]. Se o mediador corre o risco de pressionar as partes para a obtenção de um acordo, esse risco é consideravelmente superior no caso do conciliador, já que este tem um interesse direto em que seja alcançado um acordo, seja ele qual for[284]. Se as partes alcançarem um acordo é menos um processo (judicial ou arbitral) que o conciliador terá de tramitar. Assim, justifica-se aqui, mais ainda do que na mediação, a proteção conferida pelo art. 26º-b) da LM, que impõe ao terceiro o dever de se abster de impor qualquer acordo às partes.

5.3. Conciliação nos regulamentos dos centros de arbitragem de consumo

Os regulamentos do CACCDC, do CIAB, do CICAP, do CIMAAL, do CNIACC e do TRIAVE, que seguem o modelo de regulamento harmonizado, incluem, no respetivo art. 11º, normas sobre conciliação.

O art. 11º-1 determina que "previamente à realização da audiência de arbitragem poderá tentar-se resolver o litígio através da conciliação das partes".

Embora a questão seja discutível[285], parece-nos que, na arbitragem, os árbitros terão poderes conciliatórios apenas se as partes lhos conferirem[286]. Nesse sentido, esta norma assume relevância, na medida em que representa a autorização das partes para que o árbitro possa conciliá-las,

[283] Acerca do risco de coação sobre as partes e de perda de independência dos juízes na conciliação: Mariana França Gouveia, *Curso de Resolução Alternativa de Litígios*, 2014, pp. 106 e 107.

[284] Mariana França Gouveia, *Curso de Resolução Alternativa de Litígios*, 2014, p. 105.

[285] Mariana França Gouveia, *Curso de Resolução Alternativa de Litígios*, 2014, pp. 107 a 110.

[286] Mariana França Gouveia, *Curso de Resolução Alternativa de Litígios*, 2014, p. 110. Este entendimento encontra-se em linha com a regra 8 das IBA Rules of Ethics for International Arbitrators.

uma vez que, ao aceitarem resolver o litígio no centro, estão a aceitar as regras do respetivo regulamento (cfr. *infra* 6.3).

No que diz respeito ao momento, o procedimento descrito neste preceito tem lugar já durante o processo arbitral, mas antes da realização da audiência de julgamento. É isso que decorre deste art. 11º-1, quando conjugado com os artigos anteriores, que se referem à fase da conciliação/arbitragem, dando a entender que se trata da mesma fase. Esta interpretação é também a que permite conciliar este regime com o do art. 9º do regulamento, com a epígrafe "mediação". Este aplica-se quando ainda não há processo arbitral e aquele (art. 11º) aplica-se quando já está a decorrer o processo arbitral.

O art. 11º-2 determina que a conciliação deve ser efetuada pelo árbitro, pelo diretor do centro ou por um jurista responsável por procedimentos de RALC. Conforme defendemos atrás, quando a intermediação é efetuada por alguém que não tem posterior poder de decisão está preenchido o conceito de mediação, pelo que é esse o regime que deve aplicar-se. Assim, desta norma decorre uma atribuição de competência às pessoas designadas na norma para auxiliarem as partes na procura de uma solução consensual, previamente à realização da audiência de arbitragem. Contudo, essa atividade será regulada por normas distintas consoante seja conduzida pelo diretor do centro ou um jurista do centro (mediação) ou pelo árbitro (conciliação).

Finalmente, nos centros acima referidos, o acordo das partes resultante deste procedimento que decorre já durante o processo arbitral é sempre homologado pelo árbitro (art. 11º-3).

O regulamento do CACCL refere-se à tentativa de conciliação no art. 10º. Contudo, analisadas as normas deste artigo conclui-se que o mesmo se refere na verdade a um procedimento que deve ser qualificado como mediação, já que é conduzido pelo diretor do centro ou por jurista assistente, ocorrendo em momento anterior ao início do procedimento arbitral. Da análise do regulamento conclui-se que, no CACCL, não há, pelo menos em regra, conciliação, já que não são atribuídos poderes ao árbitro para procurar conciliar as partes. O mesmo se pode dizer a propósito do regulamento do CACCRAM, que apenas prevê um procedimento de busca por uma solução consensual que, embora denominado tentativa de conciliação, é conduzido pelo diretor do centro (art. 7º).

O regulamento do CASA inclui dois procedimentos distintos a que chama conciliação. No art. 11º, está prevista a conciliação promovida pelo diretor do centro, que ocorre quando ainda não existe compromisso arbitral. No art. 34º, prevê-se que a fase de conciliação e arbitragem se inicia com uma tentativa de conciliação, realizada pelo árbitro indicado pelo centro. Consideramos, conforme defendido atrás, que o segundo procedimento deve ser qualificado como conciliação. O procedimento previsto no artigo 11º deve ser qualificado como mediação, o que suscita a questão de saber qual a utilidade de um procedimento de mediação quando já decorreu um procedimento de mediação anterior que não teve sucesso (art. 10º). A existência de dois procedimentos de mediação é aceitável e pode ser especialmente justificada se forem utilizados dois modelos diferentes de mediação. A primeira mediação seria mais facilitadora e a segunda mais interventiva, com o terceiro a apresentar propostas de resolução para o caso. Uma solução deste género pode revelar-se eficaz numa lógica de existência de diferentes degraus para a resolução do litígio, partindo-se da solução em que as partes têm maior poder e autonomia para resolver o seu problema (mediação facilitadora), passando por um procedimento em que as partes mantêm a autonomia, mas há alguma interferência no conteúdo da solução (mediação interventiva) e culminando na arbitragem, em que um terceiro decide pelas partes.

Nos centros de arbitragem em que há mediação realizada pelo diretor do centro, em especial quando se trata de uma segunda mediação, este deve ser especialmente cauteloso para não pressionar as partes. O diretor do centro, embora não tenha poderes sobre o futuro do processo, tem alguma autoridade, pelas funções que desempenha no centro. Assim, deve haver um especial cuidado na preservação do princípio da voluntariedade que é fundamental na mediação, devendo o diretor do centro abster-se de utilizar a sua autoridade para pressionar as partes.

5.4. Técnicas a utilizar na conciliação

O processo jurisdicional é orientado para a obtenção da solução jurídica para o caso. O objetivo da conciliação não é o de obter a solução jurídica para o caso, mas sim o de encontrar uma solução consensual para o problema. Daqui decorre que, na conciliação, o árbitro ou juiz deve despir as suas vestes de julgador. Ainda que inserida na fase da arbitragem (ou seja desenvolvida pelo juiz ou pelo juiz de paz), a conciliação tem uma natureza totalmente diversa e exige competências e ferramentas muito distintas das exigidas ao julgador.

Tendo em conta a semelhança entre a conciliação e a mediação, e tendo em conta que o resultado que se pretende alcançar é idêntico, o procedimento da conciliação deve ser construído sobre o da mediação[287], fazendo-se as adaptações necessárias, tendo em conta as diferenças existentes.

Esta solução tem a vantagem de conferir alguma orientação ao conciliador, uma vez que, apesar de o estudo da conciliação ser ainda pouco aprofundado, a mediação e as suas técnicas e ferramentas constituem um campo amplamente estudado.

Como se defendeu no ponto 5.1, a conciliação distingue-se da mediação por naquela o *empowerment* estar posto em causa. Na conciliação, as partes não têm plenos poderes, isto é, não têm um controlo absoluto sobre o conteúdo do procedimento, uma vez que o terceiro que as auxilia na obtenção de um acordo tem poder decisório, caso o acordo se frustre. Por esse motivo, há informação que as partes guardam para si e interesses que preferem não revelar com receio de que isso possa influenciar a decisão posterior.

Tendo em conta esta diferença fundamental, há em especial uma ferramenta habitualmente utilizada na mediação que não deve ser transposta para a conciliação. Trata-se do *caucus* (ou reuniões separadas)[288]. O mediador suspende a sessão para falar com cada uma das partes em particular. Esta ferramenta pode ser muito útil, na medida em que permite ao mediador perceber melhor o que está em causa. As partes sentem-se mais à vontade e revelam factos que não são capazes de revelar na presença da outra parte. No entanto, há muitos mediadores que evitam utilizá-la porque pode facilmente pôr em causa a imparcialidade do mediador e a confiança que as partes têm nele. A parte pode ficar desconfiada do que a contraparte esteve a discutir com o mediador, sentindo até que há uma aliança entre o mediador e a contraparte. Por este motivo, esta ferramenta deve ser utilizada com muita cautela, havendo

[287] Sobre a estrutura e técnicas do processo de mediação e a sua utilização na conciliação, v. Joana Campos Carvalho, *A Concliliação Judicial*, 2009, p. 25.

[288] Henry Brown e Arthur Marriott, *ADR Principles and Practices*, 2005, p. 174.

sempre o cuidado de fazer reuniões separadas com cada uma das partes, tendo as reuniões sensivelmente a mesma duração.

Ora, na conciliação, o *empowerment* já está, à partida, posto em causa, uma vez que as partes podem sentir-se constrangidas por estarem perante quem, posteriormente, vai decidir o seu caso. O *caucus* pode contribuir para uma ainda maior perda de confiança das partes, já que pode, pelo menos na perspetiva das partes, colocar em causa a imparcialidade do tribunal. Dado que o juiz ou árbitro tem de decidir se as partes não chegarem a acordo, a sua imparcialidade e a confiança das partes no tribunal devem ser preservadas o mais possível.

6. Arbitragem

Além de algumas (poucas) regras e dos princípios já enunciados no ponto 3, constantes da Lei 144/2015, não existe um regime específico que regule a arbitragem de consumo. São, assim, aplicáveis, neste contexto, as regras gerais da LAV.

Neste ponto, pressupõe-se o conhecimento pelo leitor do regime jurídico da arbitragem voluntária em Portugal, realçando-se apenas os aspetos mais relevantes com vista ao estudo dos problemas específicos que se colocam em torno da arbitragem de consumo.

Analisam-se sucessivamente, neste ponto, as seguintes questões: (i) natureza jurídica e efeitos da adesão plena a um centro de arbitragem de consumo; (ii) natureza jurídica da arbitragem imposta ao prestador de serviços pelo regime dos serviços públicos essenciais e regime aplicável; (iii) regras processuais aplicáveis à arbitragem de consumo; (iv) regras de interpretação dos regulamentos dos centros de arbitragem; (v) reconvenção; (vi) intervenção de terceiros; (vii) impugnação da sentença arbitral, incluindo o regime dos recursos na arbitragem de consumo.

6.1. Adesão plena a centros de arbitragem de consumo

Os centros de arbitragem de conflitos de consumo permitem habitualmente que as empresas emitam uma declaração através da qual aderem plenamente ao centro.

Veja-se, a título de exemplo, o art. 10º-3 do modelo de regulamento harmonizado dos centros de arbitragem de consumo, que determina que "os fornecedores de bens e prestadores de serviços poderão efetuar uma adesão plena ao Centro". O art. 6º-1 do regulamento do CACCL prevê que "os agentes económicos podem declarar que aderem previamente e com caráter genérico ao Regulamento de Arbitragem". Na sequência desta declaração, as empresas aderentes passam, entre outros aspetos, a poder ostentar nos seus estabelecimentos um dístico publicitando essa adesão (art. 6º-4).

A adesão plena é igualmente reconhecida pela lei. Com efeito, o art. 18º-1 da Lei 144/2015, já analisado no ponto 3.7 deste livro, estabelece que os profissionais devem informar os consumidores acerca das entidades de RALC "a que se encontrem *vinculados, por adesão*" (itálico nosso).

A questão a que pretendemos aqui dar resposta é a de saber se o consumidor pode impor a arbitragem em determinado centro de arbitragem de consumo a uma empresa que aderiu a esse centro. Para tal, revela-se necessário qualificar juridicamente a declaração através da qual a empresa realiza a adesão.

Numa primeira análise é possível configurar a declaração de adesão como um convite a contratar, uma proposta contratual ou uma promessa pública.

Na oposição entre convite a contratar e proposta contratual, a figura do convite a contratar fica, desde logo, afastada. Uma declaração é considerada uma proposta contratual quando é completa, precisa, firme e formalmente adequada[289]. Pelo contrário, deve considerar-se que se trata de um mero convite a contratar quando falham os requisitos da completude ou da adequação formal ou quando o emitente fizer saber que a sua declaração não deve ser considerada como proposta[290]. Tal não se verifica no presente caso, como se demonstra de seguida.

Para aferir da completude de determinada proposta importa definir o conteúdo mínimo do contrato a celebrar[291]. O conteúdo mínimo da convenção de arbitragem, isto é, o conteúdo, traduzido habitualmente em cláusulas, sem o qual não pode considerar-se existir uma convenção de arbitragem, é bastante reduzido. Basta que haja um acordo quanto à submissão de determinado ou determinados litígios à arbitragem.

[289] Carlos Ferreira de Almeida, *Contratos*, Vol. I, 2017, p. 117.
[290] Carlos Ferreira de Almeida, *Contratos*, Vol. I, 2017, p. 121.
[291] Carlos Ferreira de Almeida, *Contratos*, Vol. I, 2017, p. 117.

No caso da adesão plena, há uma declaração no sentido de se pretender submeter a arbitragem litígios resultantes de relações jurídicas determinadas, pelo que se encontra preenchido o requisito da completude.

Para que seja formalmente adequada, a proposta deve revestir a forma necessária para o contrato. Nos termos do art. 2º-1 da LAV, a convenção de arbitragem deve adotar forma escrita. Restringimos a nossa análise aos casos em que a adesão plena é feita através de declaração escrita, que correspondem à norma, em que se encontra cumprido, portanto, o elemento da adequação formal.

Por fim, não se verifica qualquer manifestação, por parte do aderente, no sentido de a sua declaração não dever ser considerada como proposta contratual.

Neste sentido, note-se ainda que, ao contrário da proposta contratual, o convite a contratar não vincula o declaratário. Assim, no sentido de que não se trata de um mero convite a contratar aponta também o já referido art. 18º-1 da Lei 144/2015, na parte em que prevê que os profissionais ficam "*vinculados*, por adesão" (itálico nosso).

Encontrando-se, pois, afastada a hipótese do convite a contratar, importa verificar se a declaração de adesão plena deve ser qualificada como proposta contratual ou como promessa pública.

Tratando-se de proposta contratual, basta a aceitação do consumidor para que se considere celebrado o contrato, no caso a convenção de arbitragem.

No que diz respeito à promessa pública, determina o art. 459º-1 do CC que "aquele que, mediante anúncio público, prometer uma prestação a quem se encontre em determinada situação ou pratique certo facto, positivo ou negativo, fica vinculado desde logo à promessa". Verifica-se, pois, que, através de promessa pública, alguém promete uma prestação. No caso em apreço, tal significaria que a empresa prometeria celebrar convenção de arbitragem, quando o consumidor manifestasse vontade de resolver determinado litígio através de arbitragem.

A configuração como proposta contratual ou como promessa pública conduz, portanto, a efeitos completamente distintos. Quando alguém emite uma proposta contratual fica numa posição de sujeição, tendo a outra parte o direito potestativo de aceitar aquela proposta. Pelo contrário, quem faz uma promessa pública fica obrigado a cumprir essa promessa, tendo a outra parte um direito subjetivo.

No caso da adesão plena, a qualificação como proposta contratual implica que o consumidor tem o direito potestativo de aceitar a proposta de convenção de arbitragem e, posteriormente, o direito potestativo (decorrente do contrato) de submeter o seu litígio a arbitragem. A empresa, encontrando-se numa posição de sujeição, não pode impedir a celebração da convenção de arbitragem nem, consequentemente, impedir que o consumidor recorra à arbitragem.

Já a qualificação como promessa pública implica que o consumidor apenas tem um direito subjetivo a que a empresa emita uma proposta de convenção arbitral. Tal significa que, não querendo que o litígio seja sujeito a arbitragem, a empresa pode recusar-se a cumprir a prestação a que estava obrigada. Tal recusa tem efeitos meramente obrigacionais, podendo ser geradora de responsabilidade civil. Na prática, o efeito da adesão é muito reduzido nesta perspetiva, se não mesmo nulo.

A qualificação como proposta contratual ou como promessa pública da declaração de adesão plena depende, parece-nos, da sua interpretação. Nos termos do art. 236º-1 do CC, "a declaração negocial vale com o sentido que um declaratário normal, colocado na posição do real declaratário, possa deduzir do comportamento do declarante, salvo se este não puder razoavelmente contar com ele". É, pois, a esta luz que devemos interpretar a declaração negocial da empresa.

No essencial, a questão coloca-se da seguinte forma – um consumidor normal deduz da declaração emitida pela empresa que:

- Quando surgir um litígio poderá optar por resolvê-lo através de arbitragem; ou
- Quando surgir um litígio poderá manifestar a sua vontade de recorrer a arbitragem, cabendo à empresa decidir se, no caso concreto, concorda com o recurso a esse meio de resolução de litígios?

Consideramos que um consumidor normal deduz do comportamento da empresa que esta lhe concede a si, consumidor, a escolha, permitindo-lhe, querendo, optar pela arbitragem. Parece-nos muito difícil defender que esse mesmo consumidor interpreta a declaração no sentido de que a empresa pretende reservar-se a possibilidade de obstar ao recurso à arbitragem.

Mariana França Gouveia argumenta, no sentido da necessidade de configuração como promessa pública[292], que apenas pode haver derrogação do direito de ação quando a lei o permite e que a LAV apenas reconhece dois tipos de convenção de arbitragem (cláusula compromissória e compromisso arbitral)[293], não preenchendo a declaração unilateral genérica os requisitos de nenhuma delas[294].

Concordamos que apenas pode haver derrogação do direito de ação quando a lei o permite. Contudo, a declaração do aderente não é, por si só, uma convenção de arbitragem. A convenção de arbitragem celebra-se quando o consumidor aceita a proposta. Não há, pois, necessidade de criar uma terceira categoria de convenção de arbitragem nestes casos. Estaremos perante uma cláusula compromissória se ainda não houver litígio no momento da aceitação ou, o que é mais comum, um compromisso arbitral, nos casos em que já existe um litígio que opõe o consumidor e a empresa aderente.

Note-se, ainda, que a adesão plena pode constituir um fator distintivo do vendedor ou prestador de serviços, aumentando a confiança do consumidor[295] e levando-o a contratar com a empresa aderente em vez de contratar com outra que não aderiu a qualquer centro de arbitragem. Seria, pois, desequilibrada uma solução que permitisse à empresa, no momento da ocorrência do litígio, impedir o consumidor de recorrer à arbitragem, ainda que pudesse haver lugar, em teoria, a indemnização.

No que diz respeito à forma, à semelhança da proposta emitida pela empresa aderente, também a aceitação do consumidor tem de revestir forma escrita. Contudo, nada impede que a aceitação seja tácita,

[292] Também no sentido da qualificação como promessa pública, v. Dário Moura Vicente, "A Manifestação do Consentimento na Convenção de Arbitragem", 2002, p. 998. No Ac. do TRL, de 15/12/2011, conclui-se, igualmente, que a declaração de adesão plena "corresponde a uma declaração unilateral de adesão prévia, constituindo uma mera promessa de celebração de convenção arbitral".

[293] Em sentido contrário, António Menezes Cordeiro, *Tratado de Arbitragem,* 2015, p. 97, defende que, apesar de a lei não o prever expressamente, são admitidas cláusulas arbitrais inseridas em negócios unilaterais.

[294] Mariana França Gouveia, *Curso de Resolução Alternativa de Litígios*, 2014, p. 127; Vanessa Alexandra Ferreira Rodrigues, *Arbitragem e Mediação no Direito do Consumo*, 2012, p. 30; António Marques dos Santos, "Arbitragem no Direito do Consumo", 2002, p. 288, n. 20.

[295] Neste sentido, Maria José Capelo, "A Lei de Arbitragem Voluntária e os Centros de Arbitragem de Conflitos de Consumo", 1999, p. 111.

nos termos do art. 217º-1 do CC. Assim, por exemplo, se o consumidor apresenta um requerimento arbitral no centro de arbitragem a que a empresa aderiu aceita tacitamente e por escrito a proposta contratual da empresa, celebrando-se, naquele momento, a convenção arbitral, na modalidade de compromisso arbitral.

A propósito da declaração emitida pela empresa aderente coloca-se, ainda, a questão de saber se a adesão carece de aceitação por parte do centro de arbitragem. A declaração emitida pela empresa tem como destinatários os consumidores e não o centro de arbitragem. Através daquela declaração a empresa propõe, como vimos, ao consumidor a celebração de uma convenção de arbitragem para resolução de litígios em determinado centro. Apesar de, habitualmente, a empresa enviar um formulário ao centro de arbitragem a que adere, tal não se revela necessário. Basta que a empresa afixe o dístico informativo da adesão ou inclua essa informação nos contratos ou na sua publicidade para que fique vinculada perante o consumidor, sujeitando-se a que aquele aceite a sua proposta[296]. Não só não é necessária a aceitação por parte do centro, como é mesmo irrelevante que este conheça aquela declaração da empresa. O centro de arbitragem não é parte neste negócio, podendo as partes vincular-se contratualmente à arbitragem sem necessidade de intervenção do centro e independentemente da sua vontade.

A proposta emitida pela empresa aderente é uma proposta ao público, modalidade de proposta contratual que tem como principal característica a indeterminação dos destinatários. Esta qualificação tem relevância no que respeita à revogação da proposta, ou seja, neste caso, a revogação da adesão plena. Nos termos do art. 230º-3 do CC, "a revogação da proposta, quando dirigida ao público, é eficaz, desde que seja feita na forma da oferta ou em forma equivalente".

Note-se que a revogação apenas produz efeitos se a proposta ainda estiver em vigor, não tendo sido já aceite. Assim, se o consumidor já

[296] Em sentido contrário, Isabel Oliveira, "A Arbitragem de Consumo", 2000, p. 396, defende que a adesão genérica, mais do que como convenção arbitral, apresenta-se como um contrato entre o organismo arbitral e a empresa. Também Maria José Capelo, "A Lei de Arbitragem Voluntária e os Centros de Arbitragem de Conflitos de Consumo", 1999, pp. 112 e 113, configura a adesão plena como um contrato entre a empresa e o centro, concluindo que "no caso de o agente económico se recusar a celebrar uma convenção de arbitragem, [...] não lhe pode opor a declaração de adesão genérica à arbitragem".

tiver aceitado a proposta, nomeadamente dando início ao processo de arbitragem, a revogação da adesão já não produz efeito em relação a esse processo. Já temos, neste caso, convenção de arbitragem.

Se ainda não estiver celebrada a convenção de arbitragem, admite-se a revogação da proposta ao público de convenção de arbitragem feita pelo profissional, desde que seja utilizada forma equivalente à da proposta. Se a adesão constar de documento afixado no estabelecimento, impõe-se a afixação de documento equivalente, no mesmo local, com a mesma visibilidade, indicando a revogação. Se a adesão estiver indicada na página da Internet do profissional, será necessário incluir uma informação no sentido da sua revogação. Se a adesão apenas tiver sido comunicada ao centro de arbitragem, que a incluiu na sua lista de adesões, é necessário comunicar ao centro de arbitragem a revogação da adesão, com vista à inclusão desta informação na lista ou à simples retirada do profissional em causa da lista.

Esta regra pode gerar situações iníquas. O consumidor pode ter celebrado o contrato de consumo com aquele profissional por saber que este era aderente de um determinado centro de arbitragem, no qual poderia resolver qualquer litígio que viesse a ocorrer no negócio em causa. Se o profissional revogar, entretanto, a sua adesão plena, deixa de estar vinculado, como vimos, desde que a arbitragem ainda não se tenha iniciado (ou, numa hipótese essencialmente académica, que o consumidor já tenha aceitado a proposta). O consumidor não poderá, neste caso, recorrer ao centro de arbitragem para a resolução do litígio. Se estiverem verificados os requisitos do art. 252º-1 do CC, nomeadamente se este aspeto tiver sido discutido na negociação do contrato e indicado pelo consumidor como relevante, o negócio poderá ser anulado por erro sobre os motivos. A revogação da adesão plena também poderá constituir uma prática comercial desleal, nos termos do DL 57/2008. Não se trata, no entanto, de soluções equivalentes à vinculação do profissional à arbitragem.

6.2. Arbitragem nos serviços públicos essenciais

A Lei 6/2011 alterou a Lei 23/96, tendo o art. 15º-1 passado a prever que "os litígios de consumo no âmbito dos serviços públicos essenciais estão sujeitos a arbitragem necessária quando, por opção expressa dos utentes que sejam pessoas singulares, sejam submetidos à apreciação do tribunal arbitral dos centros de arbitragem de conflitos de consumo legalmente autorizados".

6.2.1. Pressupostos

Esta arbitragem, que iremos qualificar um pouco mais à frente, tem dois pressupostos de base:

- Tratar-se de um litígio de consumo, sendo o consumidor uma pessoa singular;
- Estar em causa um serviço público essencial.

Para responder à questão de saber quando é que estamos perante um litígio de consumo, é necessário perceber qual é o conceito relevante de consumidor para efeito deste diploma. Note-se que o conceito de consumidor, relevante para efeito do art. 15º-1, não se confunde com o de utente, que é bastante mais amplo. Com efeito, o art. 1º-3 estabelece que se considera "utente, para os efeitos previstos nesta lei, a pessoa singular ou coletiva a quem o prestador do serviço se obriga a prestá-lo". Na falta de outro elemento, sendo esta uma norma que trata especificamente de RALC, parece-nos que se deve recorrer ao conceito de consumidor da Lei 144/2015, que já foi objeto de uma análise aprofundada no ponto 1.3.1.

Quanto a estar em causa um serviço público essencial, é necessário verificar o elenco do art. 1º-2 da Lei 23/96. Apesar de se debater acerca do caráter taxativo ou meramente exemplificativo da lista[297], é muito duvidoso que, face à letra do preceito ("são os seguintes os serviços públicos abrangidos"), possam ser acrescentados serviços na sequência de simples determinação, por via interpretativa, da sua natureza de serviço público essencial[298].

[297] Carlos Ferreira de Almeida, "Serviços Públicos, Contratos Privados", 2002, pp. 140 e 141; Mafalda Miranda Barbosa, "Acerca do Âmbito da Lei dos Serviços Públicos Essenciais", 2004, p. 423.

[298] António Pinto Monteiro, "A Protecção do Consumidor de Serviços Públicos Essenciais", 2000, p. 339; Mafalda Miranda Barbosa, "Acerca do Âmbito da Lei dos Serviços Públicos Essenciais", 2004, p. 414; Flávia da Costa de Sá, *Contratos de Prestação de Serviços de Comunicações Electrónicas*, 2014, p. 18. Contra: Marcelino Abreu, *Lei dos Serviços Públicos Essenciais (Anotada e Comentada)*, 2017, p. 39.

Assim, a arbitragem prevista no art. 15º-1 aplica-se aos serviços de fornecimento de água[299], aos serviços de fornecimento de energia elétrica, aos serviços de fornecimento de gás natural e de gases de petróleo liquefeitos canalizados, aos serviços de comunicações eletrónicas (internet, televisão, telefone, etc.), aos serviços postais, aos serviços de recolha e tratamento de águas residuais e aos serviços de gestão de resíduos sólidos urbanos. Por muito essenciais que possam ser considerados outros serviços, não lhes é aplicável a Lei 23/96.

Não é absolutamente fundamental que exista um contrato entre as partes, podendo o litígio de consumo resultar de uma relação pré-contratual ou até mesmo não contratual[300].

No Ac. do TRC, de 17/11/2015, estava em causa uma ação de anulação de sentença arbitral do CACCDC, concluindo o tribunal que a Lei 23/96 "não é aplicável somente à fase do fornecimento de tais serviços e que pressupõe a prévia celebração de um contrato formal entre a concessionária e o utilizador de tais serviços, mas a toda a relação que se estabelece entre ambos, abrangendo a fase pré-contratual e os serviços prestados pela concessionária com vista ao estabelecimento das condi-

[299] Cátia Sofia Ramos Mendes, *O Contrato de Prestação de Serviços de Fornecimento de Água*, 2015, p. 75; Ac. do Tribunal Central Administrativo Sul, de 22/1/2015. Chamamos a atenção, nesta decisão, para o seguinte trecho: "temos de concluir estarmos perante uma questão que não se enquadra nas competências que estão atribuídas a um tribunal com jurisdição em matéria fiscal pelo que ocorre incompetência em razão da matéria, cabendo o seu conhecimento aos tribunais comuns, mais propriamente, ao Tribunal da Relação de Évora". A questão acabou mesmo por chegar ao TRE. No Ac. do TRE, de 26/3/2015, conclui-se que "a Lei nº 23/96 é inequívoca a incluir no seu âmbito o serviço público de fornecimento de água (...). Dessa caracterização decorre a sujeição de qualquer litígio respeitante à prestação de tal serviço público essencial a um regime de arbitragem necessária, admitida pelo artº 1º, nº 1, da LAV, e desde que o utente pessoa singular opte por recorrer a mecanismo de resolução extrajudicial de conflitos. (...) Com isso torna-se também desnecessário avaliar uma hipotética argumentação que pudesse fazer reportar a eventual existência dessa convenção de arbitragem à própria convenção celebrada entre o Centro de Arbitragem decisor («CIMAAL») e a associação de municípios de que faz parte a entidade municipal demandada («AMAL»)".

[300] Uma das questões que se pode colocar neste âmbito consiste em saber se os familiares do utente também podem recorrer à arbitragem nos termos do art. 15º-1 da Lei 23/96. Paulo Duarte, "A Chamada «Arbitragem Necessária» de «Litígios de Consumo» no Domínio dos Serviços Públicos Essenciais", 2016, p. 463, entende que "é ainda um «litígio de consumo» o que tem por objeto uma pretensão indemnizatória de um familiar do utente, que com ele reside, fundada a alegação de danos gerados pela interrupção do abastecimento de água".

ções necessárias à celebração do contrato de fornecimento e à disponibilização de um sistema de abastecimento". Acrescenta o tribunal que "o litígio entre a concessionária e o proprietário de um imóvel, referente ao pagamento de uma obrigação pecuniária decorrente da instalação de um ramal de ligação à rede pública, é um litígio de consumo no âmbito de um serviço público essencial, podendo ser sujeito a arbitragem necessária".

No caso do fornecimento de energia elétrica, o art. 15º-1 da Lei 23/96 permite ao consumidor resolver por via arbitral os litígios que tenha quer com o comercializador (com quem celebrou um contrato) quer com o distribuidor (com quem não celebrou qualquer contrato, mas com quem tem uma relação reconhecida como tal por via legal e regulamentar)[301]. A título de exemplo, refere-se o art. 10º-1 do Regulamento de Qualidade de Serviço do Setor Elétrico (Regulamento nº 455/2013, de 30 de outubro de 2013, da ERSE), que estabelece que "os operadores das redes são responsáveis pela qualidade de serviço técnica, perante os clientes ligados às redes independentemente do comercializador com quem o cliente contratou o fornecimento". Esta responsabilidade do distribuidor não afasta, naturalmente, a responsabilidade do comercializador pelo não cumprimento do contrato celebrado.

No Ac. do TRL, de 12/1/2017, segue-se este entendimento, o qual é transposto igualmente para o caso do fornecimento de gás natural. Pode ler-se na decisão que "a lei não o afirma tão claramente, como se vê do artigo 4º do Regulamento da Qualidade de Serviço do Sector do Gás Natural [...]. Mas apesar de não afirmar directamente que a responsabilidade do operador é assumida perante o cliente, o regulamento não deixa de prever a sua responsabilidade pela qualidade do serviço ao cliente e não apenas pela qualidade de serviço ao comercializador com quem contratou, concluindo-se que o serviço prestado pela autora constitui um serviço prestado ao cliente, mesmo sem existir um contrato entre ambos".

Verificados os dois pressupostos de base, o consumidor pode submeter o litígio à apreciação do tribunal arbitral de um centro de arbitragem de consumo legalmente autorizado.

[301] Paulo Duarte, "A Chamada «Arbitragem Necessária» de «Litígios de Consumo» no Domínio dos Serviços Públicos Essenciais", 2016, p. 463.

No ponto 2.2, fizemos uma classificação dos centros de arbitragem, distinguindo (i) os centros de arbitragem de consumo de competência genérica (o CACCDC, o CACCRAM, o CACCL, o CIAB, o CICAP, o CIMAAL, o CNIACC e o TRIAVE), (ii) os centros de arbitragem de consumo de competência especializada (CASA e o CIMPAS) e (iii) os centros de arbitragem de competência genérica, que também resolvem litígios de consumo (todos os outros centros de arbitragem).

O art. 15º-1 da Lei 23/96, ao referir-se a "centros de arbitragem de conflitos de consumo", afasta do seu âmbito, desde logo, os centros de arbitragem do terceiro grupo. Os centros de arbitragem do segundo grupo são também afastados, mas apenas porque não existe, em Portugal, nenhum centro de arbitragem de consumo de competência especializada que trate de litígios relacionados com serviços públicos essenciais. Se existisse um centro de arbitragem especializado em litígios de consumo no setor do fornecimento de energia elétrica, por exemplo, este centro estaria abrangido no âmbito do art. 15º-1 da Lei 23/96.

É, ainda, necessário, naturalmente, que o centro de arbitragem aceite o tratamento do litígio. Em princípio, os centros têm de aceitar os litígios que estejam no âmbito da sua competência, nomeadamente material e/ou territorial (cfr. *supra* 2.2), só podendo recusá-los com um dos fundamentos previstos no respetivo regulamento (v. *supra* 3.4.2).

6.2.2. Qualificação jurídica

Definido o âmbito da arbitragem estabelecida no art. 15º-1 da Lei 23/96, importa proceder à sua qualificação: será arbitragem necessária ou arbitragem voluntária?

O interesse desta questão encontra-se, no essencial, limitado a saber que normas se aplicam.

A ideia de que podemos com alguma certeza partir é a de que se trata de arbitragem. Tratando-se de arbitragem, temos dois conjuntos de normas principais: as da LAV, que se aplicam à arbitragem voluntária, e as do Livro VI do CPC, que se aplicam à arbitragem necessária.

O elemento literal, visível logo na epígrafe do art. 15º-1, poderia apontar para a qualificação como arbitragem necessária. No entanto, o art. 1082º do CPC, que abre o livro dedicado ao "tribunal arbitral necessário", afasta-a. Assim, prevê-se nessa norma que, "se o julgamento arbitral *for prescrito por lei especial*, atende-se ao que nesta estiver determinado; na falta de determinação, observa-se o disposto nos artigos seguintes" (itálico nosso). Ora, no art. 15º-1 da Lei nº 23/96, o julgamento arbitral não é prescrito. A lei confere ao consumidor um direito de opção, podendo recorrer a um tribunal arbitral ou a um tribunal estadual. Por definição, não estamos, portanto, perante um caso de arbitragem necessária[302]. De qualquer forma, mesmo que considerássemos tratar-se de arbitragem necessária, não haveria qualquer consequência ao nível do regime jurídico. Os arts. 1083º e 1084º do CPC nunca seriam aplicáveis à arbitragem de consumo, uma vez que nesta as partes não escolhem os árbitros, pressuposto das regras contidas nos dois preceitos. Já o art. 1085º remete precisamente para a LAV em tudo o que não estiver especialmente regulado.

A lei substitui a declaração da empresa, sendo sempre necessária a declaração do consumidor. Pode também considerar-se, com poucas diferenças práticas, que se prescinde da declaração do profissional[303]. Em qualquer caso, a situação jurídica em que se encontra o consumidor é

[302] João Pedro Pinto-Ferreira, "A Resolução Alternativa de Litígios de Consumo no Contexto da Lei nº 144/2015", 2016, p. 327, refere-se a "arbitragem potestativa", na medida em que a lei "atribui ao utente que seja pessoa física o direito potestativo de iniciar o processo arbitral". Pedro Costa Gonçalves, "Arbitragem e Regulação (A Arbitrabilidade dos Conflitos Regulatórios)", 2014, p. 71, n. 13, refere, a este propósito, que a arbitragem pode "ser *voluntária* para uma parte e *necessária* para outra parte do conflito". Também Artur Flamínio da Silva, *A Resolução de Conflitos Desportivos em Portugal*, 2017, p. 353, n. 1093, fala de "um mecanismo atípico que é, afinal de contas, voluntário para os consumidores e necessário para os prestadores dos serviços públicos essenciais". Em sentido contrário, Fernando Manuel Martins Viana, *A Resolução Alternativa de Litígios e as Tecnologias de Informação e Comunicação*, 2015, p. 44, defende que nos casos em que as partes não têm escolha se trata de *arbitragem obrigatória*, ficando a expressão *arbitragem necessária* reservada para os casos, como o dos serviços públicos essenciais, em que uma das partes pode escolher outra forma de resolução do litígio.

[303] Caso se entenda que a lei prescinde da declaração do prestador de serviços e, em consequência, da celebração de convenção de arbitragem, suscitam-se dúvidas quanto à aplicação da LAV. Esta dificuldade pode, no entanto, ser ultrapassada através da aplicação analógica das disposições da LAV que sejam compatíveis com uma arbitragem sem base contratual. No final, este raciocínio parece não levar a resultados muitos diferentes daqueles que decorrem da ausência de declaração negocial de uma das partes (substituída pela lei, assim se assegurando a natureza contratual da arbitragem) e tem a vantagem de não ficcionar essa declaração.

idêntica àquela que resulta da adesão plena do profissional ao centro. O consumidor tem o direito potestativo de recorrer à arbitragem[304].

Embora tenhamos concluído que se trata de arbitragem voluntária, a aplicação da LAV não pode ser feita sem mais, uma vez que uma das partes não emitiu qualquer declaração negocial. É necessário, assim, interpretar cada uma das normas tendo em conta essa circunstância[305].

Os regulamentos dos centros de arbitragem também são aplicáveis. A lei estabelece expressamente a sua competência nestes casos, pressupondo-se que a autorização – de natureza administrativa – necessária para que os centros funcionem garante a seriedade do procedimento. Os regulamentos dos centros são um dos aspetos sujeito a controlo administrativo, pelo que a remissão legal do art. 15º-1 da Lei 23/96 deve entender-se como abrangendo a sua aplicação integral. As regras processuais previstas nos regulamentos dos centros são aplicáveis, salvo se não respeitarem o *due process of law* ou outras normas com conteúdo imperativo da LAV (art. 30º-2 da LAV). Esta conclusão vale, aliás, para toda a arbitragem de consumo, independentemente de esta se situar no âmbito dos serviços públicos essenciais. Sobre a questão das regras processuais, v. *infra* 6.3.

6.2.3. Interação entre a arbitragem necessária e o processo judicial previamente instaurado pela empresa

Imaginemos o seguinte caso. Determinada empresa entende que o consumidor é devedor de € 150, correspondentes à eletricidade fornecida ao longo dos últimos três meses. Para cobrar esse valor inicia uma ação judicial no tribunal judicial competente. O consumidor entende não ser devedor, mas pretende resolver o litígio através de arbitragem e não no tribunal judicial.

Coloca-se a questão de saber se pode obstar ao prosseguimento da ação judicial e iniciar um processo arbitral.

Como vimos, o art. 15º-1 da Lei 23/96 determina que "os litígios de consumo no âmbito dos serviços públicos essenciais estão sujeitos a arbitragem necessária quando, por opção expressa dos utentes que

[304] Susana Filipa Pereira Bastos, *Arbitragem Necessária*, 2016, p. 13. Jurisprudência: Ac. do TRL, de 12/1/2017.

[305] Ac. do TRL, de 12/1/2017.

sejam pessoas singulares, sejam submetidos à apreciação do tribunal arbitral dos centros de arbitragem de conflitos de consumo legalmente autorizados".

Daqui decorre que, sendo a arbitragem necessária apenas para a empresa, esta não poderia, por iniciativa própria, propor ação arbitral. Além de não existir convenção de arbitragem, os centros de arbitragem de consumo de competência genérica não reconhecem legitimidade ativa ao profissional para iniciar um procedimento de RALC (v. *supra* 3.1). É, pois, expectável, que a empresa inicie um processo judicial.

A teleologia da norma do referido art. 15º-1 é a de permitir ao consumidor a escolha da arbitragem quando estão em causa serviços públicos essenciais. Não apresentando a lei qualquer limitação, não faz, pois, sentido que sempre que seja a empresa a tomar a iniciativa de resolver determinado litígio o consumidor se veja, na prática, impedido de optar pela arbitragem.

Em sentido contrário, é possível argumentar que, quando a iniciativa é da empresa, estamos habitualmente perante casos de cobrança de dívidas, para os quais já existem meios processuais específicos, como a injunção e a ação especial para cumprimento de obrigações pecuniárias (DL 269/98), pelo que não deve permitir-se o recurso à arbitragem nestes casos.

No entanto, a lei pretendeu atribuir ao consumidor a opção pela arbitragem sempre que esteja em causa um serviço público essencial, não estabelecendo qualquer limitação. Trata-se de um acréscimo de proteção do consumidor, que deve prevalecer. Ainda que os procedimentos especiais sejam adequados à cobrança de dívidas, os centros de arbitragem de consumo estão especialmente vocacionados para as relações de consumo, permitindo ao consumidor ter uma maior proximidade com o processo e, em princípio, ter menos custos com o mesmo.

Pelo exposto, parece-nos que deve permitir-se que o consumidor inicie a arbitragem quando é citado na ação judicial (ou notificado na injunção), desde que o faça antes da sua primeira intervenção no processo. Deve, depois, apresentar contestação na ação judicial ou oposição no procedimento de injunção, alegando a exceção de preterição do tribunal arbitral[306], uma vez que, nesse momento, já existe convenção de

[306] Paulo Duarte, "A Chamada «Arbitragem Necessária» de «Litígios de Consumo» no Domínio dos Serviços Públicos Essenciais", 2016, p. 468.

arbitragem (o art. 15º-1 da Lei 23/96 substitui a declaração da empresa e o consumidor já emitiu a sua própria declaração, através do requerimento arbitral).

A empresa pode desistir da ação ou, se não o fizer, o juiz deve absolver o réu da instância, tendo em conta a exceção dilatória de preterição de tribunal arbitral – arts. 96º-b) e 577º-a) do CPC.

Note-se que, apesar de nos parecer ser claramente esta a solução decorrente da correta interpretação da Lei 23/96, a mesma afigura-se onerosa para as empresas, na medida em que estas não podem recorrer à arbitragem, sendo obrigadas, para fazer valer os seus direitos, a propor ação judicial e, consequentemente, a pagar as custas do processo judicial, ficando depois dependentes da vontade do consumidor, que pode tornar inútil o tempo e dinheiro gastos na ação judicial ao optar pelo recurso à arbitragem.

Uma solução em sentido contrário teria, no entanto, a consequência negativa de gerar uma corrida à ação entre o consumidor e o profissional, definindo-se a competência do tribunal judicial ou do tribunal arbitral em função da parte que agisse em primeiro lugar[307]. Não é este, claramente, o objetivo da lei quando reconhece os tribunais arbitrais e lhes atribui competência e poderes jurisdicionais, em especial por opção de uma das partes do contrato.

Acrescenta-se que os consumidores seriam, neste caso, tentados a propor muito mais vezes ações de simples apreciação negativa nos centros de arbitragem de consumo, requerendo ao tribunal arbitral a declaração de que não são devedores, ações que são, em muitas situações, inúteis, uma vez que o profissional poderá não estar interessado em litigar, cobrando o valor em causa.

As observações feitas neste ponto valem para os casos em que a vinculação do profissional resulta de adesão plena. O profissional não pode iniciar a ação no tribunal arbitral de um centro de arbitragem de consumo, mas o consumidor tem o direito potestativo de aceitar a proposta de convenção de arbitragem emitida pelo profissional. Se este intentar uma ação judicial (ou der entrada de um procedimento de injunção), o consumidor pode iniciar o processo arbitral e vir ao tribunal judicial (ou

[307] Paulo Duarte, "A Chamada «Arbitragem Necessária» de «Litígios de Consumo» no Domínio dos Serviços Públicos Essenciais", 2016, p. 469.

ao procedimento de injunção) alegar a existência de convenção de arbitragem e invocar a exceção de preterição de tribunal arbitral.

6.3. Definição das regras processuais aplicáveis

A Lei 144/2015, que regula a RALC, estabelece poucas regras aplicáveis à arbitragem. Estas regras devem considerar-se como tendo conteúdo imperativo, pelo que se sobrepõem mesmo à convenção das partes.

Assim, o art. 10º-2 da Lei 144/2015 estabelece que as entidades de RALC devem "assegurar que as partes não têm de recorrer a um advogado e podem fazer-se acompanhar ou representar por terceiros em qualquer fase do procedimento" (cfr. *supra* 3.4.4). Daqui resulta que, ao contrário do que sucede nos tribunais estaduais, a representação por advogado não pode ser imposta, independentemente do valor da ação. Uma cláusula nesse sentido inserida num regulamento de um centro de arbitragem de consumo é inválida (por ser contrária à lei), não podendo ser aplicada.

O art. 10º-4 da Lei 144/2015 impõe, com relevância em matéria de arbitragem, o respeito pelo princípio do contraditório, princípio fundamental de qualquer processo, incluído nos princípios do processo equitativo previsto no art. 20º-4 da CRP. Este princípio é, aliás, densificado, no que respeita à arbitragem de consumo, no art. 12º da Lei 144/2015 (cfr. *supra* 3.2.2).

O art. 10º-5 da Lei 144/2015 determina que "os procedimentos de RAL devem ser decididos no prazo máximo de 90 dias a contar da data em que a entidade de RAL receba o processo de reclamação completo". O nº 6 acrescenta que este prazo "pode ser prorrogado, no máximo por duas vezes, por iguais períodos, pela entidade de RAL, caso o litígio revele especial complexidade, devendo as partes ser informadas da prorrogação do prazo e do tempo necessário previsto para a conclusão do procedimento de RAL".

A Lei 144/2015 estabelece, portanto, um prazo mais curto para a arbitragem de consumo, por comparação com o prazo supletivo de 12 meses enunciado no art. 43º-1 da LAV. O prazo inicial de 90 dias começa a contar a partir da data da receção pelo tribunal arbitral do requerimento inicial de arbitragem completo, não sendo contabilizado na arbitragem o tempo decorrido no procedimento de mediação (cfr. *supra* 3.5). A opção pode ser criticável, mas a regra parece clara, pelo que o poder jurisdicional do árbitro se esgota findo o prazo previsto nos nºs 5 e 6.

No que respeita à convenção de arbitragem, é necessário ter em conta o art. 13º da Lei 144/2015. No essencial, a regra, já explicada neste texto (v. *supra* 3.3.1), é a de que o consumidor não fica vinculado pela convenção de arbitragem, podendo sempre optar entre a propositura da ação no tribunal arbitral ou num tribunal estadual. A Lei 144/2015 também faz referência, em particular no art. 18º-1, a dois casos de convenção de arbitragem peculiares, já aqui analisados de forma aprofundada, em concreto os que resultam da adesão prévia do profissional a um centro de arbitragem ou da atribuição de um direito potestativo ao consumidor no sentido de recorrer a arbitragem nos serviços públicos essenciais.

A Lei 144/2015 não contém outras regras sobre o processo de arbitragem, não tendo igualmente qualquer norma de aplicação subsidiária.

Sendo arbitragem, sempre que não haja norma especial na Lei 144/2015, devem aplicar-se as normas da LAV.

O art. 30º da LAV regula precisamente os princípios e as regras do processo arbitral. Depois de realçar a vinculação do tribunal arbitral aos princípios do processo justo (nº 1), estabelece-se a regra geral relativa às regras processuais da arbitragem: livre escolha pelas partes (até à designação do árbitro), com o limite das normas imperativas (nº 2)[308].

Na arbitragem de consumo, a livre escolha das regras processuais pelas partes consubstancia-se normalmente na seleção do centro de arbitragem de consumo que vai resolver o litígio. Ao aderirem a um centro, as partes tornam suas as cláusulas do regulamento desse centro (cfr. art. 6º da LAV). São objeto de análise, no ponto seguinte desta obra, as regras processuais dos regulamentos dos centros de arbitragem, concluindo-se quanto à sua interpretação e aplicação.

O art. 30º-3 da LAV trata do caso em que as partes não acordaram sobre a regra processual necessária para resolver alguma questão (o que implica que o regulamento do centro também não a resolveu) e a LAV ou outro diploma, como a Lei 144/2015, não regule imperativamente a matéria. Se assim for, "o tribunal arbitral pode conduzir a arbitragem do

[308] Este artigo traduz o princípio da autonomia das partes, considerado um princípio fundamental no âmbito da arbitragem. Acerca deste princípio na arbitragem internacional, v., por exemplo, ALAN REDFERN e MARTIN HUNTER, *Law and Practice of International Commercial Arbitration*, 2005, p. 265; PETER BINDER, *International Commercial Arbitration and Conciliation in UNCITRAL Model Law Jurisdictions*, 2010, pp. 44 e 45, a propósito da lei modelo da UNCITRAL que foi seguida na elaboração da LAV.

modo que considerar apropriado, *definindo as regras processuais que entender adequadas*, devendo, se for esse o caso, explicitar que considera subsidiariamente aplicável o disposto na lei que rege o processo perante o tribunal estadual competente"[309] (itálico nosso).

A "lei que rege o processo perante o tribunal estadual competente", ou seja, no caso português, o CPC, só será aplicável se o tribunal arbitral o indicar explicitamente. Isto significa que, nos termos da LAV, o CPC não é aplicável subsidiariamente à arbitragem.

A forma de suprir lacunas nas regras de processo é a indicada neste art. 30º-3: o tribunal arbitral define, em cada caso, as regras processuais que entender adequadas. A flexibilidade é um instrumento fundamental da arbitragem e esta solução é essencial para garantir essa flexibilidade.

Como exemplo desta flexibilidade processual, podemos referir o regulamento do CNIACC. O art. 14º, que trata do processo arbitral, estabelece que, "apresentados o requerimento inicial e a contestação, o tribunal adota a tramitação processual adequada às especificidades da causa, definindo designadamente: a) Se o processo comporta fases orais para a produção de prova ou para a exposição oral dos argumentos das partes ou se é decidido apenas com base nos documentos e outros elementos de prova, dispensando a realização de qualquer audiência; b) Se há necessidade de delimitar a matéria de prova, separando-a da matéria que considera já provada; c) Quais os meios de prova a produzir, aqui se incluindo o depoimento de parte, a prova testemunhal, documental, pericial e por exame a coisas; d) Qual o número de testemunhas a apresentar, com o limite de três testemunhas por cada uma das partes, limite esse elevado para o dobro nos processos de valor superior a € 5 000" (nº 3). O nº 5 determina que, nesta decisão de gestão processual, "o tribunal fixa ainda as datas para a entrega de quaisquer elementos, a realização de audiências ou outras diligências de prova". O nº 6 permite a alteração da decisão de gestão processual "no decurso do processo, caso se mostre necessário".

A previsão da aplicação subsidiária do CPC é, no entanto, admissível, isto apesar de ser contrária ao espírito da arbitragem em geral e da

[309] Manuel Pereira Barrocas, *Lei de Arbitragem Comentada*, 2013, p. 121, defende que este regime não é senão o que corresponde ao "poder-dever dos árbitros de exercer essa função com observância da lei aplicável".

arbitragem de consumo em particular. Alguns centros que seguiram o modelo de regulamento harmonizado têm a seguinte regra nos seus regulamentos: "Para além dos diplomas legais referidos nos números anteriores [Lei 144/2015 e Regulamento RLL], em tudo o que não estiver previsto no presente Regulamento aplica-se, com as devidas adaptações, a Lei da Arbitragem Voluntária, a Lei da Mediação e o Código do Processo Civil" (art. 19º-3 do regulamento do CACCDC, por exemplo). O regulamento do CNIACC, que contém uma regra semelhante (art. 19º-3), omite a referência ao CPC. O regulamento do CACCL não tem qualquer norma de aplicação subsidiária.

A prescrição da aplicação subsidiária do CPC por via do regulamento de arbitragem é, pelas razões expostas, criticável.

O regulamento da arbitragem e das custas do CIMPAS indica que, "em caso de omissão, aplicar-se-ão, subsidiariamente, as regras e princípios do Código de Processo Civil, *adaptados à natureza marcadamente abreviada e informal do procedimento arbitral*" (itálico nosso). Trata-se de uma solução intermédia, que pode ser igualmente problemática. Temos aqui uma regra de aplicação subsidiária que manda os árbitros partir da solução do CPC e testá-la, em cada caso, à luz dos princípios da arbitragem. Na lógica da LAV, faz-se o raciocínio contrário com vista a aplicar uma disposição do CPC: é necessário testar se essa regra é adequada à arbitragem. Mais do que isso: na LAV pretende-se que a regra seja aplicada apenas se for *a mais* adequada *naquele* processo de arbitragem. As circunstâncias do caso são determinantes para a definição da regra processual a aplicar.

Havendo no regulamento de arbitragem regra que imponha a aplicação subsidiária do CPC, parece-nos que deve ser feita dessa regra uma interpretação ab-rogante. A LAV tem prioridade no elenco de fontes subsidiárias e enuncia um critério no art. 30º-3, que se aplica precisamente nestes casos. Não vemos, assim, qual é a utilidade de se prever a aplicação subsidiária (e em último grau) do CPC. Portanto, as regras e os princípios previstos no CPC apenas serão aplicados se se adaptarem à natureza do processo arbitral, que se caracteriza, como já se disse, pela flexibilidade.

No Ac. do TRP, de 7/2/2017, defende-se que "a aplicação supletiva das regras e princípios do Código do Processo Civil deve-se adaptar à natureza abreviada e informal do processo arbitral".

Acrescenta-se nesta decisão que "a jurisdição arbitral, ao invés do que sucede com a jurisdição estadual, funda-se em juízos de equidade e na extrema simplificação e agilização dos procedimentos".

Concorda-se em absoluto com a segunda conclusão: a de que a jurisdição arbitral se funda "na extrema simplificação e agilização dos procedimentos". Esta é uma das principais características distintivas da arbitragem, que a torna tão interessante para as partes, na medida em que o procedimento pode ser ajustado às especificidades da causa.

Discorda-se, no entanto, da primeira conclusão, nos termos da qual a jurisdição arbitral se funda "em juízos de equidade", se com esta afirmação se pretender dizer que os árbitros não devem aplicar o direito constituído. A regra geral, definida no art. 39º-1 da LAV, é a de que "os árbitros julgam segundo o direito constituído, a menos que as partes determinem, por acordo, que julguem segundo a equidade". Os regulamentos dos centros também preveem esta possibilidade, nos termos da LAV, mas enunciando, em todos os casos, como regra supletiva, que os árbitros decidem segundo o direito constituído. Na prática, são raríssimos os casos em que a decisão é, formalmente, proferida segundo a equidade. Note-se que, mesmo nos casos em que decisão possa ser proferida segundo a equidade, a solução dada pelo tribunal arbitral não pode implicar uma diminuição do nível de proteção do consumidor conferido pelo direito constituído[310]. Neste sentido, o art. 14º-1 da Lei 144/2015 determina que a solução imposta não pode privar o consumidor da proteção que lhe é conferida, através de normas com conteúdo imperativo, pelo direito do país da sua residência habitual, se for esse o direito aplicável na sequência da aplicação das normas de conflitos.

6.4. Interpretação e aplicação das regras dos regulamentos dos centros de arbitragem

Coloca-se aqui a questão de saber qual é a natureza das regras processuais dos regulamentos dos centros de arbitragem, que são depois incluídas na convenção de arbitragem por remissão (expressa ou tácita). Esta questão é especialmente relevante para se concluir quanto à sua interpretação e aplicação.

[310] Dário Moura Vicente, "Arbitragem de Conflitos de Consumo", 2006, p. 85.

Devem aplicar-se as normas de interpretação das leis (art. 9º do CC) ou as normas de interpretação dos negócios jurídicos (arts. 236º e segs. do CC)?

Os regulamentos de arbitragem não se subsumem inteiramente a nenhuma das categorias. Não são negociados entre as partes, mas também não configuram uma norma geral, na medida em que são de criação privada, apenas se aplicando quando as partes assim o determinam. Contudo, consideramos que têm uma característica que os aproxima das normas gerais e distancia das declarações negociais: a circunstância de serem criados por pessoa diversa das partes. Assim, as partes atribuem competência a outrem para criar regras que as vão vincular. Na maior parte dos casos, esta norma de atribuição de competência, constante do contrato celebrado entre as partes, regula a forma como as regras processuais vão ser criadas, mas não o seu conteúdo. Daqui decorre que não faria sentido interpretar as regras processuais criadas, por exemplo pelos árbitros ou por um centro de arbitragem, como se se tratasse de regras emitidas pelas próprias partes. Concluímos, pois, que, em regra, as normas constantes de regulamentos de arbitragem devem ser interpretadas segundo os cânones interpretativos previstos no art. 9º do CC.

Se essas regras forem alteradas por quem as criou (centro de arbitragem), entre o momento da celebração da convenção de arbitragem pelas partes e o momento do início da arbitragem, deverá aplicar-se a versão das regras vigente (i) à data da convenção de arbitragem ou (ii) à data do início do processo de arbitragem?

Quando as partes, na convenção de arbitragem, escolhem um centro de arbitragem para resolver o seu litígio atual ou eventual estão a escolher um determinado conjunto de regras. Assim, quando a entidade que criou as normas as altera entre o momento em que as partes para elas remeteram e o momento em que surge um litígio e a arbitragem efetivamente começa, o que pode ocorrer anos depois, importa saber qual a versão do regulamento de arbitragem que se aplica. Parece-nos que a resposta a esta questão tem de ser encontrada no conteúdo das declarações das partes na convenção de arbitragem. Se, na arbitragem comercial em geral, a vontade das partes, expressa nas suas declarações, será, em regra, a de escolher determinadas regras, que conhecem, na arbitragem de consumo as partes não querem, geralmente, escolher determinado conjunto de regras, mas sim delegar essa escolha numa entidade legalmente autorizada para a RALC, em quem confiam, por ser especialista na matéria. Nesses casos, deve entender-se que as partes não escolheram o conteúdo das normas. Quiseram apenas atribuir competência para a elaboração dessas normas. Quando assim é, as regras processuais a aplicar são aquelas que, fruto de avanços no estudo da arbitragem, estiverem em vigor no momento em que o processo de arbitragem tem início. Nos casos em que há adesão a um centro de arbitragem, em princípio a questão será resolvida de acordo com a regra que o próprio centro de arbitragem aprovou para regular a questão. Ao aderirem ao centro as partes aceitam todas as regras que regulam o seu funcionamento, incluindo as que regulam qual o regulamento de arbitragem ou a versão deste a aplicar.

6.5. Reconvenção

Os litígios de consumo caracterizam-se, como já vimos, pela sua unidirecionalidade, que se concretiza na circunstância de terem necessariamente como reclamante o consumidor (v. *supra* 3.1). Pode, no entanto, suceder que o profissional, contraparte do consumidor, também tenha um pedido contra este.

Será que o profissional pode apresentar um pedido reconvencional, aproveitando o processo de arbitragem para resolver os litígios que tem com o consumidor que o iniciou?

À partida, poderíamos ser tentados a responder negativamente a esta questão, com base no referido argumento da unidirecionalidade, que impede que o profissional inicie um processo contra um consumidor e, portanto, deduza pedido(s) contra este. O princípio da eficiência processual e o subprincípio da economia processual, na sua vertente de economia de processos, apontam, contudo, em sentido diverso[311].

Os regulamentos dos centros de arbitragem de consumo são omissos no que respeita à admissibilidade de reconvenção.

O art. 33º-4 da LAV admite-a, desde que o objeto da reconvenção "seja abrangido pela convenção de arbitragem".

Não se aplicam, na arbitragem em geral e na arbitragem de consumo em particular, as regras de conexão previstas no art. 266º do CPC, bastando a abrangência do objeto da reconvenção pela convenção de arbi-

[311] Sentença do CNIACC, de 27/3/2017.

tragem[312]. Por um lado, a LAV não estabelece essas ou quaisquer outras regras de conexão como pressuposto para a admissibilidade de reconvenção. Por outro lado, não é aplicável subsidiariamente à arbitragem o CPC, pelo que não há fundamento para a aplicação, neste âmbito, do art. 266º do CPC.

Nos litígios de consumo, a convenção de arbitragem resulta, em regra, de adesão plena do profissional ao centro de arbitragem ou do direito potestativo atribuído ao consumidor pelo art. 15º da Lei 23/96, no domínio dos serviços públicos essenciais. O objeto da convenção de arbitragem é, nestes casos, definido pelo consumidor quando inicia o processo de arbitragem, exercendo o direito potestativo conferido pela contraparte (no caso de adesão plena) ou pela lei (no que respeita aos serviços públicos essenciais). Não existe ainda convenção de arbitragem antes da aceitação pelo consumidor, pelo que não se pode considerar a adesão plena[313] ou o art. 15º-1 da Lei 23/96[314] como enunciados que definem o objeto de uma futura convenção de arbitragem a celebrar. Encontra-se, portanto, drasticamente reduzido o âmbito de casos em que a reconvenção é admitida, na prática, na arbitragem de consumo.

Há, no entanto, uma situação, comum nos litígios de consumo, em que deve ser admitida a reconvenção. Trata-se do caso em que o consumidor propõe uma ação de simples apreciação negativa, pedindo ao tribunal arbitral que reconheça que nada deve ao profissional e este, na contestação, vem defender-se com base na existência da dívida, aproveitando para pedir ao tribunal que condene o consumidor ao seu pagamento. Trata-se de um pedido reconvencional e está incluído no objeto da convenção. Como se pode ler na Sentença do CICAP, de 8/11/2015, "pode mesmo dizer-se, dada a estrutura processual da acção (acção de simples apreciação negativa, quanto à parte do *thema decidendum* objecto do litígio a que respeita a reconvenção) que o objecto do litígio pressuposto no pedido principal é exactamente o mesmo que é inerente ao pedido reconvencional: o direito que o requerente nega (o direito de

[312] Mariana França Gouveia, *Curso de Resolução Alternativa de Litígios*, 2014, p. 263; António Menezes Cordeiro, *Tratado de Arbitragem*, 2015, p. 322. Contra: Sentença do CICAP, de 26/8/2015; Sentença do CICAP, de 15/5/2016.

[313] Contra: Sentença do CICAP, de 25/8/2014.

[314] Contra: Sentença do CICAP, de 30/12/2015; Sentença do CICAP, de 22/5/2016.

crédito cuja inexistência quer ver reconhecida) é aquele que a requerida afirma"[315].

Não se trata de ato inútil[316], uma vez que a improcedência do pedido de simples apreciação negativa, em arbitragem iniciada pelo consumidor, não se consubstancia numa sentença condenatória [art. 703º-1-a) do CPC] que possa ser executada de imediato pelo profissional. Não tendo já outro título executivo, o profissional terá de propor nova ação (ou iniciar procedimento de injunção) para o obter. Este efeito ofende claramente o princípio da eficiência processual, pelo que deve aceitar-se, nestes casos, a reconvenção.

Embora se trate de situação pouco comum na prática, importa igualmente perceber se o profissional pode invocar a compensação por via de reconvenção. O art. 33º-4 da LAV parece limitar a admissibilidade de compensação aos casos em que o crédito em causa se funda na relação jurídica abrangida pelo objeto da convenção de arbitragem[317], embora haja quem entenda que se impõe uma "interpretação extensiva do preceito, admitindo pedidos reconvencionais mesmo quando não resultem da mesma convenção de arbitragem, desde que haja convenção de arbitragem compatível"[318].

Nos litígios de consumo, sendo o objeto da convenção definido, em regra, pelo consumidor e não ficando este vinculado por convenção de arbitragem prévia à ocorrência do litígio, a discussão perde relevância, podendo afirmar-se com segurança que o profissional não pode invocar a compensação por via de reconvenção.

[315] Na mesma linha de argumentação, na Sentença do CICAP, de 28/3/2016, defende-se o seguinte: "No caso em apreciação, tendo o Requerente intentado uma acção de simples apreciação negativa em que o objecto do litígio é o direito de crédito cuja inexistência quer ver reconhecida, tal é simetricamente coincidente com o objecto da reconvenção, ou seja, o direito que a requerida afirma".

[316] Contra: Sentença do CICAP, de 25/1/2017. No sentido do texto, admitindo, nestes casos, o pedido reconvencional, v., além da generalidade das decisões já citadas neste ponto, Sentença do CICAP, de 3/10/2016.

[317] AAVV, *Lei de Arbitragem Voluntária Anotada*, 2015, p. 90; António Menezes Cordeiro, *Tratado de Arbitragem*, 2015, p. 322

[318] Mariana França Gouveia, *Curso de Resolução Alternativa de Litígios*, 2014, pp. 264 e 265; António Menezes Cordeiro, *Tratado de Arbitragem*, 2015, p. 322.

O profissional pode, no entanto, defender-se por exceção, invocando a compensação[319], embora, neste caso, mesmo concluindo que se verifica a exceção, o tribunal não possa condenar o consumidor no pagamento do excedente[320].

6.6. Intervenção de terceiros

A Lei 144/2015 não contém regras específicas sobre a intervenção de terceiros na arbitragem de consumo. No que respeita à arbitragem relativa a serviços públicos essenciais, não existe igualmente norma sobre a matéria. Os regulamentos dos centros de arbitragem de consumo também não se ocupam do tema. É, portanto, necessário recorrer à LAV, em concreto ao art. 36º, para se perceber se, e em que casos, é admissível a intervenção de terceiros na arbitragem de consumo.

O art. 36º-1 estabelece que "só podem ser admitidos a intervir num processo arbitral em curso terceiros vinculados pela *convenção de arbitragem* em que aquele se baseie (...)" (itálico nosso).

Ora, nos casos em que não exista uma convenção de arbitragem típica, que são a maioria no domínio da arbitragem de consumo (por via de adesão plena ou do direito potestativo previsto no art. 15º da Lei 23/96), é necessário aplicar o preceito com as devidas adaptações.

Nestes casos, em que o profissional está vinculado à arbitragem em função de adesão plena ou de imposição legal julgamos que só podem intervir no processo arbitral terceiros em relação à configuração da lide feita pelo consumidor se esses terceiros *aderirem* ao processo de arbitragem.

Não basta, no entanto, a sua adesão (voluntária[321]) ao processo de arbitragem[322].

[319] Note-se que, também aqui, entendemos não ser aplicável o CPC, nomeadamente o art. 266º-2-c), na medida em que seja interpretado no sentido de que a compensação tem de ser sempre deduzida em reconvenção. Contra: Mariana França Gouveia, *Curso de Resolução Alternativa de Litígios*, 2014, p. 264.

[320] AAVV, *Lei de Arbitragem Voluntária Anotada*, 2015, pp. 90 e 91.

[321] Não é admissível que a instância arbitral decorra com intervenção de dois prestadores de serviços, contra a sua vontade, ao abrigo do direito potestativo à arbitragem conferido ao utente consumidor pelo art. 15º-1 da Lei 23/96. Com efeito, se a lei impõe ao prestador de serviços a participação num processo arbitral por declaração da contraparte, não lhe impõe a participação nesse processo a par de outras partes. O prestador de serviços tem, assim, a possibilidade de bloquear a participação no processo de outras partes, além de si e do

É necessário, ainda, o consentimento de todas as partes no processo arbitral[323].

Mesmo que se verifique o consentimento de todas as partes (aqui incluindo o terceiro), o art. 36º-3 estabelece que "o tribunal arbitral só deve admitir a intervenção se esta não perturbar indevidamente o normal andamento do processo arbitral e se houver razões de relevo que a justifiquem, considerando-se como tais, em particular, aquelas situações em que, não havendo manifesta inviabilidade do pedido: a) O terceiro tenha em relação ao objeto da causa um interesse igual ao do demandante ou do demandado, que inicialmente permitisse o litisconsórcio voluntário ou impusesse o litisconsórcio necessário entre uma das partes na arbitragem e o terceiro; ou b) O terceiro queira formular, contra o demandado, um pedido com o mesmo objeto que o do demandante, mas incompatível com o deste; ou c) O demandado, contra quem seja invocado crédito que possa, *prima facie*, ser caracterizado como solidário, pretenda que os demais possíveis credores solidários fiquem vinculados pela decisão final proferida na arbitragem; ou d) O demandado pretenda que sejam chamados terceiros, contra os quais o demandado possa ter direito de regresso em consequência da procedência, total ou parcial, de pedido do demandante"[324].

Independentemente do consentimento de todas as partes, a decisão cabe, portanto, ao tribunal arbitral.

A intervenção do terceiro só deverá ser admitida se estiverem verificados *cumulativamente* dois pressupostos:

(i) A intervenção não perturbar o normal andamento do processo;

utente. V. Sentença do CNIACC, de 29/3/2016, em que se discute a questão a propósito da apensação de dois processos arbitrais.

[322] Sentença do CNIACC, de 22/1/2016.

[323] Como refere Armindo Ribeiro Mendes (AAVV, *Lei da Arbitragem Voluntária Anotada*, 2015, p. 96), "a exigência de consentimento de todos os envolvidos decorre do desejo de evitar o risco de lesão de interesses das partes primitivas e os inconvenientes para a condução célere do processo".

[324] A propósito do direito de regresso, Dário Moura Vicente, "Arbitragem de Conflitos de Consumo", 2006, p. 82, defende expressamente que o vendedor deve poder chamar ao processo o profissional que lhe forneceu o bem numa ação arbitral iniciada pelo consumidor, se estiverem preenchidos os pressupostos, nomeadamente o consentimento das partes. Defende, ainda, o autor (p. 83) que, *de jure constituendo*, deveria ser dispensada, nestes casos, a concordância do consumidor.

(ii) Houver razões de relevo que justifiquem a intervenção.

A lei elenca alguns casos em que se considera haver razões de relevo que podem justificar a intervenção de terceiros, sendo a lista exemplificativa ("em particular"). Pressupõe-se ainda que, se o pedido feito pelo autor no processo for manifestamente inviável, não se justifica a intervenção do terceiro. Neste caso, essa intervenção será, em princípio, inútil.

6.7. Impugnação da sentença arbitral

A sentença arbitral pode ser impugnada, no essencial, por três vias: recurso, ação de anulação e oposição à execução[325].

A LAV prevê ainda a possibilidade de as partes requererem ao tribunal arbitral a retificação e/ou o esclarecimento da sentença.

Nos termos do art. 45º-1, "a menos que as partes tenham convencionado outro prazo para este efeito, nos 30 dias seguintes à receção da notificação da sentença arbitral, qualquer das partes pode, notificando disso a outra, requerer ao tribunal arbitral, que retifique, no texto daquela, qualquer *erro de cálculo, erro material ou tipográfico* ou *qualquer erro de natureza idêntica*" (itálicos nossos).

Esta norma aplica-se apenas a casos de erro manifesto, revelado do próprio contexto da sentença. Por exemplo, se uma sentença proferida a 30 de abril de 2017 indicar como data 30 de abril de 2107 (data que ainda não se verificou) ou 31 de abril de 2017 (data inexistente no calendário), o pedido de retificação é adequado à resolução imediata da situação. O mesmo se pode concluir no caso de se indicar que a demandada é condenada a pagar € 150 por danos patrimoniais e € 300 por danos não patrimoniais, no total de € 600. Neste caso, trata-se de erro de cálculo. Em qualquer um destes casos, o tribunal pode também fazer a retificação oficiosamente, independentemente de pedido da parte nesse sentido.

[325] Os fundamentos de oposição à execução são os previstos no art. 48º da LAV, que remete para o art. 46º-3, ou seja, para os fundamentos de anulação da sentença arbitral. Se já tiver havido pedido de anulação, não é possível invocar na ação executiva o(s) mesmo(s) fundamento(s), já rejeitado(s) por sentença transitada em julgado. Os fundamentos previstos no art. 46º-3-a) podem ser invocados em oposição à execução apenas no prazo previsto para a ação de anulação. Já os fundamentos previstos no art. 46º-3-b) são de conhecimento oficioso, devendo o tribunal recusar a execução da sentença arbitral se um deles se verificar, independentemente do prazo que já tiver decorrido desde a prolação da sentença em causa.

Nos termos do art. 45º-2, no mesmo prazo de 30 dias, "qualquer das partes pode, notificando disso a outra, requerer ao tribunal arbitral que esclareça alguma obscuridade ou ambiguidade da sentença ou dos seus fundamentos". O tribunal arbitral tem 30 dias a contar da receção do pedido para se pronunciar sobre o mesmo, fazendo o eventual esclarecimento de parte da sentença (art. 45º-3).

Admite-se ainda o requerimento de qualquer das partes ao tribunal para que este "profira uma sentença adicional sobre partes do pedido ou dos pedidos apresentados no decurso do processo arbitral, que não hajam sido decididas na sentença", sendo que, se o tribunal julgar justificado tal requerimento, "profere a sentença adicional nos 60 dias seguintes à sua apresentação" (art. 45º-5).

Vejamos agora com mais pormenor alguns aspetos relacionados com o recurso e a ação de anulação na arbitragem de consumo.

6.7.1. Recurso

A Lei 144/2015 não regula a questão dos recursos, pelo que é necessário ter em conta a LAV. A regra geral da LAV, nesta matéria, é a da irrecorribilidade da decisão que ponha termo ao processo (art. 39º-4). No entanto, este preceito determina, ainda, que a regra é supletiva, podendo ser afastada por acordo entre as partes (exceto se a ação for decidida segundo a equidade ou mediante composição amigável).

Tendo em conta que a negociação efetiva da convenção de arbitragem é rara na arbitragem de consumo, torna-se necessário, na prática, analisar o regulamento de arbitragem do centro onde esta decorreu para concluir acerca da questão da recorribilidade da decisão.

Vejamos alguns exemplos.

O regulamento de arbitragem do CACCL nada diz sobre a questão. Logo, aplica-se a regra da LAV, não sendo admissível o recurso, salvo se as partes o tiverem estabelecido por acordo, aceitando o centro, ainda assim, prosseguir com o processo.

O regulamento do CASA regula a matéria, estabelecendo o art. 43º-2 do respetivo regulamento que "da decisão arbitral cabem para o tribunal da relação os mesmos recursos que caberiam da sentença proferida pelo tribunal de comarca"[326]. Esta norma do regulamento, que deve ser inter-

[326] V., com conteúdo idêntico, art. 16º-1 do regulamento interno do tribunal arbitral do CACCRAM.

pretada no sentido de que remete para o regime dos recursos do CPC (arts. 627º e seguintes), equivale a convenção das partes quanto a este assunto. Se já havia convenção entre as partes, antes de recorrerem ao centro, e o seu conteúdo é diferente, esta apenas prevalece se o centro der o seu acordo (expresso ou tácito).

O regulamento harmonizado, adotado por vários centros de arbitragem, também prevê, no seu art. 15º-4, que a sentença arbitral é "apenas suscetível de recurso se o valor do processo for superior ao da alçada do tribunal judicial de primeira instância e tiver sido decidida segundo o direito". Note-se que este preceito não é equivalente ao art. 43º-2 do regulamento do CASA, uma vez que não se remete aqui para o regime do CPC. É, por exemplo, irrelevante, para efeito de recurso, o valor da sucumbência do recorrente. O único critério é o valor da ação.

Note-se que, se as partes convencionarem a recorribilidade da decisão, o recurso deve ser admitido independentemente do valor (quer da causa quer da sucumbência).

O tribunal competente para o recurso é, independentemente do valor da causa, o "Tribunal da Relação em cujo distrito se situe o lugar da arbitragem", nos termos do art. 59º-1-e) da LAV.

6.7.2. Ação de anulação

A impugnação da decisão arbitral pode ser feita por via de ação de anulação (art. 46º da LAV), para a qual é competente, independentemente do valor da causa, o "Tribunal da Relação em cujo distrito se situe o lugar da arbitragem" [art. 59º-1-g)].

Nos termos do art. 46º-5, o direito de requerer a anulação da sentença arbitral é irrenunciável.

O prazo para o pedido de anulação é de 60 dias a contar da data da notificação da sentença ou, se tiver sido apresentado um requerimento de retificação e/ou de esclarecimento da sentença, da data da notificação da resposta a esse requerimento (art. 46º-6).

A ação de anulação distingue-se claramente do recurso, na medida em que, na ação de anulação, o tribunal não pode reavaliar a decisão, alterando-a em matéria de facto e/ou de direito. Esta é uma função típica do tribunal de recurso, que está vedada na ação de anulação, que tem, assim, natureza meramente cassatória. Nos termos do art. 46º-9, "o tribunal estadual que anule a sentença arbitral não pode conhecer do mérito da questão ou questões por aquela decididas, devendo tais questões, se alguma das partes o pretender, ser submetidas a outro tribunal arbitral para serem por este decididas", acrescentando-se, no nº 10, que, "salvo se as partes tiverem acordado de modo diferente, com a anulação da sentença a convenção de arbitragem volta a produzir efeitos relativamente ao objeto do litígio".

Os fundamentos de anulação encontram-se tipificados no art. 46º-3, dividindo-se em dois grandes grupos:

(i) Fundamentos que têm de ser invocados pela parte que faz o pedido[327];

(ii) Fundamentos de conhecimento oficioso.

Os primeiros, constantes da alínea a) do art. 46º-3, consistem na circunstância de uma das partes da convenção de arbitragem estar afetada por uma incapacidade ou essa convenção não ser válida nos termos da lei a que as partes a sujeitaram ou, na falta de qualquer indicação a este respeito, nos termos da LAV, ter havido no processo violação de alguns dos princípios fundamentais, com influência decisiva na resolução do litígio, a sentença ter-se pronunciado sobre um litígio não abrangido pela convenção de arbitragem ou conter decisões que ultrapassam o âmbito desta, a composição do tribunal arbitral ou o processo arbitral não terem sido conformes com a convenção das partes, se essa desconformidade tiver tido influência decisiva na resolução do litígio, o tribunal arbitral ter condenado em quantidade superior ou em objeto diverso do pedido, ter conhecido de questões de que não podia tomar conhecimento ou ter deixado de pronunciar-se sobre questões que deveria ter apreciado, não terem sido cumpridos os requisitos materiais e formais da sentença ou a sentença ter sido notificada às partes depois de decorrido o prazo máximo para o efeito.

O art. 46º-4 determina a preclusão do direito a requerer a anulação da sentença no caso de a parte, conhecendo o respetivo fundamento,

[327] Os fundamentos de anulação indicados no art. 46º-3-a) não são de conhecimento oficioso, o que significa que o tribunal judicial não pode analisar a questão se esta não for suscitada pela parte. No Ac. do TRP, de 29/6/2017, num recurso de uma decisão arbitral proferida no CIMPAS, o tribunal recorre ao art. 662º-2-d) do CPC para concluir no sentido de que é possível a sua anulação. Temos algumas dúvidas em relação a esta decisão, que afasta a liberdade das partes subjacente à regulação do processo arbitral.

"prosseguir apesar disso a arbitragem sem deduzir oposição de imediato ou, se houver prazo para este efeito, nesse prazo". Considera-se, neste caso, "que [a parte] renunciou ao direito de impugnar, com tal fundamento, a sentença arbitral". O fundamento de anulação tem, assim, de ser arguido no próprio processo arbitral, permitindo-se ao tribunal arbitral a resolução imediata da questão. Deve, no entanto, admitir-se que o vício seja invocado apenas na ação de anulação quando fique dever-se a factos ou circunstâncias de conhecimento superveniente[328].

O segundo grupo de fundamentos, constante da alínea b) do art. 46º-3, inclui a circunstância de o objeto do litígio não ser suscetível de ser decidido por arbitragem nos termos do direito português ou de o conteúdo da sentença ofender os princípios da ordem pública internacional do Estado português.

Na arbitragem de consumo, pode colocar-se a questão de saber se a não aplicação das normas de proteção do consumidor que têm conteúdo imperativo constitui fundamento de anulação da decisão, nomeadamente por violação da ordem pública. O art. 14º-1 da Lei 144/2015 determina que a solução imposta ao consumidor, como é o caso da decisão arbitral, não pode privá-lo da proteção que lhe é conferida, através de normas com conteúdo imperativo, pelo direito do país da sua residência habitual, se for esse o direito aplicável na sequência da aplicação das normas de conflitos. O conceito de "ordem pública internacional" não abrange, seguramente, todas as normas de proteção do consumidor com conteúdo imperativo[329], pelo que não fica garantido o cumprimento, pelo Estado português, do art. 11º da Diretiva RALC, transposto para o

[328] Sobre esta questão, João Pedro Pinto-Ferreira, "A Alegação Oportuna da Incompetência e da Irregularidade na Constituição do Tribunal Arbitral na Jurisprudência", 2013.

[329] Sobre a distinção entre "ordem pública interna" e "ordem pública internacional" e a conclusão de que esta última depende de que a ofensa aos princípios fundamentais do ordenamento jurídico seja flagrante ou intolerável, v. Jorge Morais Carvalho, *Os Limites à Liberdade Contratual*, 2016, pp. 98 a 101. Em geral, sobre a ordem pública na arbitragem, v. António Pedro Pinto Monteiro, "Da Ordem Pública no Processo Arbitral", 2013, que conclui o seu texto (p. 673), de forma acertada, dizendo que "uma jurisprudência «amiga» da arbitragem não é só uma jurisprudência que proteja sempre as decisões arbitrais, mas também uma jurisprudência que saiba estar atenta e que anule sentenças arbitrais quando tal se justificar, designadamente quando se tenha verificado uma ofensa dos princípios da ordem pública (interna e não só internacional)".

referido art. 14.º[330]. Julgamos que a melhor solução, *de iure constituendo*, passaria por incluir entre os fundamentos de anulação de sentença arbitral, no âmbito dos litígios de consumo, a não aplicação, na decisão arbitral, de normas com conteúdo imperativo, afetando o mínimo de proteção do consumidor previsto nessas normas[331]. Na ausência desta regra, o tribunal judicial deve verificar, em cada caso, oficiosamente, se a sentença viola a ordem pública internacional do Estado português, sendo certo que o TJUE já se pronunciou algumas vezes no sentido de que várias normas europeias de proteção do consumidor integram a ordem pública[332].

No caso de apenas uma parte dissociável da sentença ser afetada pelo fundamento de anulação, o tribunal deve anular unicamente essa parte da sentença, mantendo-se intacta a parte não viciada (art. 46.º-7).

O tribunal estadual pode, ainda, "se o considerar adequado e a pedido de uma das partes, suspender o processo de anulação durante o período de tempo que determinar, em ordem a dar ao tribunal arbitral a possibilidade de retomar o processo arbitral ou de tomar qualquer outra medida que o tribunal arbitral julgue suscetível de eliminar os fundamentos da anulação" (art. 46.º-8). Esta medida impõe-se ao tribunal em nome do princípio da economia processual. Em vez de uma ação de anulação e de um novo processo arbitral, a questão poderá ficar definitivamente resolvida no processo arbitral em que se proferiu a sentença viciada.

Com a anulação da sentença arbitral, mantém-se em aberto a possibilidade de as partes recorrerem a arbitragem. Nos casos em que exista

[330] Segundo Marte Knigge e Charlotte Pavillon, "The Legality Requirement of the ADR Directive: Just Another Paper Tiger?", 2016, p. 159, a efetiva transposição da Diretiva RALC implica a existência de um "meio de defesa individual" que garanta que o consumidor pode sempre agir numa situação em que seja privado da proteção conferida por normas com conteúdo imperativo, uma vez que o art. 11.º pretende "assegurar que o consumidor *não fica vinculado* por decisões que violem normas imperativas".

[331] Marte Knigge e Charlotte Pavillon, "The Legality Requirement of the ADR Directive: Just Another Paper Tiger?", 2016, p. 159, defendem que "os Estados-Membros devem tornar claro que o consumidor pode anular a decisão em todos os casos de violação de normas imperativas, não apenas nos casos em que a violação esteja relacionada com o direito do consumo europeu".

[332] Ac. do TJUE, de 6/10/2009; Ac. do TJUE, de 16/11/2010; Ac. do TJUE, de 4/6/2015.

convenção de arbitragem, esta não caduca (art. 46º-10 da LAV)[333]. A adesão plena, enquanto proposta contratual para a celebração de um compromisso arbitral, também se mantém, salvo revogação, em vigor, podendo ser aceite pelo consumidor. O consumidor mantém, ainda, o direito potestativo previsto no art. 15º-1 da Lei 23/96, podendo voltar a iniciar o processo de arbitragem no centro de arbitragem de consumo.

[333] Daniela Filipa Calado Mirante, *Os Efeitos da Anulação da Sentença Arbitral*, 2009, p. 68.

7. RALC em linha[334]

Numa época em que se pode aceder a quase todos os bens e serviços em linha, assiste-se ainda a alguma resistência à sua propagação à resolução de litígios[335].

A plataforma de RLL, criada e gerida pela Comissão Europeia nos termos do Regulamento RLL, poderá ser um instrumento importante para a mudança de paradigma[336].

A plataforma começou a funcionar no dia 15 de fevereiro de 2016, na seguinte ligação: http://ec.europa.eu/consumers/odr.

[334] Jorge Morais Carvalho e Joana Campos Carvalho, "Online Dispute Resolution Platform – Making European Contract Law More Effective", 2016.

[335] Maximilian A. Bulinski e J.J. Prescott, "Online Case Resolution Systems: Enhancing Access, Fairness, Accuracy, and Efficiency", 2016, p. 208. Note-se que o art. 34º do DL 7/2004, que regula o comércio eletrónico, prevê que "é permitido o funcionamento em rede de formas de solução extrajudicial de litígios entre prestadores e destinatários de serviços da sociedade da informação". Face à (eventual) crítica de que a tentativa de resolução de litígios em linha não permite o contacto direto entre os intervenientes, Fernando Viana, Francisco Andrade e Paulo Novais, "Resolução de Conflitos de Consumo em Linha em Portugal e na União Europeia", 2016, p. 226, chamam a atenção para a possibilidade de "os ambientes inteligentes, ao «perceberem» a linguagem corporal das partes, a informação de contexto, o estado emocional em que se encontram", constituírem "um precioso auxiliar do terceiro imparcial encarregado de alcançar um acordo ou impor uma decisão". Podemos até colocar a questão de saber se, num futuro próximo, com o desenvolvimento da inteligência artificial, o terceiro imparcial não poderá vir ser substituído por um robô.

[336] Sobre algumas das vantagens e desvantagens da RLL, cfr. Fernando Manuel Martins Viana, *A Resolução Alternativa de Litígios e as Tecnologias de Informação e Comunicação*, 2015, pp. 98 a 108.

O Regulamento RLL é complementado pelo Regulamento de Execução 2015/1051, relativo às modalidades do exercício das funções da plataforma de resolução de litígios em linha, do formulário eletrónico de queixa e da cooperação entre os pontos de contacto.

7.1. Litígios abrangidos

O art. 2º-1 do Regulamento RLL prevê que a plataforma se destina a resolver os litígios resultantes de contratos celebrados em linha, independentemente de serem litígios nacionais ou transfronteiriços. Isto significa que um litígio entre duas partes de Estados-Membros distintos resultante de um contrato celebrado presencialmente entre as partes não está abrangido pelo Regulamento RLL; já um contrato celebrado pela Internet entre duas partes do mesmo Estado-Membro encontra-se incluído no seu âmbito.

Note-se que, se uma das partes residir ou se encontrar estabelecida fora da União Europeia, a plataforma não pode ser utilizada.

O art. 2º-1 do Regulamento RLL também determina que a plataforma pode ser utilizada pelos consumidores em litígios iniciados contra um profissional. Sobre o conceito de consumidor, v. *supra* 1.3.1.

Aos litígios iniciados por um profissional contra um consumidor também é aplicável, à partida, o Regulamento RLL e, portanto, a plataforma, nos termos do art. 2º-2. Aí se estabelece, no entanto, que essa aplicação depende de a lei do Estado-Membro em que o consumidor tem a sua residência habitual permitir que "esses litígios sejam resolvidos através da intervenção de uma entidade de RAL". Essa informação deve ser prestada pelos Estados-Membros à Comissão Europeia, devendo igualmente ser indicadas, no caso de a lei não vedar esta possibilidade, que entidades tratam esses litígios (art. 3º-3). Com efeito, os Estados-Membros não se encontram vinculados a que as entidades de RALC resolvam ou tentem resolver os litígios iniciados por profissionais contra consumidores (art. 3º-4).

Na prática, a generalidade das entidades de RALC indicadas na plataforma tratam apenas litígios iniciados por consumidores contra profissionais.

A abertura aos litígios iniciados por profissionais contra consumidores poderia, tendo em conta o reduzido custo dos procedimentos, transformar as entidades de RALC em entidades de cobrança de dívidas.

Com efeito, tipicamente, os litígios de profissionais contra consumidores dizem respeito à simples cobrança do preço do bem ou serviço, não consubstanciando, em muitos casos, verdadeiros diferendos de facto ou de direito relativamente à situação em causa. A utilização das entidades de RALC para este efeito, nomeadamente para obter uma decisão vinculativa com força executiva de forma mais rápida e económica, poderia bloquear o sistema, subvertendo o objetivo subjacente à RAL (resolução de litígios em que existe um verdadeiro conflito de interesses entre as partes)[337]. Isto não significa que não possam existir meios de resolução extrajudicial de litígios em caso de sobreendividamento[338], resultante de acumulação de dívidas pelos consumidores, mas estes são, em regra, iniciados pelo consumidor que se encontra em dificuldades e não pelo profissional.

7.2. Entidades de RALC

O Regulamento RLL não contém uma definição autónoma de entidade de RALC, remetendo para a Diretiva RALC.

O art. 4º-1-*h*) da Diretiva RALC define entidade de RALC como a "entidade, independentemente da sua designação ou referência, que esteja estabelecida com caráter duradouro, que faculte a resolução de litígios através de procedimentos de RAL e que figure na lista a que se refere o art. 20º-2". A lista a que se refere este preceito deve ser elaborada pelas autoridades competentes de cada Estado-Membro, incluindo, entre outros, o nome, os detalhes de contacto[339] e o endereço da página da internet da entidade de RALC, as eventuais taxas cobradas por essa entidade, a língua ou línguas em que as queixas podem ser apresentadas e em que os procedimentos de RALC podem ser tramitados, os tipos de litígios abrangidos pelos procedimentos de RALC, os setores e as categorias de litígios abrangidos por cada entidade, a eventual comparência obrigatória das partes ou dos seus representantes, o caráter vinculativo ou não vinculativo da decisão resultante dos procedimentos ou os

[337] Sobre o princípio da unidirecionalidade, aplicável à RALC, v. *supra* 3.1.

[338] Para uma análise de um estudo empírico nesta área, no Brasil, v. Cláudia Lima Marques, "Conciliação em Matéria de Superendividamento dos Consumidores", 2016.

[339] Na versão portuguesa da Diretiva RALC, a expressão "contact details" foi traduzida como "coordenadas", o que não nos parece uma solução feliz.

motivos pelos quais a entidade de RALC pode recusar o tratamento de um litígio.

Esta informação é aproveitada pela plataforma, remetendo o art. 2º-1 do Regulamento RLL, na sua parte final, para as referidas listas (uma por cada Estado-Membro). As entidades de RALC inseridas nessas listas pelas autoridades competentes dos Estados-Membros devem também, necessariamente, estar integradas na plataforma de RLL. As listas têm, portanto, uma dupla finalidade: por um lado, informar quais as entidades de RALC que, cumprindo os requisitos previstos na Diretiva RALC, estão habilitadas para assegurar procedimentos de RALC, internos ou transfronteiriços, independentemente de os litígios serem ou não relativos a contratos celebrados através da Internet; por outro lado, definir que entidades integram a plataforma de RLL.

A plataforma faculta ao público as informações relativas às entidades de RALC inseridas na lista, que são competentes para tratar os litígios abrangidos pelo Regulamento RLL e, portanto, pela plataforma, na qual essas entidades são registadas eletronicamente.

O considerando (23) do Regulamento RLL realça que a garantia de que todas as entidades de RALC inseridas nas listas "estejam registadas na plataforma de RLL deverá permitir a plena cobertura da resolução extrajudicial dos litígios em linha resultantes de contratos de venda ou de contratos de serviços em linha". Isto porque a Diretiva RALC prevê a cobertura integral da RALC em todos os Estados-Membros. Note-se que, pelo menos no que respeita à plataforma de RLL, não se encontravam ainda, em agosto de 2017, disponíveis entidades de RALC para alguns setores e em alguns países, designadamente Espanha e Roménia.

A lista pode ser encontrada na seguinte ligação: https://webgate.ec.europa.eu/odr/main/index.cfm?event=main.adr.show. Encontra-se ordenada alfabeticamente, sendo possível, no entanto, pesquisar igualmente por país. Além da indicação das entidades de RALC, encontramos uma breve descrição de cada uma, com referência aos elementos que, como vimos, devem constar das listas elaboradas pelas autoridades competentes dos Estados-Membros.

Uma análise da lista, feita no final de agosto de 2017, permitiu concluir no sentido de uma grande diversidade entre os vários Estados-Membros. Esta diversidade manifesta-se no número de entidades de RALC disponíveis, desde as 41 no Reino Unido e 27 na Dinamarca a apenas uma em Chipre e na Irlanda, dado que não permite retirar qualquer conclusão qualitativa, mas tão-só quanto à organização estrutural do sistema de RALC existente em cada país.

A diversidade manifesta-se também no caráter mais ou menos setorial das entidades de RALC em cada país. Por exemplo, na Áustria ou na Dinamarca quase todas as entidades têm competência setorial, enquanto em Portugal a tendência é no sentido contrário (apenas 4 em 13 são setoriais, tendo as demais competências alargadas a todos os litígios de consumo, embora com delimitação de competências em função do território).

Enquanto em alguns países estamos, na maioria, perante entidades criadas exclusivamente para a resolução de litígios de consumo (por exemplo, Portugal), noutros podemos encontrar muitas entidades que não têm como objetivo tratar apenas conflitos de consumo (em Itália, várias entidades constantes da lista são câmaras de comércio).

Os procedimentos de resolução de litígios também têm variações significativas de país para país. Enquanto, por exemplo, no Reino Unido se privilegiam sistemas de provedoria (*ombudsman services*), na Bélgica encontramos um misto entre sistemas de provedoria e entidades que promovem a mediação, sem que o procedimento tenha caráter vinculativo. Já em Portugal, a generalidade das entidades constantes da lista oferecem quer serviços de mediação (não vinculativos) quer serviços de arbitragem (vinculativos).

As entidades de RALC portuguesas já foram descritas de forma pormenorizada no ponto 2 desta obra.

7.3. Procedimentos de RALC

Fazendo a ligação com o ponto anterior, deve notar-se que, estranhamente, o tipo de procedimento não é um dos elementos de informação indicado relativamente a cada entidade. Esta omissão talvez seja explicada por dificuldades de qualificação, numa perspetiva europeia, dada a variedade de procedimentos e de terminologias[340].

A principal distinção entre procedimentos de RALC está relacionada com o seu caráter vinculativo ou não vinculativo.

[340] Cristopher Hodges, Iris Benöhr e Naomi Creutzfeldt-Banda, *Consumer ADR in Europe*, 2012.

Em relação aos procedimentos não vinculativos, a sua variedade é grande, mas importa referir que, por referência expressa, nem a Diretiva RALC – v. considerando (19) – nem o Regulamento RLL – v. art. 3º – prejudicam o disposto na Diretiva 2008/52/CE. Esta indicação aponta claramente no sentido da consideração da mediação como procedimento de RALC[341]. Isto apesar de não ser referida no Regulamento RLL uma única vez a palavra mediação, havendo apenas três referências na Diretiva RALC, precisamente no considerando (19). Encontramos, aliás, várias entidades inscritas na plataforma de RLL que têm a palavra "mediação" na sua denominação[342].

Quanto aos procedimentos vinculativos, observa-se igualmente uma grande diversidade. Por um lado, podem ser vinculativos apenas para uma das partes, nomeadamente o profissional. Por outro lado, podem implicar uma decisão final, no termo de um processo com cariz jurisdicional, como sucede na arbitragem, ou um mero parecer vinculativo, caso em que a formalidade é menor.

7.4. Custos de utilização da plataforma e dos procedimentos de RALC

A utilização da plataforma é gratuita para as partes (art. 5º-1 do Regulamento RLL), o que não significa necessariamente que os procedimentos de RALC sejam gratuitos. Neste sentido, o art. 9º-7 do Regulamento RLL determina que a entidade de RALC deve informar as partes dos "custos do procedimento de resolução de litígios em causa". Reforça-se, aqui, o que resulta do art. 7º-1-l) da Diretiva RALC, que estabelece que as entidades de RALC devem informar quanto aos "eventuais custos do procedimento para as partes, incluindo as eventuais regras de repartição das custas no final do procedimento". O considerando (41) da Diretiva RALC aponta no sentido da gratuitidade dos procedimentos para os consumidores, indicando que, "caso existam custos, o procedimento de RAL deverá ser acessível, apelativo e pouco dispendioso para os consumidores", não devendo os custos "exceder uma taxa nominal".

[341] Karolina Mania, "Online Dispute Resolution: The Future of Justice", 2015, p. 83.

[342] Por exemplo, Borlaw – Organismo di mediazione (Itália), Le service de médiation pour les télécommunications (Bélgica) ou CIAB – Centro de Informação, Mediação e Arbitragem de Consumo (Portugal).

Verificando a lista constante da plataforma, percebe-se que, em alguns casos, os custos são significativos. Algumas entidades de RALC parecem aplicar os custos da mediação ou arbitragem comercial, chegando a aplicar-se valores muito superiores a mil euros[343].

Noutros casos, prevê-se o pagamento de custos pelo profissional, mas não pelo consumidor[344], ou de custos diferenciados, mais elevados para o profissional. Será legítimo cobrar um valor diferente às duas partes do litígio? À partida, esta prática poderia colocar em causa o princípio da igualdade, princípio integrante do processo justo, que deve nortear também a RALC. A desigualdade de tratamento poderá ser imposta precisamente pelo princípio da igualdade, na sua vertente de correção de assimetrias extraprocessuais (igualdade substancial), fundadas aqui nas desigualdades técnica e económica entre as partes. Não parece, assim, violado, nestes casos, o princípio da igualdade, admitindo-se que sejam cobrados valores distintos a ambas as partes, desde que o valor a pagar pelo consumidor seja, em termos absolutos, reduzido.

Várias entidades de RALC não cobram nem aos consumidores nem aos profissionais[345]. Nestes casos, não são as partes dos litígios a financiar, ainda que apenas parcialmente, o funcionamento das entidades de RALC. Podemos encontrar aqui dois modelos: um de financiamento privado, em que são associações de consumidores ou de profissionais ou mesmo profissionais a financiar o sistema; outro de financiamento público, em que é o Estado, de forma mais ou menos centralizada, a garantir a consumidores e empresas um sistema de RALC gratuito.

A gratuitidade dos procedimentos de RALC constitui um incentivo à utilização do sistema pelas partes, o que pode ter um duplo efeito: por um lado, facilitar a resolução de litígios que, pelo seu baixo valor, não seriam nunca objeto de análise por terceiro imparcial e independente; por

[343] V., por exemplo, Sportello di conciliazione della Camera di commercio, industria, artigiano, agricoltura di Cosenza (Itália).

[344] Por exemplo, Médiateur des communications électroniques (França), Allgemeine Verbraucherschlichtungsstelle des Zentrums für Schlichtung e. V. (Alemanha), ADR Group (Reino Unido) ou NetNeutrals EU Ltd (Irlanda).

[345] Por exemplo, Centro Nacional de Informação e Arbitragem de Conflitos de Consumo (Portugal), Le service de médiation pour les télécommunications (Bélgica) ou Verein Internet Ombudsmann – nur für im Internet abgeschlossene Verträge (Áustria).

outro lado, libertar os tribunais estaduais de alguns litígios que podem ser mais bem resolvidos através de outros meios, como a mediação.

7.5. Regras comuns do procedimento na plataforma de RLL

O procedimento inicia-se, na plataforma, com a apresentação de uma queixa, em princípio pelo consumidor[346].

A queixa é apresentada através do preenchimento de um formulário eletrónico. A referência, no art. 8º-1, à fácil utilização e à facilidade de acesso ao formulário na plataforma de RLL, com grande significado ao nível político-legislativo, no que respeita à proteção dos consumidores, tem conteúdo normativo reduzido. A Comissão Europeia, que apresentou a Proposta de Regulamento e tinha a seu cargo a criação da plataforma de RLL, está aqui, neste preceito, de certa forma, a autovincular-se a criar um formulário facilmente acessível e utilizável[347]. Estranho seria se, mesmo sem esta autovinculação, não se apontasse no sentido desse resultado. E o que sucede se se concluir que o formulário não é facilmente acessível e utilizável pelos consumidores? Nada. Não há qualquer consequência para o incumprimento desta norma. Se juntarmos a isto as dificuldades resultantes do preenchimento dos conceitos indeterminados de "fácil utilização" e de "facilmente acessível" chegamos à conclusão de que não podemos apontar a muito mais do que à esperança de que a Comissão Europeia aposte num formulário simples. A definição da medida da simplicidade deve ter inclusivamente em atenção a diversidade de consumidores que poderão aceder à plataforma, com conhecimentos técnicos e jurídicos muito diversificados. Não se deve pressupor, para este efeito, que os consumidores têm conhecimentos técnicos e jurídicos médios, ainda que estejam em causa litígios resultantes de

[346] Como já vimos, os litígios também podem ser iniciados por profissionais contra consumidores (cfr. *supra* 7.1).

[347] O art. 2º do Regulamento de Execução 2015/1051 complementa o art. 8º-1, estabelecendo que "o formulário eletrónico de queixa a apresentar à plataforma de RLL deve estar acessível aos consumidores e comerciantes em todas as línguas oficiais das instituições da União. O autor da queixa deve ter a possibilidade de guardar um projeto do formulário eletrónico de queixa na plataforma de RLL. O autor da queixa deve ter a possibilidade de aceder ao projeto e de o editar antes de apresentar a versão final do formulário eletrónico de queixa totalmente preenchido. Os projetos de formulário eletrónico de queixa que não estejam totalmente preenchidos e não sejam apresentados devem ser automaticamente apagados da plataforma de RLL seis meses após a sua criação".

contratos celebrados através da Internet. É possível que muitos destes litígios resultem, precisamente, da falta de conhecimentos específicos, nomeadamente técnicos, no momento da celebração do contrato. Dificultar o acesso destes consumidores à plataforma teria a consequência de reduzir consideravelmente a sua eficácia.

O art. 8º do Regulamento RLL consagra os princípios da adequação e da proporcionalidade dos dados a transmitir pelo consumidor. Assim, não devem ser exigidos dados que não tenham utilidade para o tratamento do caso. Nota-se que, à partida, pode ser difícil definir com exatidão que dados podem vir a ser necessários ao longo do processo. Por exemplo, um número de identificação do consumidor é, em princípio, suficiente para a sua identificação pelo profissional, mas, em concreto, outros números (de cliente, de fatura, etc.) poderão ser necessários. Para uma tramitação eficaz, estes dados deveriam, idealmente, constar da informação transmitida pelo consumidor.

Especialmente importante é a informação que permite determinar a entidade de RALC competente para o tratamento do litígio. Algumas entidades podem ser competentes para todos os litígios, mas muitas não o são. Além das entidades com competência setorial, algumas têm a sua competência definida em função do território. Nestes casos, poderá ser relevante conhecer o domicílio do consumidor ou o local do cumprimento do contrato (para onde os bens devem ser enviados ou onde os serviços devem ser prestados).

A plataforma permite, ainda, o envio de documentos. Está aqui em causa o cumprimento do princípio do processo justo, consagrado em todos os Estados-Membros e no direito europeu, na sua vertente de direito à prova. Em especial nos casos em que a decisão da entidade de RALC é vinculativa para as partes, é fundamental que estas possam apresentar todos os elementos que julguem adequados, permitindo a sua consideração pelo terceiro responsável pelo procedimento.

Apresentada a queixa, a plataforma de RLL transmite-a automaticamente à parte requerida[348] – o profissional, com a ressalva já feita de a queixa poder ser apresentada, em abstrato, pelo profissional contra o

[348] A plataforma de RLL deve "enviar uma mensagem eletrónica normalizada" (art. 3º do Regulamento de Execução 2015/1051). Fernando Viana, Francisco Andrade e Paulo Novais, "Resolução de Conflitos de Consumo em Linha em Portugal e na União Europeia", 2016, pp. 238 e 239, chamam a atenção para a possibilidade de a parte requerida não

consumidor. A queixa deve ser transmitida "de forma facilmente compreensível e sem demora" (art. 9º-3 do Regulamento RLL), dever dirigido à Comissão Europeia, com utilização de conceitos indeterminados, o que tem os problemas já identificados a propósito do formulário.

Impõe-se aqui uma referência ao problema da(s) língua(s) na plataforma de RLL. A queixa é supostamente transmitida ao profissional "numa das línguas oficiais das instituições da União escolhidas por essa parte". O profissional não tem necessariamente de ter escolhido previamente uma ou várias línguas, uma vez que pode ser a primeira vez que acede à plataforma de RLL, na sequência da queixa apresentada pelo consumidor. Isso significa que, no momento em que é notificado, o profissional deve escolher a língua ou as línguas em que pretende interagir com a plataforma de RLL. Não tem necessariamente de ser a língua utilizada pelo consumidor.

Para o efeito, a plataforma de RLL tem uma função de tradução automática em todas as línguas oficiais das instituições da União Europeia. Segundo o considerando (19) do Regulamento RLL, esta função de tradução eletrónica deve permitir "que as partes e a entidade de RAL disponham, se adequado, da tradução das informações trocadas através da plataforma de RLL, necessárias para a resolução do litígio. Essa funcionalidade deverá poder efetuar todas as traduções necessárias e, se adequado, deverá ser apoiada por intervenção humana". Esta ferramenta de tradução, sendo bem trabalhada e regularmente alimentada e aperfeiçoada, pode ter grande utilidade para a própria atividade da União Europeia, constituindo uma base de dados de palavras, expressões e frases em várias línguas e da sua tradução em todas as outras.

A queixa chega ao profissional acompanhada de uma série de elementos, previstos nas várias alíneas do art. 9º-3.

Em primeiro lugar, o profissional é informado da necessidade de as partes chegarem a acordo relativamente à entidade de RALC a que pretendem recorrer para a resolução do litígio, sob pena de abandono da queixa. Se o consumidor tiver indicado uma ou mais entidades competentes ou se a plataforma de RLL, tendo em conta os elementos indica-

chegar a ter conhecimento da reclamação, por o seu sistema informático a tratar como *spam*, ou chegar a recebê-la, mas não entender de imediato do que se trata.

dos no formulário[349], identificar uma ou mais entidades, essa informação é transmitida ao profissional, que assim pode mais facilmente efetuar uma escolha[350]. Esta regra tem de ser adaptada aos casos em que o profissional se encontra vinculado, por via da lei nacional, a resolver o litígio junto de uma determinada entidade ou junto da entidade indicada pelo consumidor. Do ponto de vista técnico, a plataforma poderá não estar preparada para esta vinculação, remetendo-se para o ponto 7.6.2 para uma análise crítica da questão.

Em segundo lugar, a plataforma remete um convite ao profissional para que este declare, no prazo de 10 dias, se se comprometeu ou se é obrigado a recorrer a uma entidade de RAL específica ou, em caso de resposta negativa, se aceita recorrer a alguma ou algumas das entidades competentes[351].

Em terceiro lugar, o profissional recebe um elemento de pura informação: o nome e as coordenadas do ponto de contacto de RLL do Estado-Membro em que estiver estabelecido ou tiver a sua residência habitual, acompanhado de uma breve descrição das funções desse ponto de contacto, que são, em traços gerais, de apoio às partes e de informação.

Assim que o profissional responder, a plataforma de RLL está programada para remeter ao consumidor as informações anteriormente remetidas ao profissional, acrescidas da indicação da entidade ou das entidades de RALC escolhidas pelo profissional[352], acompanhada de um "convite para chegar a acordo no prazo de 10 dias sobre uma entidade de RAL" – art. 9º-4-*b*)[353].

[349] Nos termos do art. 4º-1 do Regulamento de Execução 2015/1051, "no caso de não ser identificada uma entidade de RAL competente no formulário eletrónico de queixa, a plataforma de RLL deve apresentar à parte requerida uma lista indicativa de entidades de RAL, a fim de facilitar a identificação da entidade de RAL competente". Esta lista deve basear-se nos critérios do endereço geográfico das partes e do setor de atividade a que o litígio diz respeito.

[350] Nos termos do art. 9º-5, a indicação da entidade de RALC deve ser acompanhada de uma descrição das suas características.

[351] O art. 9º-3-d) trata do caso em que é o profissional a apresentar a queixa.

[352] Fernando Viana, Francisco Andrade e Paulo Novais, "Resolução de Conflitos de Consumo em Linha em Portugal e na União Europeia", 2016, pp. 239 e 240, defendem que, por uma questão de economia de tempo, deveria, neste momento, ser também notificada a entidade de RALC, que poderia, de imediato, indicar se aceita tratar o litígio.

[353] O art. 9º-4-c) trata do caso em que é o profissional a apresentar a queixa, caso em que, nesta fase, volta a si para se pronunciar sobre a escolha feita pelo consumidor.

O consumidor deve, então, escolher uma entidade de RALC entre as indicadas pelo profissional. Efetuada a escolha, temos então o acordo relativamente à entidade de RALC, remetendo-lhe então a plataforma de RLL o processo. Note-se que, até este momento, a entidade de RALC não tem conhecimento do processo nem da possibilidade de vir a tratar o litígio em causa.

A entidade de RALC deve, então, informar as partes sobre se aceita ou recusa conhecer do litígio. Esta informação deve ser dada "sem demora", o que não nos parece impedir a possibilidade de solicitar informações adicionais que possam ser necessárias para decidir. Esta decisão não é discricionária. Com efeito, além dos casos de incompetência (em função da matéria, do território ou do valor), existe um elenco taxativo de fundamentos de recusa do tratamento de um litígio por parte das entidades de RALC inscritas na lista (v. *supra* 2.2). A adoção, em concreto, dos motivos de recusa é, aliás, indicada na plataforma, relativamente a cada entidade de RALC, sendo a informação remetida às partes no momento da escolha feita por cada uma, na sequência do procedimento a que aludimos nos parágrafos anteriores.

As partes têm 30 dias para chegar a acordo sobre uma entidade de RALC. Prevê-se aqui uma margem de 10 dias, além dos 10 dias que o profissional tem para se pronunciar depois de apresentada a queixa e dos 10 dias de resposta do consumidor à proposta do profissional. Esta margem revela que estes prazos de 10 dias não são preclusivos, admitindo-se a sua ultrapassagem com manutenção dos direitos das partes.

Passados os 30 dias sem acordo entre as partes ou no caso de a entidade de RALC não aceitar o litígio, a queixa é abandonada (art. 9º-8). Nota-se que, no caso de falta de acordo, a entidade de RALC nem sequer vai saber da existência do litígio, solução que é criticável[354].

Nestes casos, o consumidor é ainda informado de que pode contactar um conselheiro de RLL. Os conselheiros de RLL são pessoas integradas nos pontos de contacto de RLL, a que já se fez referência. Nos termos

[354] Cátia Marques Cebola, "ADR 3.0 @ Resolução Online de Conflitos de Consumo em Portugal", 2016, p. 70, assinala que esta é uma das principais fragilidades da plataforma RLL, já que, no âmbito de conflitos transfronteiriços, pertencendo o consumidor e o agente económico a Estados-Membros distintos, é provável que "seja elevada a potencialidade de desacordo quanto à entidade de RAL competente, uma vez que cada sujeito confiará ou tenderá a escolher entidades do seu próprio país".

do art. 7º-1 do Regulamento RLL, cada ponto de contacto deve dispor pelo menos de dois conselheiros de RLL. Procura evitar-se que o consumidor fique desamparado, sem saber a quem recorrer, perante a recusa do profissional.

Se aceitar resolver o litígio, a entidade de RALC deve informar as partes das suas regras processuais e dos custos do procedimento.

A partir deste momento, e até à conclusão do procedimento, a utilização da plataforma deixa de ser obrigatória[355]. Nos termos do art. 10º-d), a entidade de RALC decide se conduz o procedimento através da plataforma ou se o conduz por outros meios, nomeadamente aqueles que utiliza normalmente para os litígios que trata fora da plataforma.

Se a entidade de RALC optar por conduzir o processo através da plataforma de RLL, esta tem uma ferramenta de gestão, de utilização gratuita para as partes. Neste caso, o processo pode ser integralmente tramitado através da plataforma. Pode, igualmente, por maioria de razão, ser utilizada a plataforma apenas parcialmente, recorrendo-se, além desta, a meios tradicionais. Assim, é possível, por exemplo, fazer tudo através da plataforma, com exceção de uma audiência presencial, que o responsável pelo procedimento de RALC entendeu necessária. Note-se, contudo, que a comparência pessoal das partes só pode ser imposta pela entidade de RALC, nos termos do art. 10º-b), se, cumulativamente, (i) as regras processuais previrem esta hipótese e (ii) as partes derem o seu consentimento. Cede, aqui, parcialmente, o direito à produção de prova em nome da eficiência do procedimento e da tendencial tramitação à distância do processo.

A utilização da plataforma garante uma via desmaterializada de resolução de litígios, sendo igualmente possível aproveitar as já referidas funções de tradução automática que esta oferece. Se as partes estiverem interessadas numa participação ativa no processo, esta permite uma tramitação rápida e eficaz, conforme é propósito da União Europeia neste domínio.

Independentemente da utilização da plataforma como ferramenta de gestão, o procedimento de RALC deve ser concluído no prazo fixado no

[355] Sandra Passinhas, "Alterações Recentes no Âmbito da Resolução Alternativa de Litígios de Consumo", 2015, p. 376, defende que "mais do que resolução extrajudicial de litígios em linha, a plataforma oferece um pólo único de receção das queixas apresentadas e trata do subsequente direcionamento do litígio para uma entidade de RAL disponível".

art. 8º-e) da Diretiva RALC, ou seja, "90 dias a contar da data em que a entidade de RAL tiver recebido o processo completo de queixa"[356]. Este prazo pode ser prorrogado, no caso de "litígios extremamente complexos", devendo a entidade de RALC informar as partes "sobre qualquer prorrogação desse prazo e sobre o tempo necessário previsto para a conclusão do litígio" (v. *supra* 3.5).

Concluído o procedimento, a entidade de RALC deve, mesmo que não tenha utilizado a ferramenta de gestão, atualizar a informação relativa ao caso. Assim, nos termos do art. 10º-c) do Regulamento RLL, deve indicar a data de conclusão do procedimento e o seu resultado.

A propósito do resultado, o art. 9º-1-c) da Diretiva RALC determina que as partes devem dele ser notificadas, recebendo uma "declaração que indique as razões em que os resultados se baseiam". O resultado varia consoante o procedimento de RALC, podendo ir desde o acordo ou a ausência de acordo, nos procedimentos não vinculativos, até uma decisão, no caso da arbitragem (cfr. *supra* 3.2.4).

Aplicam-se ao "resultado" do procedimento as regras europeias e nacionais sobre os vários procedimentos de RALC. Assim, por exemplo, à mediação são aplicáveis, em princípio, as regras nacionais que transpõem a Diretiva 2008/52/CE. À arbitragem será aplicável a lei de arbitragem de cada Estado-Membro, nomeadamente no que respeita às regras relativas à sentença arbitral.

Feita uma análise da plataforma de RLL e, em especial, do *iter* procedimental dos litígios aí tramitados, importa proceder a uma análise crítica das principais questões por ela levantadas.

7.6. Análise crítica do regime legal e da sua implementação

7.6.1. Informação ao consumidor

A plataforma de RLL, como instrumento fundamental para a aplicação prática do direito dos contratos europeu e, em especial, para a construção do mercado único digital, depende, em grande parte, do seu conhecimento pelos cidadãos dos Estados-Membros. Se o consumidor não souber que existe a plataforma, nunca a ela irá recorrer em caso de liti-

[356] A entidade de RAL deve comunicar à plataforma de RLL a data de receção do processo completo de queixa, que marca o início do período de 90 dias (art. 5º do Regulamento de Execução 2015/1051).

gio. Se o profissional não tiver informação sobre a RALC e a RLL e a possibilidade de resolver litígios de forma eficaz através da plataforma, irá desconfiar quando receber uma queixa, colocando-se numa posição defensiva, que dificulta o sucesso destes procedimentos.

Além da informação geral sobre a plataforma, a cargo da Comissão Europeia[357] e das entidades competentes dos Estados-Membros[358], o Regulamento RLL impõe a prestação de informações pelo profissional[359].

O art. 14º-1 começa por determinar que "os comerciantes estabelecidos na União que celebrem contratos de venda ou de serviços em linha e os mercados em linha estabelecidos na União devem disponibilizar nos seus sítios *web* uma ligação eletrónica à plataforma de RLL".

Acrescenta-se, depois, que "essa ligação deve ser facilmente acessível aos consumidores". Em que local da página deverá ser colocada a ligação à plataforma? A resposta a esta questão pode, por si só, ditar o sucesso ou insucesso da plataforma.

Numa pesquisa feita à página de algumas empresas no final de maio de 2016, pudemos concluir que a informação não se encontra "facilmente acessível". Na página www.vertbaudet.com, para chegarmos à informação em causa, foi necessário abrir uma hiperligação relativamente pouco visível, na parte inferior, entre muitas outras informações, com o

[357] O art. 5º-3 estabelece que "a Comissão deve tornar a plataforma de RLL acessível, conforme adequado, através dos seus sítios web que prestam informações aos cidadãos e às empresas na União e, em particular, através do portal "A sua Europa", criado de acordo com a Decisão 2004/387/CE".

[358] Os pontos de contacto de RLL encontram-se regulados no art. 7º do Regulamento RLL. O art. 14º-5 determina que "os Estados-Membros asseguram que as entidades de RAL, os centros da Rede de Centros Europeus do Consumidor, as autoridades competentes definidas no artigo 18º, nº 1, da Diretiva 2013/11/UE e, se adequado, os organismos designados nos termos do artigo 14º, nº 2, da Diretiva 2013/11/UE disponibilizem uma ligação eletrónica à plataforma de RLL". Já no art. 14º, nº 6, acrescenta-se que "os Estados-Membros devem incentivar as associações de consumidores e as associações empresariais a disponibilizar uma ligação eletrónica à plataforma de RLL".

[359] Não duvidamos de que "a obrigação de informação pode não constituir um incentivo suficiente para os profissionais participarem num processo de RLL" (Pablo Cortés e Arno R. Lodder, "Consumer Dispute Resolution Goes Online: Reflections on the Evolution of European Law for Out-of-Court Redress", 2014, p. 30), mas exerce seguramente um significativo efeito persuasivo sobre o profissional. Iris Benöhr, "Alternative Dispute Resolution for Consumers in the European Union", 2012, p. 22, realça a importância desta informação.

título *Terms and Conditions*. A esmagadora maioria dos consumidores – para não dizer a totalidade – não chega a ter conhecimento da existência da plataforma. Na página da Amazon, a dificuldade para encontrar a informação foi ainda maior, apenas tendo sido possível perceber que a indicação aí constava através de uma pesquisa, no interior da página, pela expressão "dispute resolution"[360]. Estará eventualmente também disponível através de uma ligação – ou de ligações sucessivas – acessível da página inicial, mas não conseguimos, na verdade, encontrá-la. Nas páginas da Uber e da Airbnb não chegamos sequer a encontrar a informação. Nota-se que, independentemente da sua qualificação como prestadores de serviços ou como meros intermediários[361], os mercados em linha também se encontram, como referido, expressamente vinculados a disponibilizar a informação.

Podemos, assim, concluir que, mesmo nos casos em que a informação é disponibilizada na página do profissional, o cumprimento da norma é meramente formal. Do ponto de vista substancial, a realidade é totalmente equivalente àquela em que a informação não é prestada.

A informação só será facilmente acessível, como exige o Regulamento RLL, se for claramente visível quando se abre a página ou, pelo menos, quando é celebrado um contrato. O consumidor nada deve ter de fazer para ter essa informação. Não deve ser, por exemplo, necessário que já tenha um litígio e vá pesquisar como resolvê-lo.

A melhor solução para este problema – que, reiteramos, é central para o sucesso do Regulamento RLL – passa pela criação de um logo europeu (ou, mais modestamente, um logo da plataforma), obrigatoriamente visível quando e sempre que se abre a página do profissional, independentemente do equipamento utilizado.

Além de constituir um critério tendencialmente objetivo, sem recurso a conceitos indeterminados, como os da (mais) fácil ou difícil acessibilidade, a visualização no primeiro acesso à página garante o conhecimento efetivo da existência da plataforma.

[360] A informação podia, no final de maio de 2016, ser encontrada aqui: https://www.amazon.co.uk/gp/help/customer/display.html/ref=help_search_1-1?ie=UTF8&nodeId=1040616&qind=1464180508&sr=1-1.

[361] Sobre a questão, a propósito da Uber, v. Jorge Morais Carvalho, "Uber in Portugal", 2015; Jorge Morais Carvalho, "Developments on Uber in Portugal", 2015; Joana Campos Carvalho, "Enquadramento Jurídico da Atividade da Uber em Portugal", 2016.

O logo é fundamental para dar uma imagem à plataforma, tornando-a imediatamente identificável pelos destinatários. A simples informação escrita, em palavras, sem imagem, passa despercebida no contexto atual. Se analisarmos as páginas indicadas no texto, verificamos que, em todas elas, a informação comercial, relativa aos bens e serviços, se encontra acompanhada de imagens ou vídeos. A sua omissão torna a mensagem menos interessante.

Esta medida teria de ser tomada a nível europeu, uma vez que o logo não pode ser criado unilateralmente por um ou vários Estados-Membros. A parte relativa à proposta de a informação ser imediatamente acessível quando se acede à página poderia ser definida por um Estado-Membro, uma vez que cabe no conceito de "medidas necessárias para garantir" a aplicação do Regulamento RLL, nos termos do art. 18º. No entanto, do ponto de vista prático, tendo em conta a internacionalização de um grande número de profissionais a operar na Internet, a imposição de formas diversas de prestação da informação poderia ser problemática.

7.6.2. RALC obrigatória

Apesar de prever em algumas normas a possibilidade de o profissional se ter comprometido ou ser obrigado a recorrer a entidades de RALC para resolver eventuais litígios, a plataforma não se encontra claramente preparada para estes casos.

Como já vimos, o art. 9º-3 impõe ao profissional que declare se se compromete ou se é obrigado a recorrer a uma entidade de RALC específica[362]. No entanto, se estiver obrigado a recorrer a uma entidade de RALC e não o disser, o processo não poderá prosseguir na plataforma. Poderão eventualmente ser aplicadas sanções pelos Estados-Membros, ao abrigo do art. 18º do Regulamento RLL, mas a plataforma não per-

[362] O art. 14º-4 reforça este dever, estabelecendo que, se o profissional se tiver comprometido ou for obrigado "a recorrer a uma ou mais entidades de RAL para resolver litígios com consumidores" deverá "informar os consumidores da existência da plataforma de RLL e da possibilidade de recorrer a essa plataforma para resolver os seus litígios". Acrescenta-se ainda que "devem disponibilizar uma ligação eletrónica à plataforma de RLL no seu sítio *web* e, se a proposta for apresentada através de mensagem eletrónica, nessa mesma mensagem. As informações devem ser igualmente prestadas, se for caso disso, nos termos e nas condições gerais aplicáveis aos contratos de venda e de serviços em linha".

mite que o processo chegue ao seu termo. Assim, por exemplo, se o profissional se encontrar vinculado à arbitragem, por adesão prévia ou por imposição legal, o processo arbitral não chega a iniciar-se. É certo que o consumidor poderá iniciar o processo fora da plataforma, mas perde-se, nesse caso, um dos principais objetivos deste instrumento. Acresce que, em muitos casos em que o profissional não responde[363], o consumidor não saberá da existência da vinculação do profissional ao procedimento, podendo optar por desistir e não contactar diretamente a entidade de RALC. O caso acaba por não ser resolvido, por via de uma ineficiência da plataforma.

A solução para este problema poderá passar por uma alteração da tramitação do procedimento na plataforma, permitindo que seja feita uma triagem pela entidade de RALC, nomeadamente relativa à sua competência, após a queixa, antes de ser dada a possibilidade ao profissional de se manifestar quanto à aceitação ou recusa de participação no procedimento. Nos casos em que o profissional se encontra vinculado à participação no procedimento, a questão não seria sequer colocada, sendo a transmissão ao profissional meramente informativa do início do procedimento e uma notificação para os termos subsequentes.

7.6.3. Efeito persuasivo da intervenção da entidade de RALC

Com uma forte ligação com a questão anterior, julgamos que o principal obstáculo ao sucesso da plataforma é a não intervenção da entidade de RALC na fase inicial do procedimento.

Como se encontra concebida, a plataforma premeia o profissional que, independentemente de estar ou não vinculado a resolver os litígios através de entidades de RALC, ignora a queixa apresentada. Por um lado, se ignorar a queixa, o profissional não tem o trabalho nem o custo associados à sua análise e a uma resposta ao consumidor. Por outro lado, a queixa é abandonada, pelo que o profissional não tem de se preocupar mais com o assunto. Os consumidores poderão eventualmente insistir por outras vias, mas apenas uma parte (provavelmente pequena) o fará. Com efeito, a circunstância de uma plataforma europeia confirmar a au-

[363] Note-se que a opção de não responder pode não ser a mais inteligente do ponto de vista da satisfação do cliente. Neste sentido, v. Susan Blake, Julie Browne e Stuart Sime, *A Practical Approach to Alternative Dispute Resolution*, 2014, p. 15.

sência de resposta por parte do profissional representa um desincentivo significativo.

A entidade de RALC, tendo uma intervenção prévia, na sequência da queixa, poderia ter um papel muito útil no sentido de persuadir o profissional a participar no procedimento. Por um lado, a informação sobre os meios de RAL pode ser decisiva, em muitos casos, no sentido da decisão de participar no procedimento. Por outro lado, a lembrança da possibilidade de resposta ao convite para declarar se está ou não disposto a recorrer à RALC levaria seguramente mais profissionais a participar.

Se não queremos ter uma plataforma vazia de processos é fundamental confiar nas entidades de RALC (que são – ou pelo menos devem ser, por imposição legal – independentes e imparciais) e na sua capacidade para, dentro do sistema, ser um ator ativo no contacto entre as partes, necessariamente também numa fase em que estas ainda estão a decidir se pretendem recorrer à RALC.

Reforçamos a importância da plataforma de RLL como instrumento para tornar mais efetivo o direito europeu dos contratos, em particular no contexto do mercado único digital, mas tememos que, sem alguns ajustamentos pontuais, que poderão ser eventualmente apenas regulamentares, a sua utilidade possa ser reduzida.

BIBLIOGRAFIA

AAVV, *Código Civil Anotado*, Vol. I, Almedina, Coimbra, 2017 (coord. de Ana Prata)

AAVV, *Lei de Arbitragem Voluntária Anotada*, 2ª Ed., Almedina, Coimbra, 2015

AAVV, *Justiça Económica em Portugal – Novo Modelo Processual*, Fundação Francisco Manuel dos Santos, Lisboa, 2012

Abreu, Elizabeth de Almeida, *Arbitragem de Consumo no Direito Brasileiro*, COP Gráfica e Editora, Rio de Janeiro, 2015

Abreu, Marcelino, *Lei dos Serviços Públicos Essenciais (Anotada e Comentada)*, Nova Causa – Edições Jurídicas, Vila Nova de Famalicão, 2017

Alexander, Nadja, "The Mediation Metamodel: Understanding Practice", in *Conflict Resolution Quarterly*, 2008, pp. 97-123

Almeida, Carlos Ferreira de, *Contratos*, Vol. I, 6ª Ed., Almedina, Coimbra, 2017

— *Direito do Consumo*, Almedina, Coimbra, 2005

— "Serviços Públicos, Contratos Privados", in *Estudos em Homenagem à Professora Doutora Isabel de Magalhães Collaço*, Vol. II, Almedina, Coimbra, 2002, pp. 117-143

— "Meios Jurídicos de Resolução de Conflitos", in *Boletim da Faculdade de Direito de Bissau*, nº 2, 1993, pp. 173-188

— *Os Direitos dos Consumidores*, Almedina, Coimbra, 1982

Almeida, Francisco Ferreira de, *Direito Processual Civil*, Vol. I, Almedina, Coimbra, 2010.

Andrade, Francisco, "Resolução de Conflitos de Consumo em Linha em Portugal e na União Europeia – A Plataforma Europeia de Resolução de Conflitos em Linha", in *Scientia Ivridica*, Tomo LXV, nº 341, 2016, pp. 207-240 (com Fernando Viana e Paulo Novais)

ADE, José Carlos Vieira de, "Os Direitos dos Consumidores como Direitos Fundamentais na Constituição Portuguesa de 1976", in *Boletim da Faculdade de Direito da Universidade de Coimbra*, Vol. LXXVIII, 2002, pp. 43-64

GIULI, Alessandra, "Modelli di Conciliazione com Consumatori e Utenti", in *I Metodi Alternativi nella Soluzione delle Controversie dei Consumatori*, Cacucci Editore, Bari, 2007, pp. 79-104

ARIZA, Ariel, "Contratación Inmobiliaria y Defensa del Consumidor", in *La Reforma del Régimen de Defensa del Consumidor por Ley 26.361*, AbeledoPerrot, Buenos Aires, 2009, pp. 39-55

ARNAUT, José Luís, "Intervenção em Cerimónia Organizada pelo Centro de Direito do Consumo", in *Estudos de Direito do Consumidor*, nº 5, 2003, pp. 45-48

ASCENSÃO, José de Oliveira, "Direito Civil e Direito do Consumidor", in *Themis – Revista da Faculdade de Direito da Universidade Nova de Lisboa*, Edição Especial – Código Civil Português (Evolução e Perspectivas Actuais), 2008, pp. 163-182

BANDEIRA, Susana Figueiredo, "A Mediação como Meio Privilegiado de Resolução de Litígios", in *Julgados de Paz e Mediação – Um Novo Conceito de Justiça*, Associação Académica da Faculdade de Direito de Lisboa, Lisboa, 2002, pp. 99-145

BARBIERI, Diovana, "The Binding of Individuals to Fundamental Consumer Rights in the Portuguese Legal System: Can/Should it be Thought of in Terms of Direct Horizontal Effect?", in *European Review of Private Law*, Vol. 16, nº 5, 2008, pp. 665-692

BARBOSA, Mafalda Miranda, "Acerca do Âmbito da Lei dos Serviços Públicos Essenciais: Taxatividade ou Carácter Exemplificativo do Artigo 1º, nº 2, da Lei nº 23/96, de 26 de Julho", in *Estudos de Direito do Consumidor*, nº 6, 2004, pp. 401-434

BARONA VILAR, Silvia, "Artículo 37. Plazo, Forma, Contenido y Notificación del Laudo", in *Comentarios a la Ley de Arbitraje (Ley 60/2003, de 23 de Diciembre)*, Thomson, Madrid, 2004, pp. 1194-1261

BARROCAS, Manuel Pereira, *Lei de Arbitragem Comentada*, Almedina, Coimbra, 2013

BARROS, José Manuel de Araújo, *Cláusulas Contratuais Gerais*, Coimbra Editora, Coimbra, 2010

BASTOS, Susana Filipa Pereira, *Arbitragem Necessária*, Faculdade de Direito da Universidade de Coimbra, Coimbra, 2016 (policopiado)

BELMONTE, Cláudio Petrini, *A Redução do Negócio Jurídico e a Protecção dos Consumidores – Uma Perspectiva Luso-Brasileira*, Coimbra Editora, Coimbra, 2003

BENJAMIN, Antônio Herman, *Comentários ao Código de Defesa do Consumidor*, Editora Revista dos Tribunais, São Paulo, 2003 (com CLÁUDIA LIMA MARQUES e BRUNO MIRAGEM)

BENÖHR, Iris, "Alternative Dispute Resolution for Consumers in the European Union", in *Consumer ADR in Europe*, Hart – CH Beck – Nomos, Oxford, 2012, pp. 1-23

— *Consumer ADR in Europe*, Hart – CH Beck – Nomos, Oxford, 2012 (com CRISTOPHER HODGES e NAOMI CREUTZFELDT-BANDA)

BINDER, Peter, *International Commercial Arbitration and Conciliation in UNCITRAL Model Law Jurisdictions*, 3ª Ed., Sweet & Maxwell, London, 2010

BLAKE, Susan, *A Practical Approach to Alternative Dispute Resolution*, 3ª Ed., Oxford University Press, Oxford, 2014 (com JULIE BROWNE e STUART SIME)

BROWN, Henry, *ADR Principles and Practices*, 2ª Ed., Thomson, Sweet & Maxwell, London, 2005 (com ARTHUR MARRIOTT)

BROWNE, Julie, *A Practical Approach to Alternative Dispute Resolution*, 3ª Ed., Oxford University Press, Oxford, 2014 (com SUSAN BLAKE e STUART SIME)

BULINSKI, Maximilian A., "Online Case Resolution Systems: Enhancing Access, Fairness, Accuracy, and Efficiency", in *Michigan Journal of Race & Law*, nº 21, 2016, pp. 205-249 (com J.J. PRESCOTT)

BUSCH, Christoph, "Peer-to-Peer Lending in the European Union", in *EuCML – Journal of European Consumer and Market Law*, nº 4, 2016, p. 181 (com VANESSA MAK)

— "The Rise of the Platform Economy: A New Challenge for EU Consumer Law", in *EuCML – Journal of European Consumer and Market Law*, nº 1, 2016, pp. 3-10 (com HANS SCHULTE-NÖLKE, ANETA WIEWIÓROWSKA-DOMAGALSKA e FRYDERYK ZOLL)

CABEÇADAS, Isabel Mendes, "Meios Alternativos de Resolução de Conflitos de Consumo – Sinopse da Acção do Centro", in *Estudos do Instituto de Direito do Consumo*, Vol. IV, 2014, pp. 267-273

— "Arbitragem de Conflitos de Consumo – A Experiência de Lisboa", in *Estudos de Direito do Consumidor*, nº 3, 2001, pp. 373-386

CABRITA, Helena, *A Fundamentação de Facto e de Direito da Decisão Cível*, Coimbra Editora, Coimbra, 2015

CAMPAGNA, Marco F., "Transparent Consumer Information in Directive 2011/83/EU", in *The Columbia Journal of European Law*, Vol. XIX, 2012, pp. 38-39

CAMPOS, Catarina Nicolau, *Caucus na Mediação – Admissibilidade, Relevância e Técnicas: Uma Abordagem Teórica*, Faculdade de Direito da Universidade Nova de Lisboa, Lisboa, 2017 (policopiado)

CAMPOS, Isabel Menéres, "Mortgage Credit in Portugal", in *EuCML – Journal of European Consumer and Market Law*, nº 5, 2017 (com JORGE MORAIS CARVALHO)

CANOTILHO, J. J. Gomes, *Constituição da República Portuguesa Anotada*, Vol. I, 4ª Ed., Coimbra Editora, Coimbra, 2007 (com VITAL MOREIRA)

CAPELO, Maria José, "A Lei de Arbitragem Voluntária e os Centros de Arbitragem de Conflitos de Consumo (Breves Considerações)", in *Estudos de Direito do Consumidor*, nº 1, 1999, pp. 101-116

CARDOSO, Elionora, *Lei de Defesa do Consumidor Anotada e Comentada*, Coimbra Editora, Coimbra, 2012

CARRAPIÇO, Joaquim António, "A Arbitragem de Conflitos de Consumo", in *Arbitragem de Conflitos de Consumo*, Instituto do Consumidor, Lisboa, 1997, pp. 9-25

CARVALHO, Joana Campos, "Especificidades da Arbitragem e da Mediação de Consumo", in *Estudos de Direito do Consumidor*, nº 11, 2016, pp. 73-114 (com JORGE MORAIS CARVALHO)

— "Problemas Jurídicos da Arbitragem e da Mediação de Consumo", in *RED – Revista Electrónica de Direito*, nº 1, 2016 (com JORGE MORAIS CARVALHO)

— "A Proteção do Consumidor na *Sharing Economy*", in *I Congresso de Direito do Consumo*, Almedina, Coimbra, 2016, pp. 115-129

— "Online Dispute Resolution Platform – Making European Contract Law More Effective", in *European Contract Law and the Digital Single Market – The Implications of the Digital Revolution*, Intersentia, Cambridge, 2016, pp. 245-266 (com JORGE MORAIS CARVALHO)

— "Enquadramento Jurídico da Atividade da Uber em Portugal", in *Revista de Concorrência e Regulação*, Ano VII, nº 26, 2016, pp. 221-238

— "A Proteção do Consumidor na *Sharing Economy*", in *Estudos de Direito do Consumo – Homenagem a Manuel Cabeçadas Ataíde Ferreira*, DECO, 2016, pp. 294-309

— "A Função de Conciliação do Juiz nos Conflitos Civis e Comerciais", 2016, disponível em https://elearning.cej.mj.pt/course/view.php?id=428

— "O Princípio da Confidencialidade na Mediação", in *Scientia Ivridica*, Tomo LVIII, nº 318, 2009, pp. 311-333

— *A Conciliação Judicial*, Faculdade de Direito da Universidade Nova de Lisboa, Lisboa, 2009 (http://laboratorioral.fd.unl.pt/media/files/A_Concili...pdf)

CARVALHO, Jorge Morais, *Manual de Direito do Consumo*, 4ª Ed., Almedina, Coimbra, 2017

— "Mortgage Credit in Portugal", in *EuCML – Journal of European Consumer and Market Law*, nº 5, 2017 (com ISABEL MENÉRES CAMPOS)

— *Os Limites à Liberdade Contratual*, Almedina, Coimbra, 2016

— "Especificidades da Arbitragem e da Mediação de Consumo", in *Estudos de Direito do Consumidor*, nº 11, 2016, pp. 73-114 (com JOANA CAMPOS CARVALHO)

— "Online Dispute Resolution Platform – Making European Contract Law More Effective", in *European Contract Law and the Digital Single Market – The Implications of the Digital Revolution*, Intersentia, Cambridge, 2016, pp. 245-266 (com JOANA CAMPOS CARVALHO)

— "Problemas Jurídicos da Arbitragem e da Mediação de Consumo", in *RED – Revista Electrónica de Direito*, nº 1, 2016 (com JOANA CAMPOS CARVALHO)

— "Developments on Uber in Portugal", in *EuCML – Journal of European Consumer and Market Law*, nº 4, 2015, pp. 157–158

— "Uber in Portugal", in *EuCML – Journal of European Consumer and Market Law*, nºs 1-2, 2015, pp. 63-65

— *Contratos Celebrados à Distância e Fora do Estabelecimento Comercial – Anotação ao Decreto-Lei nº 24/2014, de 14 de Fevereiro*, Almedina, Coimbra, 2014 (com JOÃO PEDRO PINTO-FERREIRA)

— "Perspetivas Extracontratuais e Contratuais da Prevenção do Perigo na Prática Desportiva do Golfe – A Propósito do Acórdão do TRL, de 16 de Abril de 2013, e do Acórdão do STJ, de 15 de Novembro de 2013", in *Desporto & Direito – Revista Jurídica do Desporto*, Ano XI, nº 32, 2014, pp. 141-172 (com MIGUEL CALADO MOURA)

— "Consumidores", in *Enciclopédia da Constituição Portuguesa*, Quid Juris, Lisboa, 2013, pp. 86 e 87

— *Os Contratos de Consumo – Reflexão sobre a Autonomia Privada no Direito do Consumo*, Almedina, Coimbra, 2012

— "O Processo Deliberativo e a Fundamentação da Sentença Arbitral", in *O Direito*, Ano 143º, IV, 2011, pp. 751-791

— "A Consagração Legal da Mediação em Portugal", in *Julgar*, nº 15, 2011, pp. 271-290

— "A Experiência da UMAC na Mediação de Conflitos de Consumo", in *Conflitos de Consumo*, Almedina, Coimbra, 2006, pp. 23-39 (com MARIANA FRANÇA GOUVEIA)

CEBOLA, Cátia Marques, "ADR 3.0 @ Resolução Online de Conflitos de Consumo em Portugal", in *Revista Luso-Brasileira de Direito do Consumo,* Vol. V, nº 22, 2016, pp. 67-92

— "The Implementation of the Consumer ADR Directive in Portugal: Necessary Reform or Missed Opportunity?", *Research Paper do Centro de Investigação em Estudos Jurídicos,* Instituto Politécnico de Leiria, 2016

— "Arbitragem e Mediação de Consumo em Portugal e Espanha: Dois Lados da Mesma Moeda?", in *Diálogo e Entendimento – Direito e Multiculturalismo & Políticas de Cidadania e Resoluções de Conflito,* Tomo 7, Millennium Editora, Campinas, 2016, pp. 245-278

— "Consumer Financial Services and Negotiation: How is Portugal Dealing with Indebted Consumers?", in *EuCML – Journal of European Consumer and Market Law,* nº 5, 2016, pp. 211–215 (com ANA FILIPA CONCEIÇÃO)

— "Mediação e Arbitragem de Conflitos de Consumo: Panorama Português", in *Revista Portuguesa de Direito do Consumo,* nº 70, 2012, pp. 11-46

— *La Mediación. Un Nuevo Instrumento de la Administración de la Justicia para la Solución de Conflictos,* Faculdade de Direito da Universidade de Salamanca, Salamanca, 2011 (policopiado)

CHILLÓN MEDINA, José Mª, *Tratado de Derecho Arbitral,* 3ª Ed., Thomson, Navarra, 2006 (com JOSÉ F. MERINO MERCHÁN)

CHUMBINHO, João, "Os Julgados de Paz", in *Estudos de Direito do Consumo,* Vol. V, 2017, pp. 463-469

— *Julgados de Paz na Prática Processual Civil,* Quid Juris, Lisboa, 2007

COASE, R. H., "The problem of Social Cost", in *The Journal of Law & Economics,* Vol. III, 1960, pp. 1-44

CONCEIÇÃO, Ana Filipa, "Consumer Financial Services and Negotiation: How is Portugal Dealing with Indebted Consumers?", in *EuCML – Journal of European Consumer and Market Law,* nº 5, 2016, pp. 211–215 (com CÁTIA MARQUES CEBOLA)

CORDEIRO, António Menezes, "A Arbitragem de Consumo", in *Estudos de Direito do Consumidor,* nº 11, 2016, pp. 67-71

— *Tratado de Arbitragem – Comentário à Lei 63/2011, de 14 de Dezembro,* Almedina, Coimbra, 2015

— "O Anteprojecto de Código do Consumidor", in *O Direito,* Ano 138º, IV, 2006, pp. 685-715

— *Tratado de Direito Civil Português – Vol. I – Parte Geral,* Tomo I, 3ª Ed., Almedina, Coimbra, 2005

Cortés, Pablo, "Consumer Dispute Resolution Goes Online: Reflections on the Evolution of European Law for Out-of-Court Redress", in *Maastricht Journal of European and Comparative Law*, nº 1, 2014, pp. 14-38 (com Arno R. Lodder)

Craig, W. Laurence, *International Chamber of Commerce Arbitration*, 3ª Ed., Oceana Publications, New York, 2000 (com William W. Park e Jan Paulsson)

Creutzfeldt, Naomi, "Implementation of the Consumer ADR Directive", in *EuCML – Journal of European Consumer and Market Law*, nº 4, 2016, pp. 169-175

— *Consumer ADR in Europe*, Hart – CH Beck – Nomos, Oxford, 2012 (com Iris Benöhr e Cristopher Hodges)

Cristas, Assunção, "Protecção Constitucional do Consumidor e Suas Implicações no Direito Contratual", in *Direito Contratual entre Liberdade e Protecção dos Interesses e Outros Artigos Alemães-Lusitanos*, Almedina, Coimbra, 2008, pp. 47-60

Cristofaro, Giovanni De, "Unfair Business-to-Microenterprise Commercial Practices: The Italian Solution in the European Context – The Extended Scope of Application of UCP Directive's Implementing Provisions", in *EuCML – Journal of European Consumer and Market Law*, nºs 1-2, 2015, pp. 20-29

Cruz, Cristina, *A Arbitragem Institucional: Um Novo Modelo de Administração da Justiça – O Caso dos Conflitos de Consumo*, Centro de Estudos Sociais da Faculdade de Economia da Universidade de Coimbra, Coimbra, 2000 (com João Pedroso)

Dan, Wei, "Práticas Recentes da China na Mediação e na Arbitragem de Litígios de Consumo", in *Estudos de Direito do Consumidor*, nº 11, 2016, pp. 45-65

Duarte, Paulo, "A Chamada «Arbitragem Necessária» de «Litígios de Consumo» no Domínio dos Serviços Públicos Essenciais: Âmbito, Natureza e Aspectos Processuais", in *Estudos de Direito do Consumo – Homenagem a Manuel Cabeçadas Ataíde Ferreira*, DECO, 2016, pp. 452-469

— "O Conceito Jurídico de Consumidor, segundo o Artigo 2º, nº 1, da Lei de Defesa do Consumidor", in *Boletim da Faculdade de Direito da Universidade de Coimbra*, Vol. LXXV, 1999, pp. 649-703

Fachin, Luiz Edson, "Novo Código Civil Brasileiro e o Código de Defesa do Consumidor: Um *Approach* de Suas Relações Jurídicas", in *Estudos de Direito do Consumidor*, nº 7, 2005, pp. 111-135

Ferreira, J. O. Cardona, *Justiça de Paz e Julgados de Paz*, Coimbra Editora, Coimbra, 2005

— "Os Julgados de Paz e os Litígios de Consumo", in *Estudos de Direito do Consumidor*, nº 4, 2002, pp. 79-88

Filho, Sergio Cavalieri, *Programa de Direito do Consumidor*, 4ª Ed., Atlas, São Paulo, 2014

Fonseca, Paulo, "A Arbitragem e a Mediação. Os Desafios do Novo Regime de Resolução Alternativa de Litígios", in *Estudos de Direito do Consumo*, Vol. V, 2017, pp. 447-461

Frade, Catarina, "A Resolução Alternativa de Litígios e o Acesso à Justiça: A Mediação do Sobreendividamento", in *Revista Crítica das Ciências Sociais*, nº 65, 2003, pp. 107-128

Freitas, José Lebre de, *Introdução ao Processo Civil – Conceito e Princípios Gerais à Luz do Novo Código*, 3ª Ed., Coimbra Editora, Coimbra, 2013

Freitas, Tiago Machado de, "A Extensão do Conceito de Consumidor em Face dos Diferentes Sistemas de Proteção Adotados por Brasil e Portugal", in *Estudos de Direito do Consumidor*, nº 5, 2003, pp. 391-421

Frota, Mário, "Serviços Públicos Essenciais", in *Estudos de Direito do Consumo*, Vol. V, 2017, pp. 173-285

Froufe, Pedro Madeira, "A Noção de Consumidor a Crédito", in *Scientia Ivridica*, Vol. XLVIII, nºs 280/282, 1999, pp. 427-441

Fouchard, Philippe, *Fouchard Gaillard Goldman on International Commercial Arbitration*, Editado, traduzido e atualizado por Emmanuel Gaillard e John Savage, Kluwer Law International, The Hague, 1999 (com Emmanuel Gaillard e Berthold Goldman)

Gaibrois, Luis M., *O Que é a Mediação*, Ágora Publicações, Lisboa, 2003 (com Zulema D.Wilde)

Gaillard, Emmanuel, *Fouchard Gaillard Goldman on International Commercial Arbitration*, Editado, traduzido e atualizado por Emmanuel Gaillard e John Savage, Kluwer Law International, The Hague, 1999 (com Philippe Fouchard e Berthold Goldman)

Ghersi, Carlos A., *Manual de los Derechos de Usuarios y Consumidores*, La Ley, Buenos Aires, 2011 (com Celia Weingarten)

Goldman, Berthold, *Fouchard Gaillard Goldman on International Commercial Arbitration*, Editado, traduzido e atualizado por Emmanuel Gaillard e John Savage, Kluwer Law International, The Hague, 1999 (com Philippe Fouchard e Emmanuel Gaillard)

Gomes, Carla Amado, "Os Novos *Trabalhos* do Estado: A Administração Pública e a Defesa do Consumidor", in *Estudos do Instituto de Direito do Consumo*, Vol. I, 2002, pp. 31-61

GONÇALVES, Pedro Costa, "Arbitragem e Regulação (A Arbitrabilidade dos Conflitos Regulatórios)", in *Revista Internacional de Arbitragem e Conciliação*, Vol. VII, 2014, pp. 65-86

GOUVEIA, Mariana França, *Curso de Resolução Alternativa de Litígios*, 3ª Ed., Almedina, Coimbra, 2014

— "A Experiência da UMAC na Mediação de Conflitos de Consumo", in *Conflitos de Consumo*, Almedina, Coimbra, 2006, pp. 23-39 (com JORGE MORAIS CARVALHO)

GUILLAUME-HOFNUNG, Michèle, *La Médiation*, 4ª Ed., Puf, Paris, 2007

HARBST, Ragnar, *A Counsel's Guide to Examining and Preparing Witnesses in International Arbitration*, Wolters Kluwer, 2015

HODGES, Cristopher, *Consumer ADR in Europe*, Hart – CH Beck – Nomos, Oxford, 2012 (com IRIS BENÖHR e NAOMI CREUTZFELDT-BANDA)

HUNTER, Martin, *Law and Practice of International Commercial Arbitration*, 4ª Ed., Sweet & Maxwell, Londres, 2005 (com ALAN REDFERN)

JAUERNIG, Othmar, *Direito Processual Civil*, 25ª Ed., trad. de F. SILVEIRA RAMOS, Almedina, Coimbra, 2002

JERÓNIMO, Maria, *Reflexão sobre a Constitucionalidade da Mediação Pré-Processual Obrigatória*, Faculdade de Direito da Universidade Nova de Lisboa, Lisboa, 2017 (policopiado)

KAHNEMAN, Daniel, *Pensar Depressa e Devagar*, Círculo de Leitores, Lisboa, 2012

KHOURI, Paulo R. Roque A., *Direito do Consumidor – Contratos, Responsabilidade Civil e Defesa do Consumidor em Juízo*, 6ª Ed., Atlas, São Paulo, 2013

KNIGGE, Marte, "The Legality Requirement of the ADR Directive: Just Another Paper Tiger?", in *EuCML – Journal of European Consumer and Market Law*, nº 4, 2016, pp. 155-163 (com CHARLOTTE PAVILLON)

KOMESAR, Neil, *Imperfect Alternatives – Choosing Institutions in Law, Economics and Public Policy*, The University of Chicago Press, Chicago, 1996

KOMNIOS, Komninos, "The Implementation of the Consumer ADR Directive in Greece", in *EuCML – Journal of European Consumer and Market Law*, nº 6, 2016, pp. 244-249

LAURENTINO, Sandrina, "Os Destinatários da Legislação do Consumidor", in *Estudos de Direito do Consumidor*, nº 2, 2000, pp. 415-434

LEITÃO, Adelaide Menezes, "Soluções Jurídicas para o Sobreendividamento dos Consumidores", in *Estudos do Instituto de Direito do Consumo*, Vol. IV, 2014, pp. 255-265

— "Tutela do Consumo e Procedimento Administrativo", in *Estudos do Instituto de Direito do Consumo*, Vol. II, 2005, pp. 119-140

— *Estudo de Direito Privado sobre a Cláusula Geral de Concorrência Desleal,* Almedina, Coimbra, 2000

Leitão, Luís Manuel Teles de Menezes, "O Direito do Consumo: Autonomização e Configuração Dogmática", in *Estudos do Instituto de Direito do Consumo,* Vol. I, 2002, pp. 11-30

— "Caveat Venditor? A Directiva 1999/44/CE do Conselho e do Parlamento Europeu sobre a Venda de Bens de Consumo e Garantias Associadas e suas Implicações no Regime Jurídico da Compra e Venda", in *Estudos em Homenagem ao Prof. Doutor Inocêncio Galvão Telles,* Vol. I, Livraria Almedina, Coimbra, 2002, pp. 263-303

Liz, Jorge Pegado, "Um Código do Consumidor, Para os Consumidores ou Nem uma Coisa Nem Outra?", in *Revista Portuguesa de Direito do Consumo,* nº 49, 2007, pp. 26-32

— *Introdução ao Direito e à Política do Consumo,* Editorial Notícias, Lisboa, 1999

Lodder, Arno R., "Consumer Dispute Resolution Goes Online: Reflections on the Evolution of European Law for Out-of-Court Redress", in *Maastricht Journal of European and Comparative Law,* nº 1, 2014, pp. 14-38 (com Pablo Cortés)

Loos, Marco B. M., "Enforcing Consumer Rights through ADR at the Detriment of Consumer Law", in *European Review of Private Law,* nº 24, 2016, pp. 61-80

Lopes, Dulce, *Lei da Mediação Comentada,* 2ª Ed., Almedina, Coimbra, 2016 (com Afonso Patrão)

Luzak, Joasia, "The ADR Directive: Designed to Fail? A Hole-Ridden Stairway to Consumer Justice", in *European Review of Private Law,* nº 24, 2016, pp. 81-101

Machado, João Baptista, *Introdução ao Direito e ao Discurso Legitimador,* Almedina, Coimbra, 2002 (Reimp. da Ed. de 1982)

Maia, Pedro, "Contratação à Distância e Práticas Comerciais Desleais", in *Estudos de Direito do Consumidor,* nº 9, 2015, pp. 143-176

Mak, Vanessa, "Peer-to-Peer Lending in the European Union", in *EuCML – Journal of European Consumer and Market Law,* nº 4, 2016, p. 181 (com Christoph Busch)

Mania, Karolina, "Online Dispute Resolution: The Future of Justice", in *International Comparative Jurisprudence,* nº 1, 2015, pp. 76-86

Marçal, Sergio Pinheiro, "Definição Jurídica de Consumidor – Evolução da Jurisprudência do STJ", in *Revista do Advogado,* Ano XXVI, nº 89 – 15 Anos de Vigência do Código de Defesa do Consumidor, 2006, pp. 107-113

Mariano, João Cura, *Responsabilidade Contratual do Empreiteiro pelos Defeitos da Obra*, 5ª Ed., Almedina, Coimbra, 2013

Marques, Cláudia Lima, "Conciliação em Matéria de Superendividamento dos Consumidores", in *Estudos de Direito do Consumidor*, nº 11, 2016, pp. 13-43

— *Contratos no Código de Defesa do Consumidor – O Novo Regime das Relações Contratuais*, 5ª Ed., Editora Revista dos Tribunais, São Paulo, 2006

— *Comentários ao Código de Defesa do Consumidor*, Editora Revista dos Tribunais, São Paulo, 2003 (com Antônio Herman Benjamin e Bruno Miragem)

Marques, J. P. Remédio, *Acção Declarativa à Luz do Código Revisto*, 3ª Ed., Coimbra Editora, Coimbra, 2011

Marriott, Arthur, *ADR Principles and Practices*, 2ª Ed., Thomson, Sweet & Maxwell, London, 2005 (com Henry Brown)

Medeiros, Rui, "Arbitragem Necessária e Constituição", in *Estudos em Memóia do Conselheiro Artur Maurício*, Coimbra Editora, Coimbra, 2014, pp. 1301-1330

— *Constituição Portuguesa Anotada*, Tomo I, 2ª Ed., Coimbra Editora, Coimbra, 2010 (com Jorge Miranda)

— *Constituição Portuguesa Anotada*, Tomo III, Coimbra Editora, Coimbra, 2007 (com Jorge Miranda)

Meirim, José Manuel, "A Constituição da República e os Consumidores", in *Revista do Ministério Público*, Ano 11º, nº 44, 1990

Mendes, Armindo Ribeiro, "Crónica de Jurisprudência Portuguesa em 2008", in *Revista Internacional de Arbitragem e Conciliação*, Ano II, 2009, pp. 245-272 (com Sofia Ribeiro Mendes)

— "Crónica de Jurisprudência", in *Revista Internacional de Arbitragem e Conciliação*, Ano I, 2008, pp. 155-183 (com Sofia Ribeiro Mendes)

— "Balanço dos Vinte Anos de Vigência da Lei de Arbitragem Voluntária (Lei nº 31/86, de 29 de Agosto): Sua Importância no Desenvolvimento da Arbitragem e Necessidade de Alterações", in *I Congresso do Centro de Arbitragem da Câmara de Comércio e Indústria Portuguesa*, Almedina, Coimbra, 2008, pp. 13-70

Mendes, Cátia Sofia Ramos, *O Contrato de Prestação de Serviços de Fornecimento de Água*, Faculdade de Direito da Universidade Nova de Lisboa, Lisboa, 2015 (policopiado)

Mendes, Sofia Ribeiro, "Crónica de Jurisprudência Portuguesa em 2008", in *Revista Internacional de Arbitragem e Conciliação*, Ano II, 2009, pp. 245-272 (com Armindo Ribeiro Mendes)

— "Crónica de Jurisprudência", in *Revista Internacional de Arbitragem e Conciliação*, Ano I, 2008, pp. 155-183 (com Armindo Ribeiro Mendes)

Merino Merchán, José F., *Tratado de Derecho Arbitral*, 3ª Ed., Thomson, Navarra, 2006 (com José Mª Chillón Medina)

Micklitz, Hans-Wolfgang, "European Private Law", in *A Companion to European Union Law and International Law*, Wiley Blackwell, 2016, pp. 262-284

Miragem, Bruno, *Curso de Direito do Consumidor*, 5ª Ed., Editora Revista dos Tribunais, São Paulo, 2014

— *Comentários ao Código de Defesa do Consumidor*, Editora Revista dos Tribunais, São Paulo, 2003 (com Antônio Herman Benjamin e Cláudia Lima Marques)

Miranda, Jorge, "Anotação ao Artigo 60º da Constituição", in *Estudos do Instituto de Direito do Consumo*, Vol. IV, 2014, pp. 25-34

— *Manual de Direito Constitucional*, Vol. IV, 5ª Ed., Coimbra Editora, Editora, 2012

— *Constituição Portuguesa Anotada*, Tomo I, 2ª Ed., Coimbra Editora, Coimbra, 2010 (com Rui Medeiros)

— *Constituição Portuguesa Anotada*, Tomo III, Coimbra Editora, Coimbra, 2007 (com Rui Medeiros)

Mirante, Daniela Filipa Calado, *Os Efeitos da Anulação da Sentença Arbitral*, Faculdade de Direito da Universidade Nova de Lisboa, Lisboa, 2009 (http://laboratorioral.fd.unl.pt/media/files/Os_Efeitos_da_Anula____o_da_Senten__a_Arbitral.pdf)

Mongillo, Roberta, "Beni di Consumo, Beni ad Uso Promiscuo e Squilibrio Negoziale", in *Il Diritto dei Consumi – Realtà e Prospettive*, Edizioni Scientifiche Italiane, Napoli, 2008, pp. 359-384

Monteiro, António Pedro Pinto, "Publicidade vs. Confidencialidade na Arbitragem Desportiva Transnacional", in *Revista de Direito Civil*, nº 3, 2016, pp. 701-722 (com Artur Flamínio da Silva)

— "Da Ordem Pública no Processo Arbitral", in *Estudos em Homenagem ao Prof. Doutor José Lebre de Freitas*, Vol. II, Coimbra Editora, Coimbra, 2013, pp. 589-673

Monteiro, António Pinto, "Harmonização Legislativa e Protecção do Consumidor (A Propósito do Anteprojecto do Código do Consumidor Português)", in *Themis – Revista da Faculdade de Direito da Universidade Nova de Lisboa*, Edição Especial – Código Civil Português (Evolução e Perspectivas Actuais), 2008, pp. 183-206

— "Breve Nótula sobre a Protecção do Consumidor na Jurisprudência Constitucional", in *Direitos Fundamentais e Direito Privado – Uma Perspectiva de Direito Comparado*, Almedina, Coimbra, 2007, pp. 293-304

— "A Protecção do Consumidor de Serviços Públicos Essenciais", in *Estudos de Direito do Consumidor*, nº 2, 2000, pp. 333-350

— "Quadro Jurídico da Protecção do Consumidor", in *Forum Iustitiae – Direito & Sociedade*, Ano I, nº 1, 1999, pp. 44-46

— "La Protection de l'Acheteur de Choses Défectueuses en Droit Portugais", in *Boletim da Faculdade de Direito da Universidade de Coimbra*, Vol. LXIX, 1993, pp. 259-288 (com Paulo Mota Pinto)

Moore, Christopher W., *O Processo de Mediação*, 2ª Ed., Artmed, Porto Alegre, 1998

Moreira, Vital, *Constituição da República Portuguesa Anotada*, Vol. I, 4ª Ed., Coimbra Editora, Coimbra, 2007 (com J. J. Gomes Canotilho)

Moura, Miguel Calado, "Perspetivas Extracontratuais e Contratuais da Prevenção do Perigo na Prática Desportiva do Golfe – A Propósito do Acórdão do TRL, de 16 de Abril de 2013, e do Acórdão do STJ, de 15 de Novembro de 2013", in *Desporto & Direito – Revista Jurídica do Desporto*, Ano XI, nº 32, 2014, pp. 141-172 (com Jorge Morais Carvalho)

Nabais, José Casalta, "O Estatuto Constitucional dos Consumidores", in *Estudos em Homenagem ao Prof. Doutor Sérvulo Correia*, Vol. I, Coimbra Editora, Coimbra, 2010, pp. 479-508

Navratil, Szonja (coord.), *Publicity in the Administration of Justice and the Disclosure of Court Decisions*, Eötvös Károly Institute, Budapest, 2009 (http://www.right2info.org/resources/publications/publications/EKINT – Publicity in the Administration of Justice_2009.pdf)

Nickerson, Raymond S., "Confirmation Bias: A Ubiquitous Phenomenon in Many Guises", in *Review of General Psychology*, Vol. 2, nº 2, 1998

Novais, Paulo, "Resolução de Conflitos de Consumo em Linha em Portugal e na União Europeia – A Plataforma Europeia de Resolução de Conflitos em Linha", in *Scientia Ivridica*, Tomo LXV, nº 341, 2016, pp. 207-240 (com Fernando Viana e Francisco Andrade)

Nunes, Pedro Caetano, "Comunicação de Cláusulas Contratuais Gerais", in *Estudos em Homenagem ao Professor Doutor Carlos Ferreira de Almeida*, Vol. II, Almedina, Coimbra, 2011, pp. 507-534

Oliveira, Fernando Baptista de, *O Conceito de Consumidor – Perspectivas Nacional e Comunitária*, Almedina, Coimbra, 2009

OLIVEIRA, Isabel, "A Arbitragem de Consumo", in *Estudos de Direito do Consumidor*, nº 2, 2000, pp. 371-413

OLIVEIRA, Júlio Moraes, *Curso: Direito do Consumidor Completo*, D'Plácido Editora, Belo Horizonte, 2014

PARK, William W., *International Chamber of Commerce Arbitration*, 3ª Ed., Oceana Publications, New York, 2000 (com W. LAURENCE CRAIG E JAN PAULSSON)

PASSINHAS, Sandra, "Alterações Recentes no Âmbito da Resolução Alternativa de Litígios de Consumo", in *O Contrato – Na Gestão do Risco e na Garantia da Equidade*, Instituto Jurídico – Faculdade de Direito da Universidade de Coimbra, Coimbra, 2015, pp. 357-388

PATRÃO, Afonso, *Lei da Mediação Comentada*, 2ª Ed., Almedina, Coimbra, 2016 (com DULCE LOPES)

PAULSSON, Jan, *International Chamber of Commerce Arbitration*, 3ª Ed., Oceana Publications, New York, 2000 (com W. LAURENCE CRAIG E WILLIAM W. PARK)

PAVILLON, Charlotte, "The Legality Requirement of the ADR Directive: Just Another Paper Tiger?", in *EuCML – Journal of European Consumer and Market Law*, nº 4, 2016, pp. 155-163 (com MARTE KNIGGE)

PEDRO, Ricardo, "Arbitragem Institucional e Centros de Arbitragem de Direito Público", in *Arbitragem e Direito Público*, AAFDL, Lisboa, 2015, pp. 99-131

PEDROSO, João, *A Arbitragem Institucional: Um Novo Modelo de Administração da Justiça – O Caso dos Conflitos de Consumo*, Centro de Estudos Sociais da Faculdade de Economia da Universidade de Coimbra, Coimbra, 2000 (com CRISTINA CRUZ)

PEREIRA, Alexandre Dias, "A Protecção do Consumidor no Quadro da Directiva sobre o Comércio Electrónico", in *Estudos de Direito do Consumidor*, nº 2, 2000, pp. 43-140

PEREIRA, Patrícia da Guia, "Fundamentos de Anulação da Sentença Arbitral: Perspectivas *De Iure Condito* e *De Iure Condendo*", in *O Direito*, Ano 142º, V, 2010, pp. 1057-1110

— "A Adequação dos Meios de Resolução Alternativa, em Especial da Mediação, aos Conflitos de Consumo", in *Mediation and Consensus Building: The New Tools for Empowering Citizens in the European Union*, Mediarcom-Minerva, Coimbra, 2009, pp. 167-212

PINHEIRO, Luís de Lima, "Recurso e Anulação da Decisão Arbitral: Admissibilidade, Fundamentos e Consequências", in *I Congresso do Centro de Arbitragem da Câmara de Comércio e Indústria Portuguesa*, Almedina, Coimbra, 2008, pp. 181-195

— *Arbitragem Transnacional – A Determinação do Estatuto da Arbitragem*, Almedina, Coimbra, 2005

Pinto, Alexandre Mota, "Venda de Bens de Consumo e Garantias – O Direito Vivido nos Tribunais", in *I Congresso de Direito do Consumo*, Almedina, Coimbra, 2016, pp. 189-209

Pinto, Bruno Oliveira, "A Insolvência e a Tutela do Direito de Retenção – Em Especial os Casos do Promitente Comprador e do (Sub)empreiteiro – Uma Perspetiva Prática", in *Jurismat*, nº 5, 2014, pp. 81-100

Pinto-Ferreira, João Pedro, "A Resolução Alternativa de Litígios de Consumo no Contexto da Lei nº 144/2015", in *Estudos de Direito do Consumo – Homenagem a Manuel Cabeçadas Ataíde Ferreira*, DECO, Lisboa, 2016, pp. 310-332

— *Contratos Celebrados à Distância e Fora do Estabelecimento Comercial – Anotação ao Decreto-Lei nº 24/2014, de 14 de Fevereiro*, Almedina, Coimbra, 2014 (com Jorge Morais Carvalho)

— "A Alegação Oportuna da Incompetência e da Irregularidade na Constituição do Tribunal Arbitral na Jurisprudência", in *Estudos em Homenagem ao Prof. Doutor José Lebre de Freitas*, Vol. II, Coimbra Editora, Coimbra, 2013, pp. 759-809

Pinto, Paulo Mota, "O Novo Regime Jurídico dos Contratos a Distância e dos Contratos Celebrados Fora do Estabelecimento Comercial", in *Estudos de Direito do Consumidor*, nº 9, 2015, pp. 51-91

— "O Anteprojecto de Código do Consumidor e a Venda de Bens de Consumo", in *Estudos do Instituto de Direito do Consumo*, Vol. III, 2006, pp. 119-134

— "La Protection de l'Acheteur de Choses Défectueuses en Droit Portugais", in *Boletim da Faculdade de Direito da Universidade de Coimbra*, Vol. LXIX, 1993, pp. 259-288 (com António Pinto Monteiro)

Portugal, Maria Cristina, "O Papel da UMAC no Acesso do Consumidor à Justiça", in *Conflitos de Consumo*, Almedina, Coimbra, 2006, pp. 11-21

— "A Resolução Extrajudicial de Conflitos de Consumo Transfronteiriços", in *Estudos de Direito do Consumidor*, nº 3, 2001, pp. 345-371

Prata, Ana, *Contratos de Adesão e Cláusulas Contratuais Gerais*, Almedina, Coimbra, 2010

Prescott, J.J., "Online Case Resolution Systems: Enhancing Access, Fairness, Accuracy, and Efficiency", in *Michigan Journal of Race & Law*, nº 21, 2016, pp. 205-249 (com Maximilian A. Bulinski)

Redfern, Alan, *Law and Practice of International Commercial Arbitration*, 4ª Ed., Sweet & Maxwell, Londres, 2005 (com Martin Hunter)

REGO, Carlos Lopes do, "O Direito Fundamental do Acesso aos Tribunais e a Reforma do Processo Civil", in *Estudos de Homenagem a Cunha Rodrigues*, Vol. I, Coimbra Editora, Coimbra, 2001

REIS, Bernardo, "O Estatuto dos Árbitros – Alguns Aspectos", in *Themis – Revista da Faculdade de Direito da Universidade Nova de Lisboa*, Ano IX, nº 16, 2009, pp. 7-59

RIBEIRO, Vinício A. P., "Os Direitos dos Consumidores à Luz da Constituição e da Lei", in Liber Amicorum *Mário Frota – A Causa dos Direitos dos Consumidores*, Almedina, Coimbra, 2012, pp. 463-473

RINESSI, Antonio Juan, *Relación de Consumo y Derechos del Consumidor*, Astrea, Buenos Aires, 2006

RISKIN, Leonard, "Understanding Mediators' Orientations, Strategies, and Techniques: A Guide for the Perplexed", in *Harvard Negotiation Law Review*, 1:7, 1996, pp. 7-51

— "Decisionmaking in Mediation: The New Old Grid and the New New Grid System", in *Notre Dame Law Review*, Vol. 79, nº 1, 2003

RODRIGUES, Luís Silveira, "DECO – Uma Organização de Causas. Uma Organização Mobilizadora", in *I Congresso de Direito do Consumo*, Almedina, Coimbra, 2016, pp. 219-227

RODRIGUES, Raúl Carlos de Freitas, *O Consumidor no Direito Angolano*, Almedina, Coimbra, 2009

RODRIGUES, Vanessa Alexandra Ferreira, *Arbitragem e Mediação no Direito do Consumo*, Universidade Católica Portuguesa, Lisboa, 2012 (policopiado)

ROSS, Graham, "The Possible Unintended Consequences of the European Directive on Alternative Dispute Resolution and the Regulation on Online Dispute Resolution", in *Democracia Digital e Governo Eletrônico*, nº 10, 2014, pp. 206-221

ROSSI, Jorge Oscar, "Derecho del Consumidor: Ámbito de Aplicación, Documento de Venta y Garantía Legal, a la Luz de la Reforma de la Ley 26.361", in *La Reforma del Régimen de Defensa del Consumidor por Ley 26.361*, Abeledo-Perrot, Buenos Aires, 2009, pp. 19-37

RUSCONI, Dante D., "Nociones Fundamentales", in *Manual de Derecho del Consumidor*, AbeledoPerrot, Buenos Aires, 2009, pp. 115-186

SÁ, Flávia da Costa de, *Contratos de Prestação de Serviços de Comunicações Electrónicas: A Suspensão do Serviço em Especial*, Faculdade de Direito da Universidade Nova de Lisboa, Lisboa, 2014 (policopiado)

SANTOS, Rute, "Os Requisitos Formais e Materiais da Convenção de Arbitragem", in *Análise de Jurisprudência sobre Arbitragem*, Almedina, Coimbra, 2011, pp. 167-199

SCHLABRENDORFF, Fabian von, "§ 1054 – Form and Contents of Award", in *Arbitration in Germany – The Model Law in Practice*, Kluwer Law International, The Hague, 2008, pp. 387-396 (com ANKE SESSLER)

SESSLER, Anke, "§ 1054 – Form and Contents of Award", in *Arbitration in Germany – The Model Law in Practice*, Kluwer Law International, The Hague, 2008, pp. 387-396 (com FABIAN VON SCHLABRENDORFF)

SIMÕES, Fernando Dias, "O Conceito de Consumidor no Direito Português", in *JusNet 118/2012*, 2012 (jusnet.wolterskluwer.pt)

SANTOS, António Marques dos, "Arbitragem no Direito do Consumo", in *Estudos do Instituto de Direito do Consumo*, Vol. I, 2002, pp. 281-296

SANTOS, João Afonso dos, "Prefácio", in *Arbitragem de Conflitos de Consumo*, Instituto do Consumidor, Lisboa, 1997, pp. 3-7

SANTOS, Pedro Manuel Moreira da Silva, *Responsabilidade Civil e Garantias no Âmbito do Direito do Consumo*, Faculdade de Direito da Universidade do Porto, Porto, 2012 (policopiado)

SCHULTE-NÖLKE, Hans, "The Rise of the Platform Economy: A New Challenge for EU Consumer Law", in *EuCML – Journal of European Consumer and Market Law*, nº 1, 2016, pp. 3-10 (com CHRISTOPH BUSCH, ANETA WIEWIÓROWSKA-DOMAGALSKA e FRYDERYK ZOLL)

SEVIVAS, João, *Julgados de Paz e o Direito*, Rei dos Livros, Lisboa, 2007

SILVA, Artur Flamínio da, *A Resolução de Conflitos Desportivos em Portugal – Entre o Direito Público e o Direito Privado*, Almedina, Coimbra, 2017

— "Publicidade vs. Confidencialidade na Arbitragem Desportiva Transnacional", in *Revista de Direito Civil*, nº 3, 2016, pp. 701-722 (com ANTÓNIO PEDRO PINTO MONTEIRO)

— "A Arbitragem Desportiva em Portugal: Uma Realidade sem Futuro?", in *Desporto & Direito*, nº 28, 2012, pp. 65-85

SILVA, Paula Costa e, *A Nova Face da Justiça – Os Meios Extrajudiciais de Resolução de Controvérsias*, Almedina, Coimbra, 2009

— "Os Meios de Impugnação de Decisões", in *Revista da Ordem dos Advogados*, Ano 56, 1996, pp. 179-207

— "Anulação e Recursos da Decisão Arbitral", in *Revista da Ordem dos Advogados*, Ano 52, 1992, pp. 893-1018

SIME, Stuart, *A Practical Approach to Alternative Dispute Resolution*, 3ª Ed., Oxford University Press, Oxford, 2014 (com SUSAN BLAKE e JULIE BROWNE)

SOUSA, Miguel Teixeira de, *Estudos Sobre o Novo Processo Civil*, 2ª Ed., Lex, Lisboa, 1997

SUSSMAN, Edna, "Arbitrator Decision-Making: Unconscious Psychological Influences and What You Can Do About Them", in *American Review of International Arbitration*, 24, 2013

TEIXEIRA, Micael Martins, "A Prova no Direito do Consumo: Uma Abordagem Tópica", in *I Congresso de Direito do Consumo*, Almedina, Coimbra, 2016, pp. 139-158

TENREIRO, Mário, "Un Code de la Consommation ou un Code Autour du Consommateur? Quelques Réflexions Critiques sur la Codification et la Notion du Consommateur", in *Law and Diffuse Interests in the European Legal Order – Recht und Diffuse Interessen in der Europäischen Rechtordnung – Liber Amicorum Norbert Reich*, Nomos Verlagsgesellschaft, Baden-Baden, 1997, pp. 339-356

TRINDADE, João Carlos, "Passado, Presente e Futuro dos Meios Alternativos de Resolução de Litígios – Centros de Arbitragem – Centro de Arbitragem de Conflitos de Consumo do Distrito de Coimbra", in *Estudos de Direito do Consumidor*, nº 6, 2004, pp. 23-41

— "O Papel do Juiz na Arbitragem de Conflitos de Consumo", in *Estudos de Direito do Consumidor*, nº 3, 2001, pp. 335-344

VARGAS, Lúcia Dias, *Julgados de Paz e Mediação – Uma Nova Face da Justiça*, Almedina, Coimbra, 2006

VASCONCELOS, Luís Miguel Pestana de, "Direito de Retenção, Contrato-Promessa e Insolvência", in *Cadernos de Direito Privado*, nº 33, 2011, pp. 3-29

VENTURA, Catarina Sampaio, "Os Direitos Fundamentais à Luz da Quarta Revisão Constitucional", in *Boletim da Faculdade de Direito da Universidade de Coimbra*, Vol. LXXIV, 1998, pp. 493-527

VEZZULLA, Juan Carlos, *Mediação, Teoria e Prática; Guia para Utilizadores e Profissionais*, Ágora Publicações, Lisboa, 2001

VIANA, Fernando Manuel Martins, "Resolução de Conflitos de Consumo em Linha em Portugal e na União Europeia – A Plataforma Europeia de Resolução de Conflitos em Linha", in *Scientia Ivridica – Revista de Direito Comparado Português e Brasileiro*, Tomo LXV, nº 341, 2016, pp. 207-240 (com FRANCISCO ANDRADE E PAULO NOVAIS)

— *A Resolução Alternativa de Litígios e as Tecnologias de Informação e Comunicação – O Caso Particular da Resolução de Conflitos na Internet em Portugal e na UE*, Escola de Direiro da Universidade do Minho, Braga, 2015 (policopiado)

VICENTE, Dário Moura, "Arbitragem de Conflitos de Consumo: Da Lei nº 31/86 ao Anteprojecto de Código do Consumidor", in *Estudos do Instituto de Direito do Consumo*, Vol. III, 2006, pp. 75-92

— "Mediação Comercial Internacional", in *Direito Internacional Privado – Ensaios II*, Almedina, Coimbra, 2005, pp. 389-402

— "A Manifestação do Consentimento na Convenção de Arbitragem", in *Revista da Faculdade de Direito da Universidade de Lisboa*, Ano 43º, nº 2, 2002, pp. 987-1004

WARE, Stephen J., "Paying the Price of Process: Judicial Regulation of Consumer Arbitration Agreements", in *Journal of Dispute Resolution*, nº 1, 2001, pp. 89-10

WEINGARTEN, Celia, *Manual de los Derechos de Usuarios y Consumidores*, La Ley, Buenos Aires, 2011 (com CARLOS A. GHERSI)

WIEWIÓROWSKA-DOMAGALSKA, Aneta, "The Rise of the Platform Economy: A New Challenge for EU Consumer Law", in *EuCML – Journal of European Consumer and Market Law*, nº 1, 2016, pp. 3-10 (com CHRISTOPH BUSCH, HANS SCHULTE-NÖLKE e FRYDERYK ZOLL)

WILDE, Zulema D., *O Que é a Mediação*, Ágora Publicações, Lisboa, 2003 (com LUIS M. GAIBROIS)

ZOLL, Fryderyk, "The Rise of the Platform Economy: A New Challenge for EU Consumer Law", in *EuCML – Journal of European Consumer and Market Law*, nº 1, 2016, pp. 3-10 (com CHRISTOPH BUSCH, HANS SCHULTE-NÖLKE e ANETA WIEWIÓROWSKA-DOMAGALSKA)

JURISPRUDÊNCIA*

Tribunal Constitucional

— Acórdão nº 86/87, de 25 de fevereiro de 1987 (Cardoso da Costa)
— Acórdão nº 153/90, de 3 de maio de 1990 (Bravo Serra) - Publicado no Diário da República de 7 de setembro de 1990
— Acórdão nº 250/96, de 29 de fevereiro de 1996 (Maria Fernanda Palma)
— Acórdão nº 650/2004, de 16 de novembro de 2004 (Bravo Serra) - Publicado no Diário da República de 22 de fevereiro de 2005
— Acórdão nº 230/2013, de 24 de abril de 2013 (Carlos Cadilha) - Publicado no Diário da República de 9 de maio de 2013
— Acórdão nº 781/2013, de 20 de novembro de 2013 (José da Cunha Barbosa) - Publicado no Diário da República de 16 de dezembro de 2013

Tribunal Europeu dos Direitos do Homem

— Acórdão de 8 de dezembro de 1983, *Pretto and Others v. Italy*
— Acórdão de 26 de setembro de 1995, *Diennet v. France*
— Acórdão de 12 de abril de 2006, *Martinie v. France*

Tribunal de Justiça da União Europeia

— Acórdão de 26 de outubro de 2006, Processo C-168/05 - *Acórdão Mostaza Claro*
— Acórdão de 6 de outubro de 2009, Processo C-40/08 - *Acórdão Asturcom Telecomunicaciones*

* Todas as decisões referidas sem indicação do local onde foram obtidas podem ser encontradas in *www.dgsi.pt* (decisões de tribunais nacionais) ou in *curia.europa.eu* (decisões de tribunais europeus).

— Acórdão de 18 de março de 2010, Processos apensos C-317/08, C-318/08, C-319/08 e C-320/08 – *Acórdão Alassini*
— Acórdão de 16 de novembro de 2010, Processo C-76/10 – *Acórdão Pohotovosť*
— Acórdão de 15 de janeiro de 2015, Processo C-537/13 – *Acórdão Šiba*
— Acórdão de 4 de junho de 2015, Processo C-497/13 – *Acórdão Faber*
— Acórdão de 3 de setembro de 2015, Processo C-110/14 – *Acórdão Costea*
— Acórdão de 14 de junho de 2017, Processo C-75/16 – *Acórdão Menini e Rampanelli*

Supremo Tribunal de Justiça

— Acórdão de 11 de maio de 1995, Processo nº 086342 (Joaquim de Matos)
— Acórdão de 15 de maio de 2007, Processo nº 07A924 (Faria Antunes)
— Acórdão de 10 de julho de 2008, Processo nº 08A1698 (João Camilo)
— Acórdão de 20 de outubro de 2011, Processo nº 1097/04.0TBLLE.E1.S1 (Moreira Alves)
— Acórdão de 20 de março de 2014, Processo nº 92/05.6TYVNG-M.P1.S1 (Távora Victor)
— Acórdão de 29 de maio de 2014, Processo nº 1092/10.0TBLSD-G.P1.S1 (João Bernardo)
— Acórdão de 14 de outubro de 2014, Processo nº 986/12.2TBFAF-G.G1.S1 (João Camilo)
— Acórdão de 25 de novembro de 2014, Processo nº 7617/11.6TBBRG-C.G1.S1 (Fernandes do Vale)
— Acórdão de 8 de outubro de 2015, Processo nº 1944/11.0TBPBL.C1.S1 (Mário Mendes)
— Acórdão de 17 de novembro de 2015, Processo nº 1999/05.6TBFUN-I.L1S1 (Fonseca Ramos)
— Acórdão de 24 de novembro de 2015, Processo nº 7368/10.9TBVNG-C. P2.S1 (Pinto de Almeida)
— Acórdão de 16 de fevereiro de 2016, Processo nº 135/12.7TBMSF.G1.S1 (Maria Clara Sottomayor)
— Acórdão de 24 de maio de 2016, Processo nº 3374/07.9TBGMR-C.G2.S1 (Nuno Cameira)
— Acórdão de 16 de junho de 2016, Processo nº 2188/14.4TBVNG.P1.S1 (Tavares de Paiva)
— Acórdão de 5 de julho de 2016, Processo nº 1129/11.5TBCVL-C.C1.S1 (Ana Paula Boularot)

— Acórdão de 29 de julho de 2016, Processo nº 6193/13.0TBBRG-H.G1.S1 (Júlio Gomes)
— Acórdão de 4 de outubro de 2016, Processo nº 2679/13.4TBVCD.P1.S1 (Nuno Cameira)

Tribunal da Relação de Coimbra
— Acórdão de 27 de maio de 2014, Processo nº 544/10.6TBCVL.C1 (Henrique Antunes)
— Acórdão de 17 de novembro de 2015, Processo nº 87/15.1YRCBR (Maria João Areias)

Tribunal da Relação de Évora
— Acórdão de 15 de janeiro de 2015, Processo nº 268/13.2TBACN.E1 (Mário Serrano)
— Acórdão de 29 de janeiro de 2015, Processo nº 1840/11.0TTSTB.E1 (Elisabete Valente)
— Acórdão de 26 de março de 2015, Processo nº 38/15.3YREVR.E1 (Mário Serrano)

Tribunal da Relação de Guimarães
— Acórdão de 11 de fevereiro de 2016, Processo nº 185/10.8TBPTL.G1 (Francisco Cunha Xavier)
— Acórdão de 14 de abril de 2016, Processo nº 1174/13.6TJVNF.D.G1 (Joaquim Espinheira Baltar)
— Acórdão de 14 de abril de 2016, Processo nº 432/10.6TBCHV.G1 (Maria da Purificação Carvalho)
— Acórdão de 25 de maio de 2016, Processo nº 36/09.6TBSBR.G1 (Fernando Fernandes Freitas)

Tribunal da Relação de Lisboa
— Acórdão de 15 de dezembro de 2005, Processo nº 11735/2005-6 (Arlindo Rocha)
— Acórdão de 8 de junho de 2006, Processo nº 2483/2006-8 (Salazar Casanova)
— Acórdão de 2 de outubro de 2006, Processo nº 1465/2006-2 (Tibério Silva)
— Acórdão de 8 de maio de 2007, Processo nº 2047/2006-7 (Orlando Nascimento)

— Acórdão de 19 de junho de 2007, Processo nº 2672/2007-1 (Carlos Moreira)
— Acórdão de 29 de novembro de 2007, Processo nº 9180/2007-6 (Fátima Galante)
— Acórdão de 9 de junho de 2009, Processo nº 758/08.9TVLSB-7 (Conceição Saavedra)
— Acórdão de 24 de setembro de 2009, Processo nº 893-09.6YRLSB.L1-8 (Silva Santos)
— Acórdão de 28 de outubro de 2010, Processo nº 357/10.5YRLSB-8 (Caetano Duarte)
— Acórdão de 15 de dezembro de 2011, Processo nº 316/10.8YXLSB.L1-2 (Teresa Albuquerque)
— Acórdão de 18 de junho de 2013, Processo nº 2154/12.4.TBALM-A.L1-7 (Ana Resende)
— Acórdão de 19 de maio de 2015, Processo nº 252/10.8TCFUN.L1-1 (Manuel Marques)
— Acórdão de 9 de junho de 2016, Processo nº 5450/14.2T2SNT.L1.-2 (Ezagüy Martins)
— Acórdão de 12 de janeiro de 2017, Processo nº 794/16.1YRLSB-6 (Maria Teresa Pardal)
— Acórdão de 6 de julho de 2017, Processo nº 899/17.1YRLSB-8 (Ilídio Martins)

Tribunal da Relação do Porto

— Acórdão de 11 de novembro de 2003, Processo nº 0324038 (Mário Cruz)
— Acórdão de 18 de Junho de 2008, Processo nº 0726831 (Rodrigues Pires)
— Acórdão de 26 de junho de 2008, Processo nº 0831242 (Ana Paula Lobo)
— Acórdão de 11 de setembro de 2008, Processo nº 0834643 (Fernando Baptista)
— Acórdão de 8 de maio de 2014, Processo nº 298/11.9TBPFR.P1 (Leonel Serôdio)
— Acórdão de 15 de junho de 2015, Processo nº 2857/12.3TBVFR-G.P1 (Rita Romeira)
— Acórdão de 23 de fevereiro de 2016, Processo nº 2679/13.4TBVCD.P1 (Tomé Raimão)
— Acórdão de 25 de outubro de 2016, Processo nº 343/09.8TBILH-B.P1 (Rui Moreira)
— Acórdão de 7 de fevereiro de 2017, Processo nº 292/16.3YRPRT (Rodrigues Pires)

— Acórdão de 29 de junho de 2017, Processo nº 153/17.9YRPRT (Judite Pires)

Tribunal Central Administrativo Sul
— Acórdão de 22 de janeiro de 2015, Processo nº 07431/14 (Lurdes Toscano)

Julgado de Paz de Coimbra
— Sentença de 27 de janeiro de 2015, Processo nº 391/2014 (Daniela Santos Costa)

Julgado de Paz do Funchal
— Sentença de 7 de julho de 2015, Processo nº 55/2015 (Margarida Simplício)

Centro de Informação de Consumo e Arbitragem do Porto (CICAP)[364]
— Sentença de 25 de agosto de 2014 (Paulo Duarte)
— Sentença de 26 de agosto de 2015 (Paulo Duarte)
— Sentença de 8 de novembro de 2015 (Paulo Duarte)
— Sentença de 30 de dezembro de 2015 (Paulo Duarte)
— Sentença de 28 de março de 2016 (Rui Saavedra)
— Sentença de 15 de maio de 2016 (Sara Lopes Ferreira)
— Sentença de 22 de maio de 2016 (Paulo Duarte)
— Sentença de 3 de outubro de 2016 (Sandra Passinhas)
— Sentença de 25 de janeiro de 2017 (Sara Lopes Ferreira)

Centro Nacional de Informação e Arbitragem de Conflitos de Consumo (CNIACC)[365]
— Sentença de 2 de junho de 2015 (Jorge Morais Carvalho)
— Sentença de 22 de janeiro de 2016 (Jorge Morais Carvalho)
— Sentença de 29 de março de 2016 (Jorge Morais Carvalho)
— Sentença de 27 de março de 2017 (Jorge Morais Carvalho)

[364] http://www.cicap.pt.
[365] www.arbitragemdeconsumo.org/arbitragem.php.

LEGISLAÇÃO PORTUGUESA

— Decreto-Lei nº 446/85, de 25 de outubro, alterado pelos Decretos-Leis nºs 220/95, de 31 de agosto (retificado pela Declaração de Retificação nº 114-B/95, de 31 de agosto), 249/99, de 7 de julho, e 323/2001, de 17 de dezembro – *Cláusulas contratuais gerais*

— Decreto-Lei nº 103/91, de 8 de março (revogado pelo Código das Custas Judiciais) – *Isenção de custas na execução de sentença condenatória proferida em arbitragem institucionalizada num centro de arbitragem de consumo*

— Decreto-Lei nº 275/93, de 5 de agosto, alterado pelos Decretos-Leis nºs 180/99, de 22 de maio, 22/2002, de 31 de janeiro, 76-A/2006, de 29 de março, 116/2008, de 4 de julho, 37/2011, de 10 de março, e 245/2015, de 20 de outubro – *Direitos de habitação periódica*

— Lei nº 23/96, de 26 de julho, alterada pelas Leis nºs 5/2004, de 10 de fevereiro, 12/2008, de 26 de fevereiro, 24/2008, de 2 de junho, 6/2011, de 10 de março, 44/2011, de 22 de junho, e 10/2013, de 28 de janeiro – *Serviços públicos essenciais*

— Lei nº 24/96, de 31 de julho (retificada pela Declaração de Retificação nº 16/96, de 13 de novembro), alterada pela Lei nº 85/98, de 16 de dezembro, pelo Decreto-Lei nº 67/2003, de 8 de abril, e pelas Leis nºs 10/2013, de 28 de janeiro, e 47/2014, de 28 de julho – *Lei de Defesa do Consumidor*

— Decreto-Lei nº 269/98, de 1 de setembro, alterado pelos Decretos-Leis nºs 383/99, de 23 de setembro, 183/2000, de 8 de outubro, 323/2001, de 17 de dezembro, 32/2003, de 17 de fevereiro, 38/2003, de 8 de março, 324/2003, de 27 de dezembro, 53/2004, de 18 de março, 107/2005, de 1 de julho, 14/2006, de 26 de abril, e 303/2007, de 24 de agosto, pela Lei nº 67-A/2007, de 31 de dezembro, e pelos Decretos-Leis nºs 34/2008, de

26 de fevereiro, e 226/2008, de 20 de novembro – *Procedimentos para cumprimento de obrigações pecuniárias emergentes de contratos*

— Decreto-Lei nº 146/99, de 4 de maio, revogado pela Lei nº 144/2015, de 8 de setembro – *Entidades privadas de resolução extrajudicial de conflitos de consumo*

— Portaria nº 328/2000, de 9 de junho, revogada pela Lei nº 144/2015, de 8 de setembro – *Entidades privadas de resolução extrajudicial de conflitos de consumo*

— Lei nº 78/2001, de 13 de julho, alterada pela Lei nº 54/2013, de 31 de julho – *Lei dos Julgados de Paz (LJP)*

— Portaria nº 1456/2001, de 28 de dezembro, alterada pela Portaria nº 209/2005, de 24 de fevereiro – *Custas judiciais nos julgados de paz*

— Decreto-Lei nº 97/2002, de 12 de abril, alterado pelos Decretos-Leis nºs 212/2012, de 25 de setembro, e 84/2013, de 25 de junho – *Estatutos da ERSE*

— Decreto-Lei nº 67/2003, de 8 de abril, alterado pelo Decreto-Lei nº 84/2008 de 21 de maio – *Venda de bens de consumo*

— Decreto-Lei nº 7/2004, de 7 de janeiro, alterado pelo Decreto-Lei nº 62/2009, de 10 de março, e pela Lei nº 46/2012, de 29 de agosto – *Comércio eletrónico*

— Lei nº 34/2004, de 29 de julho, alterada pela Lei nº 47/2007, de 28 de agosto – *Regime de acesso ao direito e aos tribunais*

— Decreto Legislativo Regional 14/2004/M, de 29 de julho, alterado pelo Decreto Legislativo Regional 17/2005/M, de 30 de dezembro – *Centro de Arbitragem de Conflitos de Consumo da Região Autónoma da Madeira*

— Decreto-Lei nº 156/2005, de 15 de setembro, alterado pelos Decretos-Leis nºs 371/2007, de 6 de novembro, 118/2009, de 19 de maio, 317/2009, de 30 de outubro, 242/2012, de 7 de novembro, e 74/2017, de 21 de junho – *Livro de reclamações*

— Decreto-Lei nº 12/2006, de 20 de janeiro, alterado pelos Decretos-Leis nºs 180/2007, de 9 de maio, 357-A/2007, de 31 de outubro, 18/2013, de 6 de fevereiro, 124/2015, de 7 de julho, e 147/2015, de 9 de setembro – *Constituição e funcionamento dos fundos de pensões e das entidades gestoras de fundos de pensões*

— Decreto-Lei nº 29/2006, de 15 de fevereiro, alterado pelos Decretos-Leis nºs 104/2010, de 29 de setembro, 78/2011, de 20 de junho, 75/2012, de 26 de março, 112/2012, de 23 de maio, 215-A/2012, de 8 de outubro (retificado pela Declaração de Retificação nº 74/2012, de 7 de dezembro), e 178/2015, de 27 de agosto – *Sistema elétrico nacional*

— Portaria nº 28/2006, de 17 de março, da Secretaria Regional dos Recursos Humanos (Madeira) – *Regulamento Interno do Tribunal Arbitral do Centro de Arbitragem de Conflitos de Consumo da Região Autónoma da Madeira*

— Decreto-Lei nº 95/2006, de 29 de maio, alterado pelo Decreto-Lei nº 317/2009, de 30 de outubro, pelas Leis nºs 46/2011, de 24 de junho, e 14/2012, de 26 de março, e pelo Decreto-Lei nº 242/2012, de 7 de novembro – *Contratos celebrados à distância relativos a serviços financeiros*

— Portaria nº 10/2008, de 3 de janeiro, alterada pelas Portarias nºs 210/2008, de 29 de fevereiro, 654/2010, de 11 de agosto, e 319/2011, de 30 dezembro – *Regulamento da Lei de Acesso ao Direito*

— Decreto-Lei nº 34/2008, de 26 de fevereiro (retificado pela Declaração de Retificação nº 22/2008, de 24 de abril), alterado pelas Leis nºs 43/2008, de 27 de agosto, 64-A/2008, de 31 de dezembro, e 3-B/2010, de 28 de abril, pelo Decreto-Lei nº 52/2011, de 13 de abril, pelas Leis nºs 7/2012, de 13 de fevereiro (retificada pela Declaração de Retificação nº 16/2012, de 26 de março), e 66-B/2012, de 31 de dezembro, pelo Decreto-Lei nº 126/2013, de 30 de agosto, e pelas Leis nºs 72/2014, de 2 de setembro, 7-A/2016, de 30 de março, e 42/2016, de 28 de dezembro – *Regulamento das Custas Processuais*

— Decreto-Lei nº 57/2008, de 26 de março, alterado pelo Decreto-Lei nº 205/2015, de 23 de setembro – *Práticas comerciais desleais*

— Decreto-Lei nº 133/2009, de 2 de junho (retificado pela Declaração de Retificação nº 55/2009, de 31 de julho), alterado pelos Decretos-Leis nºs 72-A/2010, de 18 de junho, 42-A/2013, de 28 de março, e 74-A/2017, de 23 de junho – *Crédito ao consumo*

— Decreto-Lei nº 134/2009, de 2 de junho, alterado pelo Decreto-Lei nº 72-A/2010, de 18 de junho – *Call Centers*

— Decreto-Lei nº 144/2009, de 17 de junho – *Mediador do crédito*

— Decreto-Lei nº 317/2009, de 30 de outubro, alterado pelos Decretos-Leis nºs 242/2012, de 7 de novembro, e 157/2014, de 24 de outubro – *Instituições de pagamento e prestação de serviços de pagamento*

— Decreto-Lei nº 60/2011, de 6 de maio, revogado pela Lei nº 144/2015, de 8 de setembro – *Rede Nacional de Centros de Arbitragem Institucionalizada (RNCAI)*

— Decreto-Lei nº 227/2012, de 25 de outubro – *Plano de Ação para o Risco de Incumprimento (PARI)*

— Lei nº 29/2013, de 19 de abril – *Lei da Mediação (LM)*

— Lei nº 62/2013, de 26 de agosto (retificada pela Declaração de Retificação nº 42/2013, de 24 de outubro), alterada pela Lei nº 40-A/2016, de 22 de dezembro – *Lei da Organização do Sistema Judiciário (LOSJ)*
— Lei nº 67/2013, de 28 de agosto, alterada pela Lei nº 12/2017, de 2 de maio – *Lei-Quadro das Entidades Reguladoras (LQER)*
— Lei nº 74/2013, de 6 de setembro, alterada pela Lei nº 33/2014, de 16 de junho – *Tribunal Arbitral do Desporto (TAD)*
— Decreto-Lei nº 24/2014, de 14 de fevereiro, alterado pela Lei nº 47/2014, de 28 de julho – *Contratos celebrados à distância, contratos celebrados fora do estabelecimento e outras modalidades de contratação*
— Lei nº 10/2014, de 6 de março – *Estatutos da ERSAR*
— Decreto-Lei nº 1/2015, de 6 de janeiro – *Estatutos da ASF*
— Decreto-Lei nº 5/2015, de 8 de janeiro, alterado pela Lei nº 148/2015, de 9 de setembro – *Estatutos da CMVM*
— Decreto-Lei nº 10/2015, de 16 de janeiro, alterado pelo Decreto-Lei nº 102/2017, de 23 de agosto – *Regime Jurídico de Acesso e Exercício de Atividades de Comércio, Serviços e Restauração (RJACSR)*
— Decreto-Lei nº 39/2015, de 16 de março – *Estatutos da ANACOM*
— Lei nº 144/2015, de 8 de setembro, alterada pelo Decreto-Lei nº 102/2017, de 23 de agosto – *Resolução Alternativa de Litígios de Consumo (RALC)*
— Lei nº 147/2015, de 9 de setembro – *Regime jurídico de acesso e exercício da atividade seguradora e resseguradora*
— Decreto-Lei nº 41/2017, de 5 de abril – *Julgado de Paz do Oeste*
— Decreto-Lei nº 74-A/2017, de 23 de junho – *Crédito hipotecário e crédito à habitação*

LEGISLAÇÃO EUROPEIA

- Convenção Europeia dos Direitos dos Homens, assinada a 4 de novembro de 1950
- Livro Verde sobre o acesso dos consumidores à justiça e a resolução dos litígios de consumo no mercado único, de 16 de novembro de 1993 - COM (93) 576
- Recomendação nº 98/257/CE, da Comissão, de 30 de março de 1998, relativa aos princípios aplicáveis aos organismos responsáveis pela resolução extrajudicial de litígios de consumo
- Comunicação da Comissão, de 30 de março de 1998, sobre a resolução extrajudicial dos conflitos de consumo - COM (1998) 198 final
- Diretiva nº 2000/31/CE, do Parlamento Europeu e do Conselho, de 8 de junho de 2000, relativa a certos aspetos legais dos serviços da sociedade de informação, em especial do comércio eletrónico, no mercado interno
- Comunicação da Comissão, de 20 de setembro de 2000, sobre serviços de interesses gerais na Europa - COM (2000) 580 final
- Recomendação nº 2001/310/CE, da Comissão, de 4 de abril de 2001, relativa aos princípios aplicáveis aos organismos extrajudiciais envolvidos na resolução consensual de litígios de consumo
- Diretiva 2007/64/CE, do Parlamento Europeu e do Conselho, de 13 de novembro de 2007, relativa aos serviços de pagamento no mercado interno
- Diretiva nº 2008/122/CE, do Parlamento Europeu e do Conselho, de 14 de janeiro de 2009, sobre a proteção do consumidor relativamente a determinados aspetos dos contratos de utilização periódica de bens, de aquisição de produtos de férias de longa duração, de revenda e de troca
- Diretiva 2008/48/CE, do Parlamento Europeu e do Conselho, de 23 de abril de 2008, relativa a contratos de crédito aos consumidores

— Diretiva 2008/52/CE, do Parlamento Europeu e do Conselho, de 21 de maio de 2008, relativa a certos aspetos da mediação em matéria civil e comercial
— Diretiva 2009/72/CE, do Parlamento Europeu e do Conselho, de 13 de julho de 2009, que estabelece regras comuns para o mercado interno da eletricidade
— Diretiva 2009/136/CE, do Parlamento Europeu e do Conselho, de 25 de novembro de 2009
— Comunicação da Comissão ao Parlamento Europeu, ao Conselho, ao Comité Económico e Social Europeu e ao Comité das Regiões, de 13 de abril de 2011 – "Doze alavancas para estimular o crescimento e reforçar a confiança mútua" – COM (2011) 206
— Diretiva 2011/83/UE, do Parlamento Europeu e do Conselho, de 25 de outubro de 2011, relativa aos direitos dos consumidores
— Comunicação da Comissão ao Parlamento Europeu, ao Conselho, ao Comité Económico e Social Europeu, de 29 de novembro de 2011 – "Resolução alternativa de litígios de consumo no Mercado Único" – COM (2011) 791
— Proposta de Diretiva, do Parlamento Europeu e do Conselho, de 29 de novembro de 2011, relativa à resolução alternativa de litígios de consumo – COM (2011) 793
— Proposta de Regulamento, do Parlamento Europeu e do Conselho, de 29 de novembro de 2011, relativo à resolução de litígios de consumo em linha – COM (2011) 794
— Parecer do Comité Económico e Social Europeu sobre a Proposta de Diretiva do Parlamento Europeu e do Conselho, relativa à resolução alternativa de litígios de consumo – 2012/C 181/17, 21 de junho de 2012
— Carta dos Direitos Fundamentais da União Europeia (2012/C 326/02; 26 de outubro de 2012)
— Diretiva nº 2013/11/UE, do Parlamento Europeu e do Conselho, de 21 de maio de 2013, relativa à resolução alternativa de litígios de consumo (Diretiva RALC)
— Regulamento (UE) nº 524/2013, do Parlamento Europeu e do Conselho, sobre a resolução de litígios de consumo em linha (Regulamento RLL)
— Regulamento de Execução (UE) nº 2015/1051, da Comissão, de 1 de julho, relativo às modalidades do exercício das funções da plataforma de resolução de litígios em linha, do formulário eletrónico de queixa e da cooperação entre os pontos de contacto

ÍNDICE